Perdonar
Una decisión valiente
que nos traerá la paz interior

books4pocket

Robin Casarjian

Perdonar
Una decisión valiente que nos traerá la paz interior

Traducción de Amelia Brito

EDICIONES URANO

Argentina - Chile - Colombia - España
Estados Unidos - México - Perú - Uruguay - Venezuela

Título original: *Forgiveness, A Bold Choice for a Peaceful Heart*
Copyright © 1992 by Robin Casarjian

© de la traducción: Amelia Brito Astorga
© 2012 by Ediciones Urano, S.A.
            Aribau, 142, pral. – 08036 Barcelona
            www.edicionesurano.com
            www.books4pocket.com

1ª edición en books4pocket mayo 2013

Impreso por Novoprint, S.A.
Energía 53
Sant Andreu de la Barca (Barcelona)

Fotocomposición: **books4pocket**

ISBN: 978-84-15139-92-8
Depósito legal: B-8.262-2013

Código Bic: VS
Código Bisac: SEL031000

Impreso en España - *Printed in Spain*

Dedico este libro a la tierna memoria de mi madre, Alice Casarjian

Índice

VISUALIZACIONES

Agradecimientos

Con el reconocimiento más profundo deseo agradecer a mis padres, Alice y George Casarjian, que me hayan enseñado tanto sobre el amor y el perdón.

Agradezco enormemente a mis clientes y a todas las personas que han participado en mis talleres, por haberme enseñado y continuar enseñándome el significado positivo de la osadía.

Este libro refleja especialmente el amor y la dedicación de mi amiga y colega Naomi Raiselle. Además de apoyarme con entusiasmo en este proceso, creó conmigo El Reductor del Estrés, en 1982. Durante ese trabajo en colaboración nació mi interés por la enseñanza del perdón. La entusiasta energía creadora de Naomi discurre a lo largo de todo este libro.

También es inmensa mi gratitud hacia mi amiga y colega Fella Cederbaum, que junto a su valiosa aportación creadora y sus sugerencias con respecto a la edición de este libro, me ofreció su afectuoso apoyo.

Estoy profundamente agradecida a Joan Borysenko, mi amiga y colega, que fue quien sembró la semilla de este libro en Bantam. Ésta ha sido una de las muchas expresiones de su generoso espíritu.

Muchas gracias a Toni Burbank, de Bantam, por su incondicional apoyo y su inteligente y creadora dirección, tan valiosa en momentos cruciales de la redacción de este libro.

Muchas gracias a mi agente, Ned Leavitt, por su constante apoyo; ha sido un placer trabajar con él.

Mi más sincero agradecimiento a mis queridos amigos Rick Ingrasci y Peggy Taylor, por los muchos años de cariñoso apoyo. A lo largo de los años Rick ha alentado mi trabajo y con toda generosidad me ha abierto muchas puertas para introducirlo.

Gracias a Cyrisse Jaffe por su concienzudo trabajo con el primer borrador de este libro.

Gracias a Matthew Budd por el apoyo personal y profesional que me ha ofrecido a lo largo de los años.

Un agradecimiento especial a mi madrina, Mary Brunton.

Deseo expresar en particular mi gratitud a muchas otras personas que han contribuido directa o indirectamente en la realización de este libro: Eileen Borris, Helen Bonny, reverendo Dajad Davidian, Ilene Robinson, Stephen Walters, David Gay, Nancy Gray, Andrea y Chet Lyons, Roberta Colasanti, Sally Jackson, Myrin Borysenko, Karen Firmin, Betsy West, Robert Alter, Jack Brotman, Kathy Borelli, Geri Schumacher, Victor Mancini, Amanda y Bethany Casarjian, Rose y David Thorne, y Michelle Rapkin.

Vaya mi especial gratitud a mi querida amiga Tricia Stallman, que con su forma de vivir y morir me enseñó tanto sobre el valor y la dignidad.

Mi más cariñoso reconocimiento a mis hermanos Carol, Zaven y Conrad, quienes aprendieron muy bien la generosidad de mis padres.

Gracias a los admirables hombres y mujeres con quienes he trabajado en los Institutos Correccionales de Massachusetts, en Framingham y Gardner.

Sinceras gracias a los profesores de la Insight Meditation Society de Barre, que con tanta generosidad, amabilidad y pericia ayudan a miles de alumnos a despertar a la presencia del amor.

Enorme gratitud hacia muchísimas personas que no menciono aquí, que me han enseñado mucho sobre el perdón devolviéndome el reflejo de mis propios temores y de la luz del amor.

Mi más profundo reconocimiento a *Un curso de milagros*. Si no lo hubiese conocido, este libro jamás habría sido escrito.

Prólogo

Hace unos diez años asistí a un congreso sobre el bienestar, en calidad de conferenciante invitada, para hablar sobre la fisiología y la psicología del cuerpo-mente. Me dirigía hacia mi oficina con la resolución de un decidido nadador que se ha propuesto dejar atrás una fuerte marea de papeleo, cuando escuché una voz que me llamaba por mi nombre. Al volverme vi a Robin Casarjian, a quien conocía de otros dos encuentros anteriores. Ella daba un curso de control del estrés en el Plan de Salud para la Comunidad de Harvard, Organización de Mantenimiento de la Salud de la zona de Boston, y yo dirigía una sección para personas con afecciones relacionadas con el estrés en un hospital cercano; por lo tanto, ambas teníamos intereses comunes. Algo en el caluroso saludo de Robin y su «presencia» (porque Robin es una de aquellas personas que verdaderamente están presentes cuando hablan contigo) me hicieron olvidar la urgencia de mi montaña de papeles. Decidí asistir a la conferencia que estaba a punto de dar, aun cuando el tema me pareció insólito para un congreso sobre la salud. Robin iba a hablar del perdón.

«¿Perdón?», pensé mientras esperaba a que comenzara la conferencia. ¿En qué contribuye el perdón a la salud? Mentalmente repasé una reciente conversación telefónica con mi madre y sentí la reacción de mi cuerpo: los músculos tensos, espasmo en los intestinos, el corazón acelerado. Habiendo sido ella, en primer lugar, quien me instaló el teclado, sabía muy bien dónde se encontraban las teclas. Nuestra relación estaba estancada en un baile repetitivo en el que pulsábamos las teclas del dolor, de la rabia, de la actitud defensiva y el sentimiento de culpabilidad. Años de terapia y de trabajo de crecimiento personal me habían revelado muchas cosas sobre nuestra relación, pero todavía me sentía estancada. Faltaba algo para que nuestra relación sanara. Ese algo repercutía claramente en mi nivel de estrés y en mi salud física. Mientras estaba allí sentada esperando que Robin comenzara su conferencia, la sabiduría profunda de mi corazón me dijo que el elemento que faltaba era el perdón... y que era posible que ese perdón fuera la clave principal de la curación.

Empecé a pensar en lo que significaría realmente perdonar a mi madre y perdonarme a mí misma, y entonces se levantaron un buen número de murallas que bloquearon la sabiduría de mi corazón. Perdonar a mi madre, ¿significaría que ella tenía razón y yo estaba equivocada? ¿Que tendría que vivir tragándome la intensa rabia que solía sentir contra ella? ¿Que debería poner la otra mejilla y fingir que mi madre no podía hacerme sufrir?

En ese instante Robin interrumpió mi ensimismamiento con una invitación:

—Cerrad los ojos y haced unas cuantas respiraciones de relajación —dijo sonriendo—. Ahora, id al interior de vuestra cabeza y quitad de allí todas las ideas que tenéis sobre el perdón.

Me tranquilicé cuando nos dijo que por el momento dejáramos esos conceptos bajo la silla con la libertad de recuperarlos cuando quisiéramos. Desde entonces, los conceptos que yo tenía del perdón se han estado pudriendo bajo esa silla.

Durante los años transcurridos desde la primera vez que oí hablar a Robin he aprendido, tanto en el plano personal como en el profesional, que el perdón es una señal de curación, a la vez que una puerta hacia ella. Todo el conocimiento del mundo vale muy poco si nuestro rencor sigue creciendo cada vez que el comportamiento de un desconocido nos recuerda nuestras relaciones no sanadas. ¿De qué nos sirve conocernos a nosotros mismos si lo usamos para avivar el odio que nos tenemos y el sentimiento de culpabilidad, que nos dicen que, a pesar de todos nuestros esfuerzos, jamás seremos capaces de ser, de hacer, de amar ni de servir lo suficiente para ser dignos de nuestro propio amor?

Las enseñanzas de Robin sobre el perdón son claras, sensatas y eminentemente prácticas. El perdón supone aceptar de verdad nuestro propio merecimiento como seres humanos, entender que los errores son oportunidades para crecer, tomar conciencia y desarrollar la compasión, y comprender que la magnitud del amor por nosotros mismos y por los demás es el pegamento que mantiene unido el Universo. El perdón, según lo explica ella, no es un conjunto de comportamientos sino una actitud. Cuando nuestras decisiones nacen de nuestro sentido esencial del Yo y no están influidas por las muchas voces del temor y de la duda que hemos aprendido a lo largo del camino, podemos confiar en nuestra capacidad para actuar de una manera que afirme y aliente la luz que todos tenemos en nuestro interior.

De manera concisa y clarividente, Robin nos expone la forma en que las voces del pasado nos impiden estar presentes en el Ahora. Y de manera igualmente importante, nos guía por una serie de ejercicios sencillos pero transformadores que nos liberan del pasado y nos ayudan a recuperar la paz y el poder propios de nuestra naturaleza esencial.

Este libro es un verdadero y excepcional tesoro para todos aquellos que hemos tenido problemas de temor, duda, rabia, culpa, odio contra nosotros mismos... en otras palabras, casi para todo ser humano. Durante los años que hace que tengo el placer de conocer a Robin y de enviarle clientes para terapia, siempre me ha sorprendido la transformación que consigue poner en marcha. El motivo de esto es muy sencillo. Robin «es» lo que enseña. Cuando estás en presencia de un maestro que no tiene miedo de ahondar en las emociones más oscuras pero sin perder jamás de vista la luz, te sientes a salvo. Cuando notas que una persona ve hasta el núcleo mismo de tu valía como ser humano, no puedes evitar sentirte valioso.

He oído muchas veces a Robin decir las palabras que aparecen en este libro y he tenido la experiencia de ser guiada a través de algunos de sus ejercicios, tanto por ella en persona, como mediante sus excelentes cintas grabadas. Cada vez que experimento su trabajo se me hace posible un grado más profundo de curación. De entre las muchas personas con quienes he tenido el placer de trabajar y de aprender, Robin brilla como un faro. Me siento absolutamente encantada de que por medio de este libro esta excepcional maestra pueda llegar a tantas personas.

JOAN BORYSENKO
autora de *Minding the Body, Mending the Mind*
y *Guilt Is the Teacher, Love Is the Lesson*

Introducción

Mi primera motivación para enseñar el perdón fue ver, en mi calidad de terapeuta, que esta clave esencial para la curación era muy poco entendida y alentada. Hablé con muchos colegas y descubrí que la necesidad real de perdonar era, en general, como un punto ciego en su conciencia. Sin embargo, yo tenía claro que las personas que perdonan son capaces de ir más allá de simplemente arreglárselas hacia una curación más profunda y de disfrutar realmente de su vida. También tenía claro que las personas que se pierden en la rabia, el rencor, la culpa y la vergüenza se estancan emocionalmente y pierden su poder. En mi trabajo de asesora y consejera en el control del estrés, veía el impacto negativo de los sentimientos de aversión y de culpa en el nivel de estrés y en la salud física.

Se me hizo evidente que si deseaba ayudarme a mí misma y ayudar a los demás a sanar, crecer y amar la vida, el perdón tenía que formar parte integral de ese proceso.

Un buen número de factores han influido en mí y me han enseñado muchísimo sobre el perdón. Entre ellos, personas que me han inspirado con su ejemplo; el estudio de *Un curso de milagros*, obra que se centra en la curación de uno mismo y de las relaciones mediante el perdón; la práctica de la meditación, que me ha resultado inapreciable para desarrollar conocimiento, comprensión y conciencia; aquellas personas que han desencadenado en mí la rabia y las críticas dándome la oportunidad de perdonar una y otra vez; y los muchos desafíos del hecho de perdonarme a mí misma.

Aunque entonces yo no lo sabía, mi madre fue mi primera maestra del perdón. Soy una de esas excepcionales personas que se criaron en un hogar amoroso y alegre, con una madre que vivía el perdón en su sentido más amplio. Era tierna, cariñosa y generosa, y constantemente nos proporcionaba aliento y afecto. Con pericia equilibraba los límites que imponía animándonos a ser independientes. Yo siempre me sentí aceptada y respetada. Cuando sacaba notas mediocres en el colegio, se me animaba a esforzarme más mientras al mismo tiempo se me daba la seguridad de que se sobreentendía que ya hacía esfuerzos. Recibí un amor que entretejió una sensación de aceptación y seguridad en la tela de mi vida. Incluso cuando mi madre no estaba de acuerdo conmigo o se enfadaba, siempre tenía el corazón abierto.

A pesar de haber vivido durante las masacres de armenios en Turquía, donde un hermano suyo murió de hambre y su familia padeció grandes desgracias; a pesar de haber perdido un ojo cuando era pequeña, lo cual en su juventud representó una desventaja estética; a pesar de haber padecido penurias económicas durante la mayor parte de su vida; a pesar de haber tenido muchas otras experiencias que le habrían hecho fácil justificarse por sentir rabia y rencor, siempre era capaz de mirar más allá del rechazo, el temor, la ira, las críticas y las mezquindades, para llevar amor, claridad y buena voluntad a personas y lugares que fácilmente se podrían haber desechado como indignos de una respuesta amable. Estoy segura de que ella no practicaba el perdón conscientemente; tampoco era una persona religiosa. Su creencia en la bondad y la valía básicas de los demás era instintiva.

Pero ni siquiera un ambiente hogareño de amor y seguridad podía protegerme de las aflicciones y los desafíos de crecer en el ancho mundo. El ambiente de mi hogar me proporcionó cimientos firmes, pero como le pasa a todo el mundo, he tenido mi buena porción de perdón que practicar.

Perdonarnos a nosotros mismos consiste en parte en ir más allá de los juicios y las percepciones que nos limitan y nos encierran en la inseguridad. A lo largo de años de experiencias negativas en colegios públicos, interioricé un concepto estático de mí misma como persona incapaz de crear. Para llegar a un punto en el que pudiera arriesgarme a expresarme creativamente, e incluso escribir este libro, tuve que enfrentarme a mis temores y superar muchas percepciones limitadoras de mí misma.

Como todo el mundo, he tenido mi buena porción de perdón que practicar en mis relaciones personales, sobre todo en las más importantes e íntimas. A lo largo de los años, he tenido relaciones íntimas estables con hombres que me han engañado, mentido y abandonado inesperadamente.

También he tenido traumas personales que han puesto a prueba de una forma especial mi disposición a perdonar. Una de mis experiencias más difíciles fue una violación que sufrí a los veintiún años, cuando estaba en la universidad. El violador, que me superaba con mucho en tamaño y fuerza, me agredió con actitud hostil y amenazante. Esa violación fue una agresión extrema a mi libertad personal, un ataque a mi cuerpo y mis emociones. Al principio tuve un abrumador sentimiento de ira y miedo, pero con el paso del tiempo llegué a perdonar. Como vais a leer a lo largo de todo este libro, perdonar jamás significa justificar comportamientos inaceptables o abusivos. No existe en el mundo manera alguna de que yo pueda justificar lo que me ocurrió. No obstante, no me cabe duda de que a estas alturas de mi vida, he perdonado; y porque opté por perdonar, la experiencia no ha endurecido mi corazón. Al perdonar me liberé de la carga de continuar siendo víctima para siempre, y puedo disfrutar de mi vida actual plenamente y con libertad.

A veces me ha resultado fácil perdonar; otras, el perdón ha sido una decisión muy valiente. Pero tanto en un caso como en el otro, siempre me proporcionó más paz en el corazón. Siempre me dejó más feliz, y libre para continuar creando relaciones más sanas con otras personas y conmigo misma.

Desde que, hace nueve años, comencé a trabajar en talleres y a dar charlas sobre el tema del perdón, he tenido el privilegio de aprender muchísimo de los demás. Entre mi público ha habido grupos de hombres y de mujeres encarcelados por delitos graves; grupos reunidos para contar sus experiencias y recibir apoyo en su viaje de liberación de la drogadicción; grupos de madres que viven con sus hijos en refugios para gente sin hogar; grupos de ejecutivos, personal médico y público en general, todos interesados en encontrar formas de combatir el estrés de la vida diaria, en ahondar en el tema del perdón y en adquirir técnicas para ser más eficaces en el ámbito personal y en su profesión.

En estos grupos he visto rostros paralizados por el dolor y la impotencia de la desesperación. He visto esos mismos rostros transformados en el proceso de abrirse y perdonar. He visto la palpable angustia de madres que sufren porque se sienten culpables de haberles fallado a sus hijos. He visto a esas mismas madres descargarse de la vergüenza y transformarla en autoaceptación mediante el perdón. He visto parejas atascadas en la falta de comunicación que luchan juntas en un aislamiento mutuo. He visto a esas mismas parejas aprender, mediante el perdón, a dejar que surja una relación sincera y amorosa.

Yo creo que nadie desea realmente vivir con rabia, rencor, vergüenza ni culpa. Sin embargo, la mayoría de nosotros no hemos conocido el perdón como opción factible. No se nos ha enseñado a perdonarnos a nosotros mismos ni a perdonar a los demás. Son demasiado pocos, si los hay, los programas tradicionales de preparación para los que van a dedicarse a la asistencia sanitaria que ofrezcan la oportunidad de investigar la curación de problemas como la rabia y el sentimiento de culpabilidad mediante la práctica del perdón.

Hasta hace muy poco, los programas de Doce Pasos, como el de Alcohólicos Anónimos, eran los únicos, aparte de la religión, que declaraban explícitamente el valor y la necesidad del perdón para la curación. En la cultura occidental moderna, durante demasiado tiempo se ha considerado el perdón como una responsabilidad casi exclusiva de las instituciones religiosas. Y, a mi modo de ver, incluso ahí ha sido con demasiada frecuencia mal entendido.

Uno de los motivos de que el perdón haya sido tan bien recibido es que tiene sentido. Apela a la razón, a los instintos y al corazón. Mi intención en las páginas siguientes es sacar el perdón del campo de los ideales sublimes y trasladarlo al de una técnica práctica que podamos integrar plenamente en nuestra forma de ser.

Sugerencias para el uso de este libro

A medida que vayas leyendo estas páginas, advertirás que además del texto general, hay una variedad de ejercicios de meditación o reflexión sobre uno mismo.

Las secciones con el encabezamiento «Pausa y reflexión» son generalmente una serie de preguntas para plantearse. Puedes contestarlas mentalmente o tal vez te resulte útil escribir las respuestas.

De cuando en cuando verás textos en recuadro. Son pensamientos «germinales», ideas que pueden servir para inspirar una nueva visión y una nueva conciencia. Te recomiendo escribir cada uno de estos pensamientos en una tarjeta o en un trozo de papel para llevarlo contigo o colocarlo en algún lugar donde lo veas con frecuencia. Siempre que lo leas, haz una pequeña pausa y piensa en su significado.

También encontrarás ejercicios más largos y visualizaciones. En cuanto a éstas, es mejor hacerlas escuchando la cinta grabada anteriormente. Puedes grabarla tú o pedirle a una persona amiga que te la grabe o te la lea en voz alta. Es importante que te instales en una posición cómoda y en un lugar tranquilo donde no haya probabilidad de que te interrumpan; entonces disponte a imaginar libremente las escenas que se describen.

Aparte del texto general, también encontrarás ejemplos personales de perdón, en forma de relatos o cartas. Pertenecen principalmente a clientes, participantes de talleres y amigos. Sus nombres y algunos detalles biográficos han sido cambiados para asegurar su anonimato. Estas historias de perdón en acción ejemplifican el poder práctico de curación del perdón, incluso en situaciones muy difíciles.

Algunos capítulos se centran en perdonar a personas o grupos determinados, pero verás que la mayoría de los conceptos se pueden generalizar para perdonar a cualquier persona. Aun cuando tú sientas mucho cariño por las personas determinadas en que se centra el capítulo, te animo a que de todas maneras lo leas.

PRIMERA PARTE

La opción del perdón

Cuando dirijo un seminario o taller sobre el perdón, suelo comenzar por preguntar a los participantes qué los impulsó a asistir. ¿Qué promesa contiene para ellos el perdón?

Igual que mi amiga, cada persona cuenta su propia historia de rabia y dolor, pero el hilo que discurre por todas las respuestas es que el perdón contiene la promesa de libertad y alivio.

En el caso de mi amiga, era la promesa de apoyar tranquilamente la cabeza sobre la almohada por la noche, de acabar con esa sensación de vacío en el estómago y sanar la tristeza de su corazón. Para otras personas, es la promesa de reconciliación, después de años de distanciamiento, con sus padres o hermanos. O la promesa de una mayor armonía en el trabajo y de sentirse cómodo y capaz entre los compañeros. O la promesa de dejar de aferrarse a relaciones que ya han acabado, encontrar la libertad y seguir adelante sin trabas. O la promesa de tener una relación íntima más tierna y feliz. O la promesa de acabar una batalla interior de toda la vida y vivir con mayor compasión y respeto por uno mismo.

Independientemente de cuál sea nuestra historia única y especial, el perdón contiene la promesa de que encontraremos la paz que todos deseamos. Nos promete la liberación del poder que ejercen sobre nosotros las actitudes y los actos de otras personas. Nos vuelve a despertar a la verdad de nuestra bondad y el hecho de que somos dignos de amor. Contiene la promesa cierta de que seremos capaces de descargarnos cada vez más de la confusión emocional y de seguir adelante sintiéndonos mejor con nosotros mismos y con la vida.

El teólogo y filósofo Paul Tillich escribió: «El perdón es una respuesta, la respuesta implícita en nuestra existencia».

El perdón es el medio para reparar lo que está roto. Coge nuestro corazón roto y lo repara. Coge nuestro corazón atrapado y lo libera. Coge nuestro corazón manchado por la vergüenza y la culpa y lo devuelve a su estado inmaculado. El perdón restablece en nuestro corazón la inocencia que conocimos en otro tiempo, una inocencia que nos permitía la libertad de amar.

Cuando perdonamos y somos perdonados, siempre se transforma nuestra vida. Las dulces promesas del perdón se cumplen y se nos ofrece un nuevo comienzo con nosotros mismos y con el mundo.

1. El desafío del perdón

Basta decir la palabra «Perdona» y la reacción de algunas personas es inmediata: «¿Estás de broma?», «¡Jamás!», o «¿Perdonarla después de lo que me ha hecho?», o incluso «¡Ojalá pudiera!». A veces es posible que la sola idea de perdonar a alguien intensifique los sentimientos de cólera y rabia. Otras veces, puede que la idea produzca un inmediato alivio.

Tómate unos minutos y fíjate en qué te evoca la sugerencia de perdonar a alguien. Trae a tu mente a una persona a quien consideras causa de algún sufrimiento personal. ¿Cómo te sientes ante la idea de perdonarla? ¿Qué significa para ti perdonarla? ¿Qué tendrías que hacer para perdonarla?

Todos tenemos un conjunto de ideas preconcebidas sobre el perdón, ideas que van acompañadas de sentimientos que las mantienen firmemente arraigadas. Nuestro concepto del perdón puede provocar dos cosas: o bien imposibilitarnos, limitando nuestra capacidad para la claridad y la alegría, o bien animarnos, ofreciéndonos una manera de dejar atrás el pasado y ser libres para vivir con mayor paz y felicidad.

Si crees, por ejemplo, que perdonar a alguien significa justificar su comportamiento y tener que aceptar cualquier cosa que haya hecho, entonces tal vez hayas de considerar imperdonables a muchas personas y aferrarte al rencor para siempre. Esta reacción parece muy razonable y cuerda, porque ¿quién va a justificar la conducta de alguien que maltrata, manipula o es insensible a los derechos fundamentales de otra persona?

Lo que crees sobre el perdón te abre o te cierra posibilidades, determina tu disposición a perdonar y, por lo tanto, influye profundamente en el tono emocional de tu vida.

Invitación

Debido a que algunos de los conceptos que tienes del perdón podrían limitar tus posibilidades, te invito a hacer lo siguiente:

Interrumpe la lectura durante unos instantes... Haz unas cuantas respiraciones profundas..., la inspiración más larga y lenta de lo habitual. Mientras dejas salir el aire, siente cómo se afloja la tensión y te relajas... Se relajan los hombros... Ahora, en tu imaginación, lleva las manos a la cabeza, introdúcelas dentro de tu mente y con suavidad, con mucha suavidad, quita de ahí todas las ideas que tienes actualmente sobre lo que significa el perdón. Coloca estas ideas en un lugar seguro de donde puedas cogerlas de nuevo después de leer este libro (o antes incluso) si te apetece recuperarlas.

Te invito a abrirte a un modo enteramente nuevo de definir el perdón y a trabajar con él en tu vida cotidiana. Al retirar las ideas que te resultan fami-

liares, creas una apertura que te permitirá dedicarte
más de lleno y con mayor energía a las magníficas
posibilidades del perdón.

Aclaremos primero algunos conceptos erróneos, comenzando por lo que el perdón no es.

Lo que no es perdonar

Perdonar *no es* justificar comportamientos negativos o improcedentes, sean propios o ajenos. El maltrato, la violencia, la agresión, la traición y la deshonestidad son sólo algunos de los comportamientos que pueden ser totalmente inaceptables. Tú puedes sentir que es conveniente e incluso necesaria una medida firme y decisiva, como el divorcio, el pleito o el fin de la relación, para impedir que vuelva a tener lugar ese comportamiento. El perdón no quiere decir que apruebes o defiendas la conducta que te ha causado sufrimiento, ni tampoco excluye que tomes medidas para cambiar la situación o proteger tus derechos. Es posible, por ejemplo, que la idea de perdonar a un violador, como expliqué en la introducción, moleste e incluso ofenda. Puede parecer imposible perdonar a alguien capaz de agredir tan violentamente a otra persona; y sin duda sería imposible si para perdonar hubiéramos de aceptar ese comportamiento.

Perdonar *no es* hacer como que todo va bien cuando sientes que no es así. A veces puede ser engañosa y confusa la distinción entre perdonar de verdad y negar o reprimir la rabia y el dolor. Enfadarse se suele considerar inaceptable (sobre todo cuando uno expresa la cólera que siente), de manera que muchas personas aprenden muy pronto a sustituir sus auténticos sentimientos por sentimientos y comportamientos más aceptables que no tengan como consecuencia el castigo o el abandono.

Reflexiona un momento sobre tu infancia. Piensa en las ocasiones en que expresaste tu rabia. ¿Se mostraban comprensivos tus padres, tus maestros u otras personas? ¿Te escuchaban? ¿O te hacían salir de la habitación, te reprendían, te chillaban, se burlaban de ti o no te hacían caso? ¿Te decían: «No me repliques», «Las niñas buenas no chillan», «¿Qué van a pensar los vecinos?», «No me faltes al respeto»?

Tal vez aprendiste a ser un niño bueno o una niña buena y a reprimir la rabia simulando una actitud «simpática» a pesar de tu resentimiento y de sentir que no te comprendían. Es posible que ahora reprimas la rabia porque enfadarse no es compatible con tu imagen de buena persona, de buen padre, de buen marido o buena esposa o de buen amigo.

A continuación veremos algunos casos que ilustran la negación de la rabia en interés del «perdón»:

Los padres de una amiga mía, ya mayores, tienen un hijo de 45 años viviendo con ellos. Se dejan insultar verbalmente por él con regularidad, y le permiten que no contribuya casi con nada al mantenimiento de la casa. Ellos creen que lo aman y desean ayudarlo. Quieren ser «buenos padres» y piensan que son cariñosos al no ponerle límites ni exigirle nada. Lo «perdonan» para mantener la paz, mientras por debajo fluye una corriente constante de frustración y resentimiento.

Otra amiga mía sufrió una crisis personal cuando estaba fuera de la ciudad. Desde el hotel llamó a su marido, en busca de consuelo. Pasados sólo unos pocos minutos él cortó la conversación bruscamente. Ella se sintió herida y enfadada, pero intentó disculparlo y no dar importancia a esa conducta pasando por alto su falta de comprensión. Estaba decidida a «ser comprensiva y perdonar». A la mañana siguiente se despertó aún enfadada y con dolor de cabeza.

No se puede ofrecer un perdón verdadero si se niega o se hace caso omiso de la rabia y el resentimiento.

Perdonar *no es* adoptar una actitud de superioridad o farisea. Si se perdona a alguien porque se le tiene lástima o se lo considera tonto o estúpido, es que se confunde perdonar con ser arrogante y criticón. El padre de una clienta mía, por ejemplo, sin darse cuenta de que su actitud era mortificante, le ofreció «perdonarla» diciéndole: «No te preocupes, te perdono. De todas maneras, ya sabía yo que no serías capaz de hacerlo bien».

El perdón *no* significa que debas cambiar de comportamiento. Si yo perdono a un viejo amigo con quien he estado enemistada, no por eso tengo que comenzar a llamarlo de nuevo... a no ser que realmente desee hacerlo. Puedes perdonar a tu marido que sea descuidado con el dinero, pero eso no significa que tengas que entregarle tus ingresos ni dejar que lleve las cuentas de la casa. Puedes perdonar a tu madre por ser tan criticona y al mismo tiempo decidir no hacerle confidencias. Puedes perdonar a un trabajador incompetente y despedirlo por no hacer bien su trabajo.

El perdón *no* exige que te comuniques verbal y directamente con la persona a la que has perdonado. No es preciso ir y decirle: «Te perdono», aunque a veces esto puede ser una parte importante del proceso de perdonar. Con frecuencia, la otra persona advertirá el cambio que se ha producido en tu corazón. A veces puede ser necesario que quede como una opción secreta. Podría ser que las personas que te hacen sentir más furia sean aquellas con las que te resulta imposible comunicarte. Quizás hayan muerto o no estén dispuestas a hablar contigo. Si para la curación fuera necesaria la comunicación directa y verbal, entonces nuestro destino sería convivir para siempre con nuestro sufrimiento. Afortunadamente no es así. Aunque podamos optar por actuar de un modo diferente, el perdón sólo requiere un cambio de percepción, otra manera de considerar a las personas y circunstancias que creemos que nos han causado dolor y problemas.

La rabia y el rencor

El motivo más obvio para perdonar es liberarnos de los efectos debilitadores de la rabia y el rencor crónicos. Al parecer, estas dos emociones son las que más convierten el perdón en un desafío, a la vez que en una grata posibilidad para quien desee una paz mayor.

Como todos sabemos, la rabia y el rencor son emociones muy fuertes que desgastan nuestra energía de muchas maneras.

Cuando vayas quitando las capas, probablemente descubrirás que esa rabia en realidad es un sentimiento superficial. No en el sentido de que sea trivial o falso, sino en el de que hay muchos otros sentimientos y dinámicas por debajo de él. Cuando nos perdemos en la rabia nos volvemos sordos a nuestros sentimientos más profundos. Hemos aprendido a escuchar sólo aquellos que saben gritar más fuerte.

Pausa y reflexión

Haz una pausa de unos pocos minutos y piensa en alguna ocasión en que te hayas enfadado. ¿Cómo te sentías? O, si en estos momentos la cólera te invade, toma conciencia de cómo te sientes... Ahora, respira hondo y adéntrate en tus sentimientos. ¿Qué ves bajo tu rabia? ¿Ves miedo? ¿Tristeza? ¿Inseguridad? ¿Desamparo? ¿Impotencia? ¿Sientes que te han herido o abandonado? ¿Tienes una sensación de desilusión ante expectativas no satisfechas o sueños no realizados? Mira aún más profundamente. Bajo ese miedo, esa frustración y/o esa tristeza, ¿hay un ruego a alguien de que te preste atención, de que te escuche? ¿Hay una petición, consciente o inconsciente, de respeto, reconocimiento, interés o amor?

La rabia es una intensa reacción emocional temporal cuando uno se siente amenazado de alguna manera. Cuando surge, puede expresarse abierta y directamente, o puede ocultarse debajo, donde se expresa de un modo callado y persistente en forma de resentimiento crónico, que es esa sensación constante de agravio o de mala voluntad que persiste aún mucho tiempo después de que haya pasado la situación que provocó la rabia. Se ha comparado el resentimiento al acto de aferrarse a una brasa encendida con la intención de lanzársela a otro quemándose uno la mano mientras tanto. De hecho, la palabra resentimiento viene de resentir, es decir, volver a sentir intensamente una y otra vez. Cuando estamos resentidos, sentimos con intensidad el dolor del pasado una y otra vez. Esto, sin duda, no sólo tiene un efecto lamentable en nuestro bienestar emocional, sino que también repercute negativamente en nuestro bienestar físico.

Un médico que asistió a un seminario que di sobre el uso de la visualización en la curación, padecía un dolor crónico en la espalda para el cual no lograba encontrar remedio. Después de cinco horas de seminario, dirigí una visualización sobre el perdón, durante la cual el médico perdonó a su ex mujer. Con gran asombro y alivio por su parte, al dejar marchar la rabia, también se liberó del dolor de espalda.

Los beneficios que obtenemos al aferrarnos

Para muchos de nosotros, dejar marchar la rabia y el resentimiento supone un gran riesgo, porque nos parece que obtenemos algo al aferrarnos a ellos. Estos beneficios, llamados «ganancias secundarias», suelen ser inconscientes y tienen mucho poder hasta que tomamos conciencia de ellos y descubrimos formas de reaccionar más sanas.

Piensa si utilizas la rabia o el rencor de alguna de las siguientes maneras:

¿Permaneces enfadado porque eso te da la sensación de tener más poder y dominio? Algunas personas creen que enfadarse y aferrarse al rencor es señal de poder, energía, entrega y amor propio. Pero, en realidad, la rabia y el rencor suelen encubrir sentimientos de impotencia, desilusión, inseguridad, aflicción o miedo, y se usan con frecuencia en sustitución de los sentimientos de verdadero poder personal.

Si en tu infancia se te maltrató y tuviste que negar y reprimir la rabia para sobrevivir, parte de tu curación incluye el hecho de darte permiso para hacer tuyos esos sentimientos ahora. La recuperación de tu rabia puede capacitarte para defenderte y defender a tu niño interior herido que no pudo hacerlo entonces. Si en esa época te fueron negados tus verdaderos sentimientos, sentir rabia ahora puede darte el valor y el poder necesarios para defenderte, mientras aprendes que tienes derecho a enfadarte y a hacerte valer. Si en tu infancia abusaron de ti física o sexualmente, el hecho de sentir rabia puede ser una parte esencial en el proceso de reclamar y habitar tu cuerpo como propio, de consolidar y hacer valer tus derechos y de establecer límites. Sin embargo, si te estancas en la necesidad de enfadarte para establecer límites, entonces la rabia, necesaria al comienzo para capacitarte y curarte, finalmente acaba por quitarte capacidad e inhibir la curación.

¿Usas la rabia a modo de impulso y combustible para conseguir que se hagan las cosas? Algunas personas creen que «si la gente no se enfadara no trabajaría por conseguir cambios sociales y políticos». Y en efecto, la rabia puede ser un móvil positivo para el cambio. Sin embargo, no tiene por qué ser el

único, ni el principal, ni siquiera, si vamos a eso, tiene que ser un móvil para el cambio. Cuando estamos en contacto con nuestra verdadera naturaleza, animados por la empatía y un sentido de la justicia, con frecuencia nos sentimos movidos a actuar con pasión y convicción, y sin rabia. Cuando ésta es el móvil principal, suele crear resistencia al cambio mismo que se trata de conseguir. Produce miedo en aquellas personas a quienes intentamos convencer y, por lo tanto, genera oposición en lugar de resolución.

Una clienta mía, muy sensible y humanitaria, llevaba bastante tiempo trabajando, y mucho, para organizaciones que reivindican la protección del medio ambiente. Defendía esta causa con pasión, pero su rabia personal no transformada solía obstaculizar su efectividad. Una vez asistió a una vista pública con el fin de hablar en contra de una propuesta para construir un polígono industrial que iba a aumentar la contaminación y a destruir la flora y la fauna autóctonas de la zona. Aunque esperaba que su apasionada defensa iba a generar el apoyo que tanto necesitaba y a inspirar a otros a unirse a la causa, su rabia impregnó su discurso y el público se sintió acusado y culpado. En lugar de conquistar el apoyo que tanto deseaba, lo que consiguió fue granjearse la antipatía de los presentes y frustrar sus propósitos.

¿Utilizas la rabia para controlar a los demás? ¿Te has dado cuenta de que cuando una persona se enoja, los que la rodean se sienten culpables y asustados y, por lo tanto, a veces se dejan manipular? Si utilizamos la rabia como una manera de manipular a los demás, ellos, a su vez, sentirán rabia y resen-

timiento. Es posible que consigamos dominar a otros con nuestra cólera, pero, como ocurre con todas las ganancias secundarias, pagamos un alto precio por ello.

Otra clienta, que ahora tiene 35 años, cuando tenía 23 decidió irse a vivir con su novio. Su padre jamás había aprobado sus elecciones de chicos y se mostraba especialmente crítico con este joven que pertenecía a otra religión. Cuando ella comunicó a su padre su decisión, él se enfureció y la amenazó con dejar de considerarla su hija. Ella se fue a vivir con su novio y durante cinco años no se habló con su padre, quien pagó un alto precio por aferrarse a su rabia.

¿Usas la rabia para evitar comunicarte? Cuando tenemos miedo de arriesgarnos a expresar nuestros pensamientos o sentimientos, o tememos las posibles consecuencias de decir la verdad, entonces solemos utilizar el enfado a modo de mecanismo para evitar la comunicación. Es posible que se considere la rabia como algo más seguro que la intimidad y la comunicación auténticas.

Sherry es una amiga mía cuyos padres se divorciaron cuando ella era muy joven. Toda la familia lo pasó muy mal durante ese período; su madre se deprimió y se replegó en sí misma. Después, cuando Sherry se casó, lo hizo decidida a hacer durar su matrimonio. De pronto el marido comenzó a quedarse hasta más tarde en la oficina debido a asuntos urgentes en su trabajo. Ella se sintió aterrada, temiendo que la estuviera engañando y la fuera a abandonar. Le dio miedo hablarle de su angustia y sus sospechas. En lugar de eso, comenzó a arremeter contra él por insignificancias y por trabajar demasiado. El marido se sintió atacado y criticado y empezó a encontrar más motivos para quedarse a trabajar hasta tarde. Sherry utilizó el enfado para evitar enfrentarse a sus verdaderos temores.

¿Utilizas la rabia para sentirte a salvo? ¿Te parece que te sirve de protección? Cuando se proyecta la rabia hacia otras personas, éstas suelen mantenerse alejadas. Como no se pueden acercar demasiado, uno no tiene motivos para sentirse vulnerable. Cuando éramos pequeños o más jóvenes este uso de la rabia para protegernos puede haber sido muy creativo y necesario. Pero cuando somos adultos, podemos aprender a establecer límites y a reaccionar de otra manera con aquellos que podrían tratar de dominarnos o incapacitarnos.

¿Usas la rabia como una forma de afirmar que tienes «razón»? Es posible que mientras reflexionas sobre esta pregunta estés pensando: «Tienes que creerme, yo tengo razón y ella está equivocada». Perdonar no significa que debas reconocer que la otra persona tiene razón y tú te equivocas. Más bien nos enseña que «hay otra manera de mirar el mundo». Te será útil preguntarte: «¿Deseo tener razón o ser feliz?»; a veces no es posible conseguir ambas cosas.

¿Te aferras a la rabia para hacer que los otros se sientan culpables? Si te enfadas con alguien, tal vez desees castigarle. Una manera de conseguirlo es reforzar su sentimiento de culpabilidad. El principal problema de esta estrategia es que al hacerlo, de manera simultánea aunque no consciente, reforzamos nuestro propio sentimiento de culpa, lo cual inevitablemente nos hace desdichados y disminuye nuestra autoestima.

¿Utilizas la rabia para evitar los sentimientos que encubre? A veces es mucho más cómodo sentir rabia que sentir el temor y la tristeza que se ocultan debajo. De hecho, una razón por la que suele resultar tan difícil perdonar es que para hacerlo hemos de sacar a la luz y aceptar la verdad de lo que realmente sentimos. Eso puede ser una revelación muy dolorosa si hemos aprendido a convivir con la negación y la represión. Sin embargo, debemos tratar de recordarnos amablemente que al otro lado del dolor se encuentran el alivio y una mayor paz mental.

¿Utilizas la rabia para aferrarte a una relación? Mientras te aferras a la rabia mantienes la relación con la persona con la que te has enfadado. Muchas veces un hombre, o una mujer, se divorcia con el fin de alejarse de su cónyuge. Pero mientras se aferre al rencor, permanecerá ligado a esa persona. Es posible que parezca más seguro aferrarse al rencor que olvidar, porque el olvido puede parecer una situación temible, desconocida, de insoportable soledad. Muchos jóvenes se marchan de casa para escapar de la rabia y el resentimiento que sienten contra sus padres. Esta marcha puede ser una opción prudente y oportuna, pero si la rabia no está solucionada, siempre llevarán encima el problema no resuelto de su relación con ellos. Cuando guardamos rencor es como si lleváramos una cadena atada a la muñeca con el otro extremo atado a la muñeca de la persona con la que estamos resentidos.

¿Te mantiene la rabia en tu papel de víctima? Cuando llevas gran parte de tu vida sintiéndote víctima, puede que haya

una enorme resistencia a perdonar, porque al hacerlo renuncias a una buena parte de esa identidad. Perdonar no significa negar que hayas sido una víctima, quiere decir que el hecho de haberlo sido ya no domina necesariamente tu identidad y tu vida emocional actuales. Una persona que participó en uno de mis seminarios escribió: «Si renuncio a mi rencor favorito, ¿qué tema de conversación me queda? ¿Estoy seguro de que puedo existir sin mi papel de víctima?». Es posible que hayas sido una víctima, pero tienes la posibilidad de vivir tu vida libre de esa mentalidad.

¿Continúas sintiendo rencor para no responsabilizarte de lo que sucede actualmente en tu vida o de lo que sientes? Ésta es quizá la ganancia secundaria que más nos incita a aferrarnos al rencor, porque mientras lo hacemos podemos culpar a otra persona de nuestra infelicidad. La culpa es de otro. Esto no quiere decir que los demás no contribuyan a nuestra felicidad o infelicidad, sino que en último término somos responsables de lo que sentimos. Si nos entregamos a resentimientos constantes sin intentar jamás tener una visión más amplia, eludimos reconocer el poder que tenemos para cambiar nuestra relación con la situación. Mientras consideremos el problema como exclusivamente exterior a nosotros, es decir, mientras pensemos que no tenemos nada que ver con lo que sentimos, continuaremos siendo impotentes.

La rabia crónica nos impide comprender que, independientemente de nuestra relación actual con quien nos la provocó en un comienzo, somos responsables de aferrarnos a ella o de tomar la decisión consciente de dejarla marchar y liberarnos.

Las ganancias secundarias, sobre todo si uno no tiene conciencia de ellas, pueden frustrar el deseo consciente de perdonar.

Pausa y reflexión

Pregúntate: «¿Qué obtengo al aferrarme a la rabia y al resentimiento?». Después completa las frases siguientes:

Lo que obtengo al guardar rencor es ....

Lo que obtengo al guardar rencor es ....

Otra cosa que obtengo al guardar rencor es ....

Y otra cosa que obtengo al guardar rencor es ....

Sé amable contigo al tomar conciencia de esos beneficios. Intenta no juzgarte. Ten la seguridad de que hay maneras más positivas y satisfactorias de obtener lo que verdaderamente deseas.

Razones para la amabilidad

El acto de perdonar nos exige reflexionar sobre conceptos elementales que posiblemente hemos dado por sentados o que jamás hemos puesto en duda. Si eres como la mayoría de las personas, tendrás cierta tendencia (a veces muy pronunciada) a juzgarte por un buen número de cosas: «¿Cómo pude pensar de esa manera?», «Tendría que estar dispuesta a perdonar», «¡Estoy enfadado y no quiero perdonar!».

Tal vez te sorprendas expresando juicios acerca de la rapidez o la coherencia con que eres capaz de integrar en tu vida la práctica del perdón. Quizá sientas que sencillamente eres incapaz de perdonar.

A medida que vayas trabajando con el perdón y haciendo los ejercicios de este libro, es importantísimo que tomes nota de tus pensamientos y reacciones «sin» juzgarlos. Si aparecen el temor, la autocrítica o las dudas, sé amable contigo. Estos sentimientos son una parte natural del proceso de curación. En realidad, ser amable con uno mismo es, de por sí, un gran acto de perdón para con uno mismo. Al margen de los pensamientos o sentimientos que surjan, afirma tu compromiso de tratarte con amabilidad.

Tal vez no sepas muy bien qué significa «ser amable con uno mismo». Pero proponte hacerlo de todas maneras. Pon algún recordatorio sencillo («Sé amable contigo mismo») en algún lugar de la casa, en la puerta de la nevera, por ejemplo, o en el coche, en cualquier sitio donde lo puedas ver a menudo. Cuando lo veas, reflexiona sobre lo que dice durante unos momentos. Tal vez tengas miedo de ser amable contigo porque piensas que eso va a reforzar algún «mal hábito», o un mal pensamiento. Ser amable con uno mismo no significa que no haya que poner esfuerzo y voluntad, ni que se justifiquen pensamientos o comportamientos que se consideran impropios, sino que se puede aprender sin necesidad de azotarse. La dureza con uno mismo alimenta un ciclo contraproducente que quita poder y favorece el sentimiento de culpabilidad y la falta de respeto por uno mismo. *Lo creas o no, siempre, en todo momento, has hecho lo mejor que podías hacer dado el grado de amor o temor que sentías.*

ACUÉRDATE DE RESPIRAR

Mientras tomas parte en este libro, así como en cualquier otro momento, presta atención a tu respiración. Intenta acordarte de respirar plenamente. Cuando no respiras plenamente, obstaculizas el flujo natural de los sentimientos y la liberación. La respiración plena y consciente te ayuda a sentir y a mantenerte en comunicación con tu cuerpo. En particular es importante respirar cuando sientes el especial desafío que implican algunos conceptos o ciertas aplicaciones concretas del perdón.

2. El perdón: puerta hacia la paz mental

Hay muchos modos de definir el perdón, porque el perdón es muchas cosas. Es una decisión, una actitud, un proceso y una forma de vida. Es algo que ofrecemos a otras personas y algo que aceptamos para nosotros.

El perdón es *una decisión*, la de ver más allá de los límites de la personalidad de otra persona, de sus miedos, idiosincrasias, neurosis y errores, la decisión de ver una esencia pura, no condicionada por historias personales, que tiene una capacidad ilimitada y siempre es digna de respeto y amor. El perdón es la elección de «ver la luz de la lámpara y no la pantalla», escribió el doctor Gerald Jampolsky, autor de muchos libros sobre el perdón. En realidad, cuando perdonamos, es posible que veamos la pantalla (identidades basadas o condicionadas por el miedo), pero la vemos en el contexto de la luz que ilumina el núcleo interior de cada uno de nosotros.

El perdón requiere que reconozcamos que si una persona actúa como un «pelmazo» o sin sensibilidad, implícitos en su comportamiento y sus actitudes hay constricción y miedo. Aun cuando esto no resulte evidente para el ojo implacable, bajo esa conducta y esas actitudes hay una petición de respeto, reconocimiento y amor. Al principio se precisa bastante

penetración para ver esa dinámica, porque estamos condicionados a considerar equivocada o estúpida a la otra persona,
en lugar de verla como alguien que se siente constreñido y
asustado.

Sally, una de mis clientas, vivía de esa manera su relación
con su padre. Durante su infancia y su adolescencia, él fue
muy crítico y exigente con ella. Furiosa con él porque no le
daba el amor que ella deseaba, le achacaba a él la responsabilidad de todos sus problemas. Convencida de que su padre
nunca cambiaría, se conformó con seguir enfadada con él y
mantenerse distanciada. Cuando aprendió cosas sobre el perdón, comprendió que la actitud crítica de su padre era consecuencia de sus inseguridades y del hecho de que sus propios
padres siempre habían sido emocionalmente inasequibles
para él. Comenzó a sentir compasión por él y a abandonar la
costumbre de sentirse dolida por sus críticas y de enfadarse
por sus actitudes agresivas e hirientes. Notó su dolor, y con
constancia cada vez mayor, logró ver más allá de su comportamiento y le ofreció cariño y aceptación. Poco a poco él se
fue suavizando con ella. Por primera vez en su vida, Sally
sintió una conexión amorosa con su padre, quitándose de encima una carga que siempre había arrastrado.

El perdón es *una actitud* que supone estar dispuesto a
aceptar la responsabilidad de las propias percepciones, comprendiendo que son opciones, no hechos objetivos.

El perdón es una actitud que elige mirar a una persona
que tal vez uno ha juzgado automáticamente y advertir que
en realidad es algo más que la persona «espantosa» o insensible que vemos. Si alguien nos reprende o nos falta al respeto, la reacción condicionada podría ser sentirse herido, ame-

nazado y furioso: «¿Cómo ha podido decirme eso?», o «¿Cómo se atreve a chillarme así?». Son reacciones naturales. Como comprobó Sally, hay respuestas alternativas que nos pueden proporcionar la claridad y conocimiento necesarios para evitar que las reacciones basadas en la ignorancia o el temor de otras personas nos provoquen rabia o una actitud defensiva.

Una consecuencia del hecho de comprender que las percepciones son una opción es que al cambiar las percepciones también cambian las reacciones emotivas. En lugar del hombre furioso que has visto que te atacaba hace cinco minutos, puedes ver ahora al niño pequeño frustrado y asustado. Con mucha frecuencia es el niño interior herido o asustado de la otra persona el responsable de su falta de delicadeza o de criterio maduro. Cuando somos adultos vive en nosotros este niño interior herido si en nuestra infancia se nos negó el amor, la comprensión y el consuelo que necesitábamos. El niño herido continúa siendo una fuerza impulsora en la psique del adulto hasta que se lo reconoce y se lo sana. El perdón nos capacita para percibir, bajo ese comportamiento insensible, a este niño herido, los condicionamientos pasados y el grito pidiendo auxilio, amor y respeto.

El perdón es *un proceso* que nos exige cambiar nuestras percepciones una y otra vez. No es algo que suceda de una vez por todas. Nuestra visión habitual está obnubilada por los juicios y percepciones del pasado proyectados al presente. En esto las apariencias nos engañan con facilidad. Cuando elegimos cambiar nuestra perspectiva por una visión más profunda, más amplia y abarcadora, podemos reconocer y afirmar la mayor verdad de quiénes somos y quiénes son los demás.

Como resultado de este cambio, de un modo natural surge una mayor comprensión y compasión por nosotros mismos y por los demás. Cada vez que hacemos este cambio, debilitamos el monopolio del ego sobre nuestras percepciones y nos capacitamos para dejar marchar, liberar y olvidar el pasado. El perdón suele experimentarse como un sentimiento de dicha, paz, amor y apertura del corazón, alivio, expansión, confianza, libertad, alegría y una sensación de estar haciendo lo correcto.

El perdón es *una forma de vida* que nos convierte gradualmente de víctimas de nuestras circunstancias en poderosos y amorosos cocreadores de nuestra realidad. En cuanto forma de vida, supone el compromiso de experimentar cada momento libre de percepciones pasadas, de ver cada instante como algo nuevo, con claridad y sin temor. Es la desaparición de las percepciones que obstaculizaban nuestra capacidad de amar. Hay muchas personas que cuando piensan en el perdón creen que es algo que ha de hacerse de situación en situación, de rabia en rabia, como si dijéramos. Si bien en último término es esencial perdonar en cada momento determinado si deseamos ser libres, sanar y ser capaces de avanzar, en su sentido más amplio es una manera de relacionarnos que está siempre presente, clara, compasiva y comprensiva. El perdón nos enseña que podemos estar resueltamente en desacuerdo con alguien sin retirarle nuestro cariño. Nos lleva más allá de los temores y mecanismos de supervivencia propios de nuestro condicionamiento, hacia una visión valiente de verdad que nos ofrece un nuevo campo de elección y libertad en donde podemos descansar de nuestras luchas. Nos guía hacia donde la paz no es una desconocida. Nos da la posibilidad de saber cuál es nuestra verdadera fuerza.

Pensamiento para el día

*Hoy consideraré toda manifestación de rabia
(insensibilidad, irritabilidad, agresividad,
comportamiento «estúpido», etc.) como un grito
que pide reconocimiento, respeto, ayuda y amor.*

La idea de considerar toda manifestación de rabia como una petición de reconocimiento, respeto, ayuda y amor puede ser una desviación radical de la forma en que hemos aprendido a percibir la rabia y reaccionar ante ella.

Historia de Terry

Un maravilloso ejemplo de cómo una persona elige considerar la rabia como una súplica de amor y respeto es esta historia real titulada *Una palabra amable desvanece la ira*, que nos narra Terry Dobson:

Fue una experiencia decisiva en mi vida la que me ocurrió un día en que viajaba en un tren de las afueras de Tokio. Era una lánguida tarde de primavera y el coche iba prácticamente vacío: unas cuantas amas de casa que iban de compras con sus hijos, algunos ancianos, un par de camareros ocupados en mirar la lista de las carreras... Yo contemplaba distraído las grises y tristes casas y los polvorientos setos mientras el viejo y desvencijado tren traqueteaba con un ruido monótono sobre los rieles.

En una pequeña y dormida estación se abrieron las puertas y la modorra de la tarde fue alterada por un hombre que gritaba a voz en cuello. Una sarta de violentas y fuertes maldiciones llenó el aire. En el momento en que se cerraban las puertas, el hombre entró tambaleándose en nuestro vagón, aún chillando. Era corpulento, un obrero japonés bebido y extremadamente sucio. Sus ojos eran dos manchas de sangre, rojos como el neón; su rostro enfurecido reflejaba odio y rabia. Chillando de manera ininteligible, lanzó un manotazo a la primera persona que vio, que era una mujer que llevaba un bebé en brazos. El golpe le pasó rozando el hombro, pero la hizo girar hacia atrás y fue a caer en las rodillas de una pareja de ancianos. Por milagro el bebé no sufrió ningún daño. Los ancianos se levantaron de un salto y se alejaron hacia el otro extremo del vagón. El obrero lanzó un puntapié hacia la espalda de la abuela que se alejaba.

—¡Vieja puta! —masculló—. Toma una patada en el culo.

Erró el golpe y la anciana se escabulló rápidamente hasta un lugar seguro fuera de su alcance. Fuera de sí de rabia, el borracho se cogió al poste metálico del centro del vagón y trató de arrancarlo violentamente de su puntal. El tren continuaba su traqueteo, y los pasajeros estaban paralizados de miedo. Me puse de pie.

Por entonces yo era joven y estaba en muy buena forma, con mi 1,83 de estatura, mis 100 kilos y mi tercer año de 8 horas diarias de práctica de aikido. Estaba totalmente inmerso en el aikido. Vivía para practicarlo. Me gustaban especialmente los ejercicios más duros. Yo pensaba que era fuerte. El problema era que mi pericia aún no se había puesto a prueba en una pelea auténtica. Teníamos estrictamente prohibido usar las técnicas de aikido en público, a no ser en caso de que una necesidad absoluta lo requiriera para proteger a otras personas. Cada mañana mi profesor, el fundador del aikido, nos repetía que el aikido no era violento. «El aikido es el arte de la reconciliación», nos decía una y otra vez. «Emplearlo para satisfacer al ego, para dominar a otras personas, es una total traición al objetivo por el cual se practica. Nuestra misión es resolver conflictos, no crearlos». Yo escuchaba sus palabras, por supuesto, e incluso había llegado a cambiar de acera unas cuantas veces para evitar a los grupos de gamberros que ganduleaban por la calle, los cuales me habrían ofrecido una buena oportunidad de probar mi pericia en una reyerta. Sin embargo, soñaba despierto con verme en una situación en la que legítimamente pudiera defender al inocente cargándome al culpable. Y ésa era la ocasión que se me presentaba en ese momento. Me inundó la alegría. Mis plegarias habían sido escuchadas. «Este patán, este animal —pensé—, es un borracho, un miserable, un violento. Es una amenaza para el orden público, y va a hacer daño a alguien si no me encargo de él. La necesidad es real. Mi semáforo ético está en verde».

Al ver que me ponía de pie, el borracho me lanzó una legañosa mirada de inspección.

—¡Ajá! —rugió—. Conque un idiota extranjero peludo necesita una buena lección de modales japoneses.

Yo continué cogido a la correa que colgaba sobre mi cabeza como para mantener el equilibrio, aparentando indiferencia. Le lancé una larga e insolente mirada de desprecio, que penetró en su alcoholizado cerebro como una brasa en arena mojada. Le daría una paliza a ese patoso. Era corpulento y fortachón, pero estaba borracho. Yo también era corpulento, y estaba sobrio y bien entrenado.

—¿Quieres una lección, imbécil? —bramó.

Sin decir palabra le devolví una fría mirada. Él se dispuso a lanzarse al ataque. Jamás sabría qué lo había golpeado.

Una fracción de segundo antes de que se lanzara contra mí, otra persona gritó:

—¡Eh!

Fue un grito alto y agudo, como para romper los tímpanos, pero recuerdo que había en él algo de alegría, de agradable armonía, como cuando vas con un amigo buscando algo atentamente y de pronto él se tropieza con lo que buscabais.

Yo me giré hacia la izquierda y el borracho hacia su derecha y los dos nos quedamos mirando a un anciano menudo. Tendría unos setenta y tantos años el diminuto caballero, inmaculado con su quimono y su *hakama* [falda pantalón]. A mí no me miró siquiera, sino que sonrió alegremente al obrero, como si tuviera un secreto importantísimo y agradable que comunicarle.

—Ven aquí —le dijo al borracho en lenguaje vulgar invitándolo con un gesto—. Ven a charlar conmigo.

Agitó levemente la mano y el hombretón lo siguió como tirado por una cuerda. El borracho parecía confundido pero no había abandonado su actitud beligerante. Se plantó ante el anciano y se inclinó amenazadoramente sobre él.

—¿Qué coño quieres, viejo puerco? —rugió acallando el traqueteo del tren.

En ese momento el borracho me daba la espalda. Le observé los codos: tenía los brazos medio doblados como dispuesto a lanzar un puñetazo. Si los movía un milímetro, yo lo tumbaría en el acto.

El anciano continuaba sonriéndole. No había en su rostro ni el más leve asomo de temor o de resentimiento.

—¿Qué has estado bebiendo? —le preguntó en tono simpático, con los ojos brillantes de interés.

—Estuve bebiendo sake, que el diablo se lleve tus sucios ojos —exclamó el obrero en voz alta—. ¿Y a ti qué mierda te importa?

—Ah, pero qué fantástico —exclamó encantado el anciano—, ¡absolutamente maravilloso! Verás, es que a mí me encanta el sake. Todas las noches, junto con mi mujer, que tiene setenta y seis, ¿sabes?, nos calentamos una botella de sake, la llevamos al jardín y nos sentamos en el viejo banco que le hizo su alumno a mi abuelo. Contemplamos la puesta de sol y observamos cómo está nuestro árbol. Mi bisabuelo plantó ese árbol, ¿sabes?, y nos preocupa si se va a recuperar de las tormentas de hielo del invierno pasado. A los caquis no les van nada bien las tormentas de hielo, aunque he de decir que el nuestro está bastante mejor de lo que yo esperaba, sobre todo si tomamos en cuenta la mala calidad de la tierra. Pero, en todo caso, cogemos nuestra jarrita de sake y salimos a disfrutar del atardecer junto a nuestro árbol. ¡Aunque esté lloviendo!

El anciano sonrió al obrero con los ojos brillantes, feliz de darle esa maravillosa información.

En su esfuerzo por seguir la intrincada conversación del anciano, el borracho había comenzado a suavizar su expresión. Lentamente fue relajando los puños.

—Sí —dijo cuando el anciano hubo terminado—, a mí también me gusta el sake... —acabó con un hilo de voz.

—Sí —dijo sonriendo el anciano—. Seguro que tienes una mujer maravillosa.

—No —contestó el obrero moviendo tristemente la cabeza—. No tengo mujer. —Bajó la cabeza y se balanceó con lentitud siguiendo el movimiento del tren. Entonces, con una sorprendente mansedumbre, el corpulento hombre comenzó a sollozar—. No tengo mujer –gimió rítmicamente—, no tengo casa, no tengo ropa, no tengo herramientas, no tengo dinero y no tengo ni un lugar para dormir. Me avergüenzo tanto de mí mismo...

Las lágrimas se deslizaban por las mejillas del inmenso hombretón, el cuerpo se le estremeció en un espasmo de absoluta desesperación. Por encima de la rejilla para el equipaje, un anuncio proclamaba las virtudes de la lujosa vida en las afueras. La ironía era demasiado grande para soportarla. De pronto me sentí avergonzado. Me sentí más sucio con mis ropas limpias y mi justiciero deseo de construir un mundo seguro para la democracia de lo que jamás estaría ese obrero.

—Caramba, caramba —cloqueó compasivo el anciano, con su alegría algo disminuida—, ésa es una situación de veras muy difícil. Ven, siéntate a mi lado y me lo cuentas.

En ese momento el tren llegaba a la estación donde tenía que bajarme. El andén estaba atiborrado y la multitud llenó el vagón tan pronto como se abrieron las puertas. Abriéndome paso para salir, volví la *cabeza* para dar una última mirada. El obrero estaba echado como un saco en el asiento con la cabeza apoyada en las rodillas del anciano, que lo miraba tiernamente, con una expresión en los ojos que era una mezcla de alegría y compasión, y con una mano le acariciaba lentamente la sucia y enmarañada cabeza.

Cuando el tren se alejó de la estación, me quedé sentado en un banco y traté de revivir la experiencia. Vi que lo que yo había estado dispuesto a realizar a fuerza de huesos y músculos, se había efectuado con una sonrisa y unas cuantas palabras amables. Comprendí que había visto el aikido en acción y que su esencia era la reconciliación, tal como nos decía su fundador. Me sentí estúpido, bruto y asqueroso. Me di cuenta de que tendría que practicar con un espíritu totalmente diferente, de que aún me faltaba mucho tiempo para poder hablar del aikido o de la resolución de conflictos con conocimiento.

La historia de Terry nos muestra de una manera muy conmovedora la verdad básica de que las personas no maltratan ni agreden a otras, ni tratan de dominar, a no ser que se sientan descontroladas, desvalidas e impotentes. Comprender la dinámica psicológica que subyace en el comportamiento agresivo no significa que todos debamos reaccionar de la misma forma que eligió el anciano de la historia de Dobson. Uno puede escuchar la petición de auxilio que se esconde bajo los gritos y desvaríos de otra persona y elegir defenderse, marcharse, imponer ciertas exigencias que habrán de cumplirse para continuar la relación, etc. Si yo hubiera ido en ese tren de la historia de Dobson y hubiera sido capaz de reconocer el dolor del obrero y su petición de ayuda, probablemente ni aun así lo habría invitado a sentarse a mi lado ni habría intentado entablar una conversación con él. Con toda probabilidad habría buscado la puerta de salida más cercana. El perdón no está en lo que «hacemos» sino en la manera como «percibimos» a las personas y circunstancias. Es un modo distinto de mirar lo que se está haciendo y lo que se ha hecho. Independientemente de lo que eligiera hacer, el hecho de considerar su conducta como una expresión de temor y una petición de amor y respeto me habría permitido adoptar una actitud que no contribuyera a aumentar el temor y, en consecuencia, que hiciera más probable una respuesta verdaderamente útil.

Marco psicológico para comprender el perdón

Las creencias subyacentes y muchas veces inconscientes que tenemos sobre nosotros mismos y la naturaleza humana influyen en y, en último término, determinan la capacidad y la disposición que tenemos a arriesgarnos, confiar, amar y perdonar. Debido a esto, he descubierto que antes de animar a los participantes en los seminarios a poner en práctica el perdón, es valiosísimo ofrecerles una perspectiva sobre la naturaleza humana que haga posible comprender por qué el perdón es una opción juiciosa y conveniente.

El siguiente modelo está basado en la psicología transpersonal, es decir, el estudio de la naturaleza y el desarrollo humanos que incluye la dimensión espiritual de la experiencia humana. Tiene su raíz en la suposición de que el ser humano posee capacidades que superan los límites del ego normalmente desarrollado. Aunque muy influido por la psicosíntesis del psiquiatra italiano Roberto Assagioli, el modelo que presento aquí integra varias influencias y escuelas de pensamiento.

Esta perspectiva de la naturaleza humana se basa en el supuesto de que dentro de cada persona hay un centro, un núcleo o esencia cuya naturaleza es:

1. La conciencia, es decir, la capacidad de ver con claridad, sin tergiversación ni miedo.

2. La libre voluntad, es decir, la capacidad de elegir la manera de reaccionar ante las situaciones.

A esta naturaleza esencial y capacidad fundamental para la claridad, la elección y la actuación conscientes se la denomina «el Yo», en un sentido diferente a lo que normalmente entendemos por «el yo».

Pausa y reflexión

Imagínate que vas de camino a una importante reunión y te encuentras con un embotellamiento de tráfico. Comienzas a preocuparte, sientes que te viene dolor de cabeza, que tienes los hombros tensos, y piensas en las peores consecuencias de tu retraso. Ahora, imagina durante un momento que estás allí en tu asiento como un manojo de nervios y te das cuenta de que tu ansiedad no hace avanzar más deprisa el coche que tienes delante ni el que tienes detrás. Inspiras hondo y sueltas un suspiro. Te dices: «Relájate». Sientes cierto alivio. Decides que cuando llegues a la reunión sencillamente explicarás lo que te ha sucedido. Sintonizas tu emisora de música favorita. Te recuerdas de nuevo que tienes una opción en la forma de reaccionar ante esa situación y vuelves a afirmar que puedes relajarte. Haces otra honda inspiración. Te echas hacia atrás en el asiento, respiras profundamente y disfrutas de la oportunidad de estar a solas.

Acabas de hacer un cambio: de sentirte un pequeño, limitado y desvalido *yo* has pasado a identificarte con el *Yo* central y esencial que es la fuente de tu poder personal.

La capacidad de dar un paso atrás y tomar conciencia de uno mismo atrapado por los nervios, y la capacidad de elegir reaccionar de una manera clara, sabia y deliberada, son funciones naturales del Yo.

Las subpersonalidades y el Yo

El diagrama A que aparece en la página siguiente nos muestra el Yo en el centro del ser y una diversidad de yos pequeños a su alrededor (las expresiones «yos pequeños», «yos parciales», «subpersonalidad» y «ego» se emplean de modo intercambiable). A esta multitud de aspectos de la personalidad o ego se los denomina subpersonalidades. Son pautas de identificación organizadas que están compuestas por emociones, papeles y creencias. Según el grado en que nos identificamos con cualquier subpersonalidad determinada, vemos el mundo a través de las gafas coloreadas (las creencias y perspectivas) de esa identificación particular. Parte del proceso de crecimiento, de desarrollo sano, incluye la elaboración de esas muchas subpersonalidades y la identificación con ellas, con las emociones que sentimos, los papeles que adoptamos y las creencias que tenemos.

A. Las subpersonalidades y el Yo

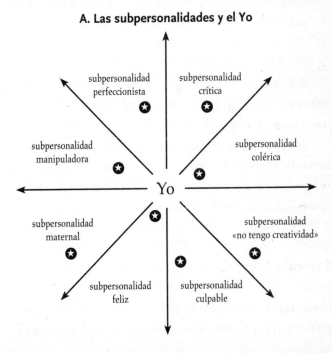

Una fase subsiguiente del desarrollo adulto sano exige tomar conciencia de uno mismo, la capacidad para distanciarse de la subpersonalidad o las subpersonalidades e identificarlas en cualquier momento. Esa conciencia nos permite reconocer que somos algo más que la pauta que estamos experimentando en cualquier momento dado. Hacerlo es el primer paso para dejar de experimentar el mundo a través de los ojos del pequeño yo, y verlo desde la perspectiva más amplia del Yo esencial. En último término la totalidad de quienes somos es mucho más grande que la suma de nuestras subpersonalidades.

Las subpersonalidades son una parte esencial del ser humano completo y sano. Pero la identificación excesiva con cualquiera de ellas puede debilitarnos o impedir nuestro desarrollo. Cuando aparecen con frecuencia las subpersonalidades basadas en el temor o las antiguas tácticas de supervivencia de la infancia, inevitablemente inhiben el bienestar. Por ejemplo, imaginémonos a una niña de tres años que sólo satisface su necesidad de atención cuando manipula: es probable que (inconscientemente) decida que la manipulación es la mejor manera de conseguir lo que necesita. Ésa es una decisión muy creativa y razonable en una niña de tres años, y puede seguir siéndolo a los cinco y a los diez años. Pero cuando ya tiene 20 o 30, 40 o 50 años, y continúa manipulando a las personas para obtener lo que desea o necesita, eso evidentemente ya no es creativo. Es una manera anticuada de relacionarse que con toda seguridad le inhibe, entre otras cosas, la espontaneidad, la felicidad y la autoestima. Si bien adoptó al comienzo el papel de manipuladora con el fin de asegurarse la atención y el amor de otras personas, ahora lo más probable es que los demás reaccionen con crítica y enfado. Al igual que muchos de los papeles encasillados que se convierten en forma de vida, aquí el papel de manipulador ha durado más que su utilidad, impidiendo a la persona atrapada en él encontrar otra forma más positiva de relacionarse.

Además de la manipulación, entre los ejemplos de pautas o subpersonalidades que suelen inhibir la felicidad y la expresión del Yo, encontramos emociones como la rabia, la inquietud y la ansiedad crónicas; papeles como el de víctima, el de controlador y el de mártir, y creencias como: «Valgo muy poco», «Soy responsable de todo» y «La vida es una lucha continua». De adultos solemos identificarnos con una pequeña parte de nuestro yo y, a la manera de un actor que no recuerda su parlamento, olvidamos que somos al mismo tiempo el director y el actor de la obra.

Para desarrollar plenamente todo nuestro potencial humano, es necesario que vayamos más allá de la identificación exclusiva con nuestros yos parciales y pasemos a nuestro Yo esencial, con el fin de que nuestras emociones, papeles y creencias no nos limiten.

Cuando lo hacen no sólo nos impiden ser objetivamente conscientes y libres para reaccionar ante las situaciones que se nos presentan, sino que también obstruyen el paso de muchas otras cualidades innatas del Yo. Cuando estamos del lado de nuestro Yo, experimentamos de manera natural una mayor sabiduría, más confianza en nosotros mismos, valor, alegría, creatividad, compasión, amor y humor. Cuando estamos del lado de nuestro Yo, descubrimos una mayor efectividad y tenemos acceso a la seguridad y el poder para obrar según lo que nuestros más profundos instintos nos dicen que es correcto.

El hecho de estar del lado del Yo es, consecuentemente, una experiencia que en la sociedad «civilizada» han tenido muy pocas personas. Sobre todo en la cultura occidental, muy poca gente ha tenido plena conciencia de la existencia del Yo. Nuestras teorías psicológicas tradicionales han reforzado una visión limitada de la psique adulta, una psique dominada por el ego (personalidad) y que no es consciente del Yo. Y sin embargo, el Yo siempre está donde nosotros estamos.

Observa en el diagrama A que el Yo no tiene límites, pero las subpersonalidades sí tienen unos límites definidos. Cuando nos identificamos principalmente con una determinada subpersonalidad, todas nuestras percepciones están definidas por ella. Recuerda el embotellamiento de tráfico. Al principio tal vez sentiste temor y preocupación. Si te identificas principalmente con la preocupación, verás el mundo a través de un filtro de ansiedad y aflicción. Si te identificas principalmente con la rabia, experimentarás el mundo de acuerdo con ella, con una tendencia a culpar y juzgar a los demás. Sentirás inquietud y hostilidad. Y al igual que con la preocupación, probablemente tendrás una manera fija de interpretar las situaciones que se te presentan.

Con frecuencia nuestras interacciones más difíciles ocurren cuando nuestras subpersonalidades comprometen a las de otra persona.

Echemos un vistazo a la dinámica presente en una relación en la que sientes rabia o resentimiento. Es poco probable que te enfades con una persona sensible y cariñosa. Sí lo es que te enfurezcas con una persona que está asustada y constreñida alrededor de una de sus subpersonalidades, por ejemplo, con una persona manipuladora, controladora, insensible, crítica o enfadada. Su enfado, su manipulación, su insensibilidad o su crítica, consecuencia de su propia postura refleja de autoprotección y miedo, te resulta amenazante. Tú reaccionas enfadándote y juzgando. Lo que tienes entonces es tu subpersonalidad basada en el temor que reacciona ante la subpersonalidad basada en el temor de la otra persona.

B. Subpersonalidades interactivas

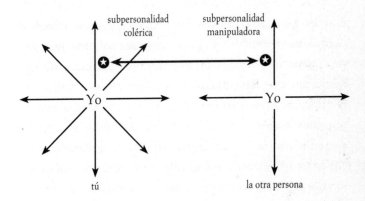

El diagrama B ilustra esta dinámica. Por poner un ejemplo, la subpersonalidad colérica de una persona reacciona ante la subpersonalidad manipuladora de la otra. O la subpersonalidad víctima de una persona reacciona ante la subpersonalidad dominadora de otra. Muchos matrimonios mantienen esta dinámica durante años: una subpersonalidad relacionándose con otra.

Al margen del nombre que queramos darles («controladora», «crítica», «tacaña», etc.), lo que alimenta a estas subpersonalidades es el temor, el temor a la pérdida, a la humillación, al desamparo, al abandono. Y bajo este temor hay un grito pidiendo sentirse seguro, respetado, amado, escuchado y valorado, aunque esto puede ser difícil de ver cuando se está cogido en una maraña de emociones conflictivas.

¿Cómo encontrar la salida de este enredo y la puerta hacia una nueva manera de relacionarse? El perdón es la clave.

Aclaremos las cosas: ¿perdonar o eludir?

A veces se toman decisiones en nombre del perdón cuando no se perdona en absoluto. Es importante no confundir perdonar con negar los propios sentimientos, necesidades y deseos. Perdonar no significa ser pasivo y mantener un trabajo o una relación que evidentemente no funciona o nos hace daño. Es importante tener muy claros los propios límites. ¿Qué es aceptable para uno? Si estamos dispuestos a permitir repetidos comportamientos inaceptables en nombre del «perdón», lo más probable es que estemos utilizando el «perdón» a modo de excusa para no asumir la responsabilidad de cuidar de nosotros mismos o para evitar hacer cambios. En una situación laboral, por ejemplo, el perdón no te exime de resolver lo que deseas hacer, de afrontar los problemas o de buscarte otro trabajo si el que tienes te hace sentirte infeliz. Con frecuencia los límites entre perdonar y eludir son subjetivos; de cada uno depende descubrir cuál es cuál para uno, siendo totalmente honrado consigo mismo. Busca tu verdad en tus sentimientos más instintivos y escucha a tu corazón.

• • •

Aplicación práctica

A modo de ilustración, vamos a considerar algunos marcos hipotéticos en una situación laboral en que aparecen en escena las dinámicas de la rabia, el resentimiento y el perdón.

Imagínate que trabajas en una empresa y tu jefe es incompetente y arrogante. Te sacan de quicio él y su comportamiento. Ya le has dicho algunas cosas, pero por lo visto no te hace caso. Tú disfrutas de tu trabajo, pero dependes de tu jefe para que algunos proyectos se consideren convenientes y se aprueben. Generalmente puedes realizar tu trabajo sin su aprobación expresa, pero esto requiere más esfuerzo y empeora las cosas.

Te ocurre cada vez con mayor frecuencia que no te puedes dormir por la noche, debido a la tensión y los nervios que te produce la insatisfacción que sientes. De lunes a viernes te resulta muy pesado levantarte por la mañana.

Has comentado tus quejas con tus compañeros de trabajo, pero aunque ellos opinan más o menos igual que tú, no están dispuestos a tomar ninguna medida firme. Has expresado tu insatisfacción a algunas personas que ocupan cargos decisivos, pero han hecho oídos sordos a tus inquietudes. Comienzas a darte cuenta de que trabajas para una organización que funciona mal. La mayor parte del personal cierra los ojos a los verdaderos problemas y hasta el momento todos tus esfuerzos por efectuar un cambio han sido inútiles.

Cuando tratas con tu jefe te muestras razonable, pero ya no hay ningún momento en que pienses en él o hables con él sin sentir enfado. Aunque él lo nota, eso no ha producido ningún cambio positivo por su parte. De hecho, reacciona ante tu rabia poniéndose cada vez más a la defensiva, y tu angustia y tu desdén van aumentando.

¿Qué se puede hacer cuando se trabaja en una organización en donde no hay ningún respaldo ni reacción por parte de la jerarquía en cuanto a supervisar a los jefes y exigirles que sean responsables de su competencia en el puesto que ocupan? ¿Cómo se puede trabajar en una situación como ésta para no ser la víctima emocional de la incompetencia y la pasividad de otra persona?

Una decisión sería continuar en el trabajo sin ningún cambio de perspectivas y seguir sintiendo rabia. No es lo que diríamos pasárselo bien.

Otra opción sería quedarse en el trabajo y decidir perdonar al jefe, o más exactamente, practicar el perdón, porque perdonar, sobre todo en una situación como ésta, no es algo que hagas en un momento y ya está. Aquí ciertamente sería un proceso continuo. Se trata de un ejemplo en el cual el perdón es sin duda una opción valiente, porque hace necesaria una disposición a cortar con una manera de relacionarse con el jefe que ahora es refleja y que lleva una carga emocional muy fuerte. Se requiere voluntad, valor y osadía para elegir esta alternativa.

¿Cómo sería perdonar en una situación como ésta?

Supondría permitirte ver que en él hay algo más que lo que aparece a la vista. Significaría considerarlo como un ser humano, con la posibilidad de ser magnánimo y de estar expuesto a la vez a sentimientos e inseguridades muy humanos. Perdonar supondría la disposición a reconocer el Yo de tu jefe y a relacionarte con él, con la naturaleza sabia y razonable que hay en él, aun cuando tu ego podría asegurarte que eso es ridículo, que él no tiene ningún Yo, y que su luz se ha apagado. Perdonar requeriría que afirmases su totalidad independientemente de cuáles fueran los fragmentos que vieses.

Perdonar a tu jefe no significa que tengas que evitar expresar sinceramente lo que sientes y lo que piensas sobre lo que sucede; no quiere decir que tengas que dudar en hacerle ver los problemas. Pero sí implica una disposición a ver más allá de su persona y a relacionarte con él con respecto a estos problemas desde tu Yo al suyo.

Tu jefe podría reaccionar de muchas maneras ante tu perdón. Una posibilidad es que note que algo ha cambiado. Dado que ya no te dominan la rabia y la crítica, y muestras más franqueza y generosidad en tus conversaciones con él, es posible que se sienta menos amenazado y deje de aferrarse a su posición. En consecuencia, tal vez tu relación con él se vuelva más cómoda, factible y productiva. Probablemente éste sería el guión más feliz.

Otra situación podría ser que tú practicaras el perdón, pero él estuviera tan encerrado en sus subpersonalidades basadas en el miedo que no hubiera ninguna reacción por su parte. Con constancia cada vez mayor, tú tratas de ver el cuadro completo y de relacionarte con su Yo. Le presentas los problemas para los cuales necesitas su respaldo de la manera más razonable, honesta y clara posible, pero la mayor parte del tiempo no hay en él ninguna reacción positiva (en realidad está tan constreñido y asustado que ni siquiera nota tu cambio). Todos los momentos que eliges para relacionarte con el Yo de tu jefe son momentos en que estás reforzando tu identificación con tu propio Yo, de manera que aun si las circunstancias siguen siendo muy difíciles, experimentarás de un modo natural un poder y una perspectiva cada vez mayores. Incluso si él no cambia, al elegir perdonar, tú reaccionas creativamente ante la situación utilizando en realidad al que en otro tiempo considerabas «enemigo» para nutrirte y crecer.

¿Cuáles son tus opciones ahora?

En un plano interior, sólo hay una opción si deseas tener tanta paz como sea posible y no ser la víctima furiosa de tu jefe; se trata, por supuesto, de seguir perdonando. No obstante, perdonarlo no significa que debas continuar en ese trabajo.

Podrías elegir continuar en el trabajo con una nueva conciencia y comprensión intuitiva, con mayor objetividad e independencia emocional, haciendo tu tarea con la mayor eficiencia posible. Si ésa es tu elección, te sería muy útil incorporar a tu vida algunos ritos cotidianos (meditación, afirmaciones, ejercicio, relajación, oración o llevar un diario) que te nutran y te ayuden a centrarte tanto como sea posible. A medida que trabajas en mantenerte en este estado, es posible incluso que te sorprendas sintiendo compasión por el sufrimiento que sin duda experimenta tu jefe (tanto si él lo advierte como si no).

Otra posibilidad es que perdones, veas la situación de manera diferente y emocionalmente no sientas tanta inquietud, pero consideres que la situación no es factible. Aunque perdonas, decides dejar el trabajo. Con frecuencia, cuando una persona toma esta decisión por las dificultades que encuentra en su trabajo, lo hace con mucha rabia, y ésta la acompaña durante meses o años. Al perdonar, descubres que no tiene por qué ser así. De todas maneras es posible que experimentes rabia, frustración y tristeza al marcharte, pero mediante el perdón eres capaz de llegar a aceptarlo y olvidarlo con mucha más facilidad.

Historia de Megan

Estaba dispuesta a dejar mi trabajo. Había llegado a un punto en que temía despertar por la mañana ya angustiada por el día que me esperaba. La verdad es que me encantaba mi puesto en ventas. Me gustaba el producto que vendía y me caían bien la mayoría de mis compañeros de trabajo. Era mi jefa, la encargada del departamento, quien me volvía loca. Prácticamente no pasaba un día en que no encontrara algo mal en mi trabajo. Aunque yo vendía más que nadie en la sección, ella, Joanna, siempre tenía que encontrar algo mal. A veces estaba sentada en mi escritorio arreglando unos papeles cuando sonaba mi teléfono. Me invadía la rabia al escuchar su voz glacial que me pedía que fuera a su despacho.

Mientras caminaba por el pasillo notaba cómo se me apretaban las mandíbulas y las manos se me iban cerrando en un puño. Una vez en su oficina, contemplando su enfadada cara, tenía que contestar a una lista ritual de «¿Hizo...? ¿Se ocupó de...?», y así continuaba el interrogatorio hasta que yo estaba a punto de estrangularla. Con frecuencia encontraba algún pequeño descuido para criticarme.

Cuando volvía a mi escritorio ya estaba tan furiosa que me pasaba algún tiempo haciendo agujeros con mi pluma en el papel secante, fantaseando con maneras de vengarme.

Cuando fui a mi revisión médica anual, el doctor me advirtió que la presión arterial y el nivel de colesterol en la sangre me iban subiendo constantemente. Me hizo preguntas sobre mi nivel de estrés en el trabajo y me insistió en que era preciso que hiciera algo al respecto. A la semana siguiente una amiga me invitó a ir con ella a una conferencia sobre «el perdón». En ese momento ni siquiera pensé en Joanna. Por lo que a mí se refería, ella estaba más allá del perdón. Lo que sí pensé fue que tal vez ya era hora de que perdonara a un antiguo novio. Además, se trataba de una salida nocturna con mi amiga.

Los conceptos que se presentaron en la conferencia eran totalmente nuevos para mí y, ante mi sorpresa, me sentí inspirada a comenzar a aplicarlos con Joanna. Al día siguiente me prometí que fuera lo que fuese lo que ésta dijera o hiciera, yo lo consideraría como una señal de su temor o su inseguridad. Una vez que lo pensé, me di cuenta de que eso era acertado. Cuando llegó su llamada, hice tres o cuatro respiraciones profundas y caminé con toda la calma posible hacia su oficina. La rutina siguió el orden de siempre, sólo que esta vez me acordé de respirar y traté de poner en práctica el perdón. Por primera vez la miré atentamente a la cara y vi unos surcos profundos que parecían de miedo y dolor. Esta vez pensé bien mis respuestas, e intenté tranquilizarla asegurándole que me cuidaba de los asuntos y que me ocuparía de comprobar que todo estuviera bajo control. Inesperadamente el rostro de Joanna se suavizó un poco. El interrogatorio fue algo más corto de lo habitual y me dijo adiós con una efusión nada típica en ella.

Ese mismo día, más tarde, me enteré de que su hijo adolescente padecía un extraño problema de salud, que se descubrió sólo unos meses después de que ella se divorciara. Mi percepción de Joanna cambió. De considerarla una figura materna crítica y acusadora, pasé a verla como una mujer sobrecargada de trabajo, agotada y asustada. Al ahondar en esta nueva comprensión, comencé a darme cuenta de que bajo su temor y su tendencia a juzgar y acusar había sólo otro ser humano en lucha por obtener amor, valoración y atención de la mejor manera que sabía. Su trabajo se le había convertido en el último bastión de dominio, de manera que luchaba desesperadamente por asegurar el éxito de su departamento. Entonces, en lugar de sentir deseos de matarla, comencé a desear ayudarla. Cuanto más lo intentaba yo, menos asustada parecía ella. Sorprendentemente, comenzó a confiar en mí y se convirtió en una amiga. Aunque a veces vuelve a su antiguo comportamiento cuando está muy presionada por el trabajo, yo ya no lo considero una ofensa personal. Ahora me hace ilusión ir a trabajar y al parecer soy más productiva, ya que no gasto tanta energía en enfadarme y recuperarme de nuestras entrevistas.

3. Aprender a perdonar
en territorio neutral

El perdón es algo que puedes poner en práctica inmediatamente, aun cuando todavía no te sientas con ánimo para perdonar a ciertas personas. Para comenzar la práctica del perdón, yo recomiendo hacerlo en un territorio neutral, es decir, con personas a las que realmente no se conoce. Aunque tal vez se sienta la urgencia de perdonar a personas con las que se tiene una relación difícil, el hecho de empezar por aquellas con las que no se tiene esa relación hace más fácil introducirse en el proceso al comenzar por lo más básico.

Hay quien suele preguntar: «¿Tengo que perdonarme a mí mismo antes de perdonar a los demás?», o «¿Tengo que perdonar a los demás para poder perdonarme a mí mismo?». Yo creo que es algo así como lo de: «¿Qué fue primero, el huevo o la gallina?». En Alcohólicos Anónimos se sugiere que la única persona a la que se necesita perdonar es uno mismo; una vez logrado esto, todos los demás serán perdonados de un modo natural. Si bien la experiencia de perdonarse a uno mismo lleva en último término a perdonar a los demás, a quien generalmente nos resulta más difícil perdonar es a nosotros mismos. Como es más fácil perdonar a los demás (por lo menos a algunos), comenzaremos por ahí.

Como he dicho antes, perdonar es algo más que lo que se hace cuando uno se siente culpable, enfadado o resentido, aunque evidentemente es muy útil en esos casos. En la manera más amplia de trabajar con el perdón, podemos practicarlo con todas las personas, y todo el mundo se convierte en nuestro maestro.

Al principio el perdón es cuestión de práctica, algo similar a cuando escogemos considerar las situaciones de maneras que pueden ser desconocidas: requiere una decisión, un deseo y un compromiso conscientes. También exige que se repita muchas veces para dominarlo, para integrarlo, para sentirlo como algo natural.

Comenzar en un territorio neutral es como practicar y aprender algo que se desconoce y en lo cual no se tiene pericia antes de que sea preciso emplearlo de un modo más exigente. Al igual que cualquier otra técnica, al principio puede resultar algo difícil. Cuando se está aprendiendo a esquiar, no es cuestión de colocarse los esquís, ponerse de pie y lanzarse montaña abajo. Comenzar por lo básico es, al menos, no tan arriesgado y más útil: primero hay que acostumbrarse a tener los esquís puestos (familiarizarse con los nuevos conceptos), después aprender a moverse con ellos (comprobar cómo se usan estas nuevas percepciones), luego esquiar en pendientes suaves (practicar el perdón con personas con las que no hay historias personales de rabia y dolor; esto es, repito, lo que quiere decir «territorio neutral») y, finalmente, buscar pendientes que exigen más destreza (perdonar a aquellos con los que uno está enfadado y resentido, para lo cual se necesita mayor claridad, compasión, disposición e intención). Empezar por perdonar en «territorio neutral» es como un ejercicio de calentamiento para perdonar en relaciones en donde se nos ha hecho algo.

Cuando conocemos a alguien, el impulso del ego es juzgar y hacer las distinciones que determinan si estamos tratando con un amigo o un enemigo en potencia. A los pocos minutos el ego suele establecer con firmeza si esa persona ha de gustarnos o no. Estos juicios actúan para mantener cerrado nuestro corazón y separarnos de los demás: «No soporto a las personas que hablan así», «Opino que las mujeres que se pintan las uñas son estúpidas», o «No me gustan los extranjeros». Nos mantenemos aparte debido a una presunción de superioridad. O nos mantenemos aparte al establecer nuestra inferioridad: «Yo no soy tan inteligente», «Soy menos atractiva», o «A su lado me siento insignificante». Cuando estamos crónicamente confinados por los límites del ego, esta separación se manifiesta bajo la forma de una sensación generalizada de no valer o de una sensación exagerada de arrogancia y superioridad. O bien nos menospreciamos y nos juzgamos considerando que estamos equivocados, o proyectamos nuestra separación del propio Yo considerando que los demás están equivocados, creando chivos expiatorios que lleven la carga de nuestros miedos e inseguridades. Al perdonar en territorio neutral, podemos comenzar a sanar los juicios, el miedo y la separación habituales que suelen impregnar gran parte de nuestra vida.

Al empezar a practicar el perdón en territorio neutral, comenzamos a reconocer el Yo esencial de los demás, que es fundamentalmente bueno e inocente, y a hacer brillar una luz sobre él. Al hacerlo también afirmamos nuestro propio Yo esencial y nos comunicamos con él. Perdonar de esta manera no supone que nosotros o los demás no seamos culpables de acciones concretas, sino que significa que el acto cometido no resume de un modo impreciso nuestro carácter ni la verdad total de quiénes somos ni de quiénes son los demás.

La teoría llevada a la práctica

Cuando saludamos a alguien, solemos manifestar nuestro reconocimiento con un «Hola». Normalmente es una expresión de la conciencia que tenemos de que la otra persona (personalidad y cuerpo) está ahí. En una parte de África se saluda con la palabra *Sawubona*, que significa «Te veo»; este «te veo» no se refiere a un «tú» principalmente corporal, sino a un «tú» que es un Yo puro. Es un reconocimiento de la naturaleza esencial de la otra persona, siempre digna de respeto, agradecimiento y amor. Imaginemos que vamos por la vida reconociendo y siendo reconocidos de esta manera. Imaginemos lo distinta que podría ser nuestra vida ahora si mientras crecíamos se nos hubiera reconocido ese brillante Yo que somos.

Ejercicio: Ver la luz

Durante un mes tómate unos pocos minutos tres veces al día por lo menos para practicar el perdón con personas a quienes no conoces o no conoces bien. Permítete ver más allá de su apariencia externa y contempla su Yo: la luz. Reconoce interiormente que cada persona tiene una naturaleza pacífica, amorosa y sabia.

Esto lo puedes hacer cuando vayas por la calle, subas a
un ascensor, hagas una cola, prácticamente en cualquier lu-
gar donde haya personas a tu alrededor, e incluso en tu ima-
ginación si no hay nadie cerca. Las palabras y los gestos no
son necesarios. Basta con un callado reconocimiento inte-
rior. En esencia, lo que dices silenciosamente es: «Te veo».

A una forma de esta práctica el doctor Gerald Jampolsky la
llama «De persona a persona». Se trata de observar a la gente en busca de signos de paz, amabilidad y amor. «En otras
palabras —según lo explica él—, buscamos su inocencia, no
su culpa. Miramos a la persona con el corazón, no con nuestras ideas preconcebidas.» Esta manera de mirar requiere visión interior: la disposición a reconocer y confiar en lo que tal
vez la otra persona desconoce que posee. Goethe escribió: «Si
tratas a una persona según lo que parece, la haces peor de lo
que es. Pero si la tratas como si ya fuera lo que tiene capacidad de ser, la haces lo que debería ser» (o, dicho en el lenguaje del perdón, lo que «es»).

Practicar el ejercicio «De persona a persona» puede ser
como una especie de cuerda salvavidas para mantener la cor-
dura en las grandes ciudades, sobre todo en aquellas como
Nueva York. Es muy fácil que los insultos y ataques cotidianos, y el encuentro con personas que parecen algo «raras» en
las calles y en el metro, nos molesten y nos dejen atrapados
en el miedo hasta mucho después de que haya pasado la amenaza o el peligro potencial. La práctica del perdón en terreno
neutral nos ofrece una increíble oportunidad de observar nuestras reacciones, sobre todo el miedo y la crítica ante lo que

percibimos como «diferente». El escritor y profesor Hugh Prather dice que «el perdón no es un acto inútil de rosado autoengaño, sino más bien el tranquilo reconocimiento de que, bajo nuestros respectivos egos, todos somos exactamente iguales».

Cuando comencé a trabajar con el perdón, hacía mi práctica en territorio neutral al caminar por mi barrio en Boston. Miraba a la gente y reconocía su Yo. Cuando trataba con alguien, reconocía que frente a mí tenía a una persona de paz. Recuerdo a un personaje del barrio al que veía con frecuencia. Se le denominaba cariñosamente «el señor Bolsas Alegres». Era un hombre alto y corpulento que usaba bolsas de basura verdes a modo de zapatos, otra en lugar de chaqueta y otra de sombrero. No es necesario decir que su apariencia era de lo más llamativa. Llevaba una escoba y, según él, barría las calles. Era un maravilloso desafío ver siempre la luz en la cara del señor Bolsas Alegres. A mí me ofrecía la oportunidad de recordar quiénes somos. Si no hubiera practicado conscientemente el perdón con él, me habría sentido tensa y amenazada por su apariencia. En cambio, me sentía segura, como de hecho lo estaba.

Cuando practicas el perdón, lo haces desde tu Yo, de manera que aprendes a confiar cada vez más en tus reacciones e instintos más profundos. Por lo tanto, es mayor la probabilidad de saber si hay o no una verdadera amenaza a tu bienestar físico, en lugar de vivir como si siempre hubiera alguien dispuesto a hacerte daño.

El diario de Sandra

Durante la primera semana de un cursillo sobre el perdón en ocho sesiones que estaba dando, animé a los participantes a practicar el perdón en territorio neutral con desconocidos. A continuación, veamos la descripción de la experiencia de una de las participantes:

Llegué a casa con una gran sensación de felicidad, me sentía como la luz de un faro y me encantaba. Brillaba y brillaba. No paraba de brillar. Personas desconocidas se me acercaban y decían hola espontáneamente, me daban las gracias con gran sinceridad por dejarlas pasar, etc. Salí a dar un paseo con mi perro y al poco rato llegué junto a dos hombres que discutían en voz alta. Por un instante sentí ese miedo visceral que siempre aparece ante un conflicto, y después me eché a reír, pensando: «Vamos, he aquí a dos subpersonalidades enzarzadas». Ciertamente me alejé, pero por primera vez me sentí a salvo estando a corta distancia de la rabia. Ésta ya no tenía el poder de rugir fuera de control y devorarme.

Mientras voy por la calle tratando de tomar conciencia de la bondad fundamental de los demás, me asusta pensar en un mundo lleno de luz. Es una idea o una realidad casi abrumadora. Una vez reconocida, lo cambia todo. Si bien la posibilidad es emocionante, supone pérdidas. La pérdida de mis anteojeras, la de la exención de responsabilidad y, la más importante, la de mi pequeño mundo de desdicha, únicamente mío.

Se me revela una especie de integridad tan perfecta en este «ejercicio» de mirar el corazón del otro... En el instante mismo en que abro mi corazón, éste recibe amor. Tan pronto como envío comprensión, me veo comprendida. Me pregunto cómo he podido vivir 31 años desconociendo este concepto tan esencial. Esta semana he visto a tantas personas ciegas... Es curioso cómo no dejo de hacer referencias a la gente que tiene dañada la visión física. Me siento como si llevara días tropezándome con bastones blancos. Me ha sorprendido lo poco acostumbrada que estoy a mirar, y menos todavía a ver.

Incluso los pequeños actos de perdón tienen siempre ramificaciones importantes a nivel personal, y contribuyen a hacer que sintamos confianza en nosotros mismos y en el potencial de los demás; favorecen un espíritu humano fundamentalmente esperanzado y optimista, en lugar de pesimista o derrotado; nos ayudan a conocernos a nosotros mismos y a conocer a los demás, en cuanto personas poderosas en potencia que podemos elegir crear con amor, en lugar de considerar al ser humano como fundamentalmente egoísta, destructivo y pecador.

Pensamiento para la semana

Hay otra manera de mirar el mundo.

4. El trabajo con la rabia:
que el dolor sea dolor

Antes de pasar a practicar el perdón en relaciones más íntimas, es importante tratar primero el dolor personal, es decir,
la tristeza, la rabia, el resentimiento y la culpa, que posiblemente han sido los móviles que nos han llevado a indagar
sobre el perdón.

El perdón es esencial para sanar y experimentar nuestra
integridad. Pero para lograr esto último, es preciso no reprimir, negar ni desatender ninguna de nuestras partes. Nuestra
totalidad incluye una gran sabiduría y una extraordinaria
capacidad de amor y cariño, y también la rabia, el resentimiento, la hostilidad, la vergüenza, el sentimiento de culpabilidad y en muchos casos, la ira. Estas emociones suelen
permanecer ocultas y, ya sea que estén ahogadas o doliendo
atrozmente bajo la superficie, mientras no las sanemos se
cobrarán su precio en nuestra capacidad para ser felices y tener relaciones sanas y satisfactorias.

Esto es especialmente cierto en aquellas personas que se
han criado en un hogar con problemas en donde quienes
se encargaban de ellas sufrían de serios daños emocionales.
Según cálculos de los expertos, un 90 por ciento de los adultos de Estados Unidos se han criado en hogares con proble-

mas. En la actualidad se comprenden mejor las nocivas consecuencias de tal ambiente familiar y se han creado grupos de apoyo como el de Hijos Adultos de Alcohólicos para tratar los problemas que tienen en común.

Cualquier persona que se haya criado en un hogar en donde sufrió malos tratos físicos o emocionales, o fue rechazada o abandonada, ha de perdonar para sanar «totalmente». Pero antes tiene que hacer suyo el dolor que experimentó, es decir, reconocer y admitir la verdad. Una vez logrado esto, el dolor del pasado puede convertirse en la riqueza de la vida. El siguiente poema de Eva Pierrakos, que aparece en su libro *The Pathwork of Self-Transformation* [El camino de la auto-transformación], describe el gran valor de este proceso:

Tras la puerta de sentir tu debilidad reside tu fuerza.
Tras la puerta de sentir tu dolor residen tu alegría y tu
placer.
Tras la puerta de sentir tu miedo reside tu seguridad.
Tras la puerta de sentir tu soledad reside tu capacidad de
gozar de plenitud, amor y compañía.
Tras la puerta de sentir tu desesperanza reside la esperanza verdadera y justificada.
Tras la puerta de aceptar las carencias de tu infancia reside tu satisfacción del presente.

Es necesario disponer de un lugar seguro y apropiado para desahogarse, para expresar el dolor, donde éste pueda «ser» sin que se lo juzgue. Claudia Black, autora de *It Will Never Happen To Me* [Jamás me sucederá a mí], respetado y conocido libro sobre los hijos adultos de alcohólicos, dice que «el proceso de recuperación incluye el hecho de reaccionar ante el propio dolor emocional». Habla de la «obligación de ser feliz», una compulsión basada en la negación del dolor que suelen sufrir los hijos adultos de alcohólicos (y otras personas criadas en hogares con problemas). No podemos sanar totalmente si negamos lo que Carl Jung llamó «lado oscuro» o «sombra» de nuestra psique y nuestra historia personal. No debemos saltarnos ese paso esencial que constituye el reconocimiento de la «sombra» si queremos integrar y hacer real el perdón, pues éste no se puede colocar encima del temor y la tristeza que laten debajo.

Ahogando o negando el dolor y la rabia con drogas, alcohol, compras, trabajo o un barniz de dulzura y aceptación, no nos liberaremos de ellos. Como observa el teólogo Matthew Fox: «Entonces nos convertimos en víctimas del dolor y no en los sanadores que podríamos ser». Según él, «la liberación comienza en el momento en que se reconoce el dolor y se le permite serlo». Entramos en él y lo convertimos en amigo para después dejarlo marchar.

Que el dolor sea dolor

Si bien con la práctica del perdón podemos disipar y transformar la rabia que se produce en las circunstancias del presente, e incluso tal vez no llegar a enfadarnos, es importante que no neguemos la existencia y los efectos de la rabia que podemos haber sentido, consciente o inconscientemente, durante muchos años. El hecho de comprender ahora el comportamiento abusivo de otra persona e incluso de compadecerla (por ejemplo, comprender que alguien te maltrató debido a su rabia y su ira reprimidas por haber sido a su vez maltratado) no te libera automáticamente del trauma, el desvalimiento y el miedo que experimentaste en el pasado. A no ser que desde entonces hayas encontrado una situación de apoyo en la cual puedas honrar tus sentimientos (reconocerlos y permitirte expresarlos sin juicios ni castigo), lo más probable es que estas emociones de la infancia, la adolescencia, la juventud y, tal vez, la edad adulta, continúen reprimidas, suprimidas y negadas hasta el día de hoy. Si no hay un lugar en donde poder sentir la emoción y expresar el dolor y el temor en el momento que ocurren las experiencias traumáticas, entonces el trauma puede quedar guardado en los músculos y en la psique durante años.

A veces estos sentimientos crónicos se somatizan, encuentran alojamiento en el cuerpo. Pueden aparecer en forma de dolores de cabeza crónicos, trastornos digestivos, dolores de espalda, etc. Cuando son persistentes, estos sentimientos reprimidos o negados pueden dominar la personalidad, volverse explosivos y/o hacer que la persona se cierre. Pueden provocar una batalla interior entre el desvalimiento y la rabia, produciendo un estado de ansiedad generalizado. Cuando no se libera, la rabia puede filtrarse por los bordes de la personalidad en forma de miedo, sarcasmo, aislamiento, agresividad o desaprobación de uno mismo; o se manifiesta claramente en estallidos de cólera, depresión, comportamientos pasivoagresivos, maltrato de uno mismo y de los demás, e incapacidad para actuar con eficacia en el mundo y para tener relaciones íntimas.

Cuando intentamos perdonar negando al mismo tiempo la rabia y la culpa, si las llevamos dentro, el «adulto perdonador» se puede convertir en una subpersonalidad en lugar de ser una verdadera expresión del Yo. O tal vez perdonamos de vez en cuando, pero periódicamente el perdón es reemplazado con facilidad por rabia y culpa. Es posible que después de intentar perdonar nos preguntemos por qué continuamos sintiéndonos enfadados o vacíos por dentro. Si estamos reprimiendo la rabia y la culpa, el perdón que ofrecemos no puede arraigar en nuestro ser porque los sentimientos reprimidos forman una barrera que nos impide adentrarnos en nuestra experiencia esencial. El cuerpo y la psique que guardan demasiadas emociones reprimidas y limitadoras tienen poco espacio para incorporar amor y alegría con constancia y profundidad. Es posible que de cuando en cuando experimentemos la alegría y el alivio que proporciona el perdón, pero éste quedará en la superficie. Es como tratar de plantar un magnífico jardín de flores con muy poca tierra y sin apenas espacio para que echen raíz. Un ventarrón o unos días sin agua lo destruirán. Pero si aceptamos nuestro dolor y, en un lugar y un contexto seguros, sentimos lo que habría sido arriesgado y terrible sentir en el pasado, entonces el dolor se puede liberar y transformar. El proceso de honrar nuestros sentimientos es como labrar la tierra endurecida haciéndola rica y profunda. Sólo entonces habrá espacio para que el perdón y la comprensión echen raíces profundas en nuestro interior.

Mecanismos de supervivencia

Si intentamos perdonar negando el temor, el sentimiento de culpabilidad y la rabia que hemos reprimido, continuamos con el hábito de rechazar los sentimientos. En el pasado otras personas no respetaron ni honraron nuestros sentimientos. En el presente, si seguimos sin prestar atención a esos sentimientos, que están ahí, somos nosotros quienes nos hacemos lo mismo.

Para la persona que creció en un hogar con problemas, era arriesgado sentir y manifestar sus emociones. Si habitualmente sus lágrimas encontraban esta respuesta: «Sigue llorando y te daré motivos para hacerlo», o sus sentimientos eran ridiculizados o provocaban enfado, sin duda esa persona aprendió que sus sentimientos no eran aceptables y sabiamente adoptó mecanismos de supervivencia para arreglárselas. Es posible que esas estrategias hayan sido esenciales para hacer frente a los temores y disminuir la posibilidad de más malos tratos y rechazo.

Algunos de los mecanismos de supervivencia más comunes que mantienen los sentimientos «negativos» bajo el plano de la conciencia cotidiana fueron reconocidos por primera vez y definidos por Freud.

La *negación* es el rechazo a aceptar las cosas como son. Por ejemplo, en lugar de reconocer que se está enfadado, uno insiste en que no lo está. Sencillamente niega que eso sea verdad: «No me he enfadado».

La *represión* es un bloqueo reflejo total e inconsciente de un sentimiento inaceptable para que no se vuelva consciente. En este caso la conciencia no tiene ningún conocimiento de que haya algo reprimido. La persona no elige deliberadamente reprimir nada; la represión se activa de manera refleja, con el fin de poder sobrevivir a incidentes y sentimientos abrumadores, incomprensibles o aterradores. Por ejemplo, la ira provocada por un abuso sexual puede estar totalmente reprimida porque sería demasiado aterrador y arriesgado permitir que afloren esos recuerdos o emociones. Esta ira podría manifestarse en ataques de ansiedad o síntomas físicos, o proyectarse en forma de odio hacia cualquier persona o grupo determinado.

La *supresión* es la exclusión consciente de sentimientos, deseos o impulsos inaceptables. Cuando se suprime una emoción, uno impide deliberadamente que aflore a la superficie. Por ejemplo: en una excursión de la familia, tu tía, como de costumbre, se mostró sarcástica y desdeñosa contigo. Eso te enfureció, pero sabías que se te castigaría con dureza si le decías lo que pensabas de ella. De manera que controlaste activamente tu deseo de insultarla y mostraste una actitud indiferente y despreocupada. Te adaptaste.

Cualquiera de estos mecanismos puede ser sano o dañino, y a medida que nos hacemos mayores y vemos las cosas de modo diferente, algunos de ellos pueden durar más que su utilidad.

La *proyección* es el proceso de no reconocer los sentimientos y deseos y atribuirlos inconscientemente a otras personas. Cuando surge un sentimiento turbador, en lugar de decir: «Me he enfadado», se niega el sentimiento, se coloca en otra persona y se manifiesta de este modo: «Él (o ella) se ha enfadado conmigo». Al confrontar los sentimientos, uno niega su existencia. O, en lugar de reconocer un sentimiento de culpabilidad, éste se exterioriza y se culpa a otros.

La *racionalización* es la invención de historias, excusas y coartadas que sirvan de base lógica para comportamientos y motivaciones inaceptables: «No siento rabia contra ella porque me golpeara; sé que en su infancia la maltrataron mucho». O: «No me he enfadado con él, porque sé que lo ha intentado». Estas afirmaciones pueden ser ciertas o pueden ser racionalizaciones. Una racionalización puede ser una comprensión intelectual utilizada para negar sentimientos incómodos, y también una manera de evitar ver la verdad.

La liberación del dolor y la rabia

Hay muchas maneras de liberar los sentimientos y diferentes teorías sobre la mejor manera de hacerlo. Algunos psicoterapeutas opinan que para sanar es necesario liberar de un modo activo los sentimientos; otros piensan que no.

A veces, las personas que necesitan descargar activamente la energía retenida dando expresión a su rabia se sienten ridículas o tontas golpeando una almohada o chillando. Es importante recordar que quien necesita desahogarse no suele ser la persona adulta (aunque es posible que también lo precise), sino su niño interior. Es el niño de cuatro años que fue abandonado emocionalmente, o el de diez que fue tratado con desprecio, el que necesita expresar su tristeza o su rabia y ser aceptado y validado. Para hacer eso, hemos de ser capaces de aceptar la paradoja de ser a la vez el adulto y el niño dolido y enfadado. Cuando hay emociones no sanadas, a veces las dos partes coexisten. En lugar de considerar la rabia, la ira, la tristeza, etc., como algo malo o inaceptable, se acepta como un sentimiento y una energía. Es sencillamente la verdad de nuestra experiencia.

Liberar o dar salida a los recuerdos y sentimientos dolorosos no significa necesariamente enfrentarnos a aquellas personas que nos han herido o nos han tratado de un modo injusto. Como ya he dicho, dirigir toda la fuerza de nuestra rabia directamente hacia el otro no suele ser útil; es probable que refuerce y perpetúe el miedo subyacente y la separación entre los dos.

Técnicas de liberación

Hay diversas opiniones sobre cuáles son los métodos y técnicas más efectivos para trabajar con estos sentimientos con el fin de sanarlos. Ningún método es apropiado para todo el mundo. Entre los diversos enfoques se cuentan trabajar con pensamientos racionales, con el inconsciente, con la liberación de las emociones y directamente con el cuerpo.

Las terapias de orientación corporal tienen su raíz en la premisa de que la mente y el cuerpo forman una unidad. Desde que la obra de Wilhelm Reich demostrara que el recuerdo es una experiencia psicosomática (almacenada en la mente y en el cuerpo), ha habido un creciente interés por la aplicación de técnicas que activan la conciencia y liberan e integran física y emocionalmente mediante el trabajo directo con el cuerpo. Entre estas técnicas están el Rolfing, el masaje, la bioenergética, el Feldenkrais, la técnica Alexander, el trabajo Lomi Body y el Soma.

Hay otras potentes técnicas que no animan intencionadamente la franca liberación emocional pero que sin embargo ofrecen un contexto en el que pueden surgir los sentimientos para trabajar con ellos de maneras transformadoras. Entre estos métodos se encuentran la meditación, la visualización, llevar un diario, el trabajo con los sueños y las artes expresivas como la pintura, el canto y el movimiento.

Las técnicas que mayor influencia han tenido en mí, tanto en el plano personal como en el profesional, han sido la meditación, la visualización guiada con música (desarrollada por la doctora Helen Bonny) y el trabajo de respiración intensiva. Los métodos más conocidos de la potente técnica de la respiración intensiva son la respiración holotrópica Grof (creada por el doctor Stanislov Grof) y el renacimiento *(rebirthing)*, al que también se denomina «respiración conectada consciente». Las técnicas evocadoras de la visualización guiada con música y de la respiración intensiva requieren guías experimentados al comienzo.

Hay varias y bien conocidas técnicas para poder liberar la rabia que no precisan necesariamente de un guía o maestro experimentado como las mencionadas arriba. Algunas técnicas catárticas de liberación y desahogo son: escribir una furiosa carta que después se puede romper, golpear un colchón o almohadón, chillar y despotricar en una habitación donde uno no se sienta inhibido o en el coche con las ventanillas cerradas, y cualquiera de sus muchas variantes.

Si te ha tocado presenciar expresiones de rabia inoportunas, destructivas o descontroladas, has de saber que tu rabia no tiene por qué ser así. Puede canalizarse de maneras inofensivas, apropiadas y liberadoras, como en los ejercicios catárticos que he mencionado.

El proceso de experimentar y hacer salir la rabia y el dolor puede ser muy liberador pero también puede ser una trampa. Matthew Fox observa: «Qué importante es que no glorifiquemos el dolor ni nos aferremos a él ni nos revolquemos en él. Eso no es permitir que el dolor sea dolor, sino que sea nuestro jefe. [...] Lo que hemos de hacer fundamentalmente es dejarlo marchar». Es importante estar atentos y conscientes mientras trabajamos con las emociones para no quedar atascados a perpetuidad en la rabia y no permitir que «el dolor se convierta en nuestro jefe». Trabajamos con el dolor con el fin de sanar. Si nos abandonamos a él, el dolor y la rabia pueden convertirse en otra adicción.

La búsqueda de apoyo

Si te criaste en un ambiente en que no se respetaban tus sentimientos y te parece que aún quedan «asuntos inconclusos», o si sientes el deseo o la necesidad de tener apoyo para trabajar con alguno de tus sentimientos actuales, puede serte útil buscar la ayuda de un asesor o terapeuta. Te recomiendo que te entrevistes con varios para encontrar al que más te convenga. Busca a una persona que 1) se sienta cómoda trabajando directamente con los sentimientos y permita su expresión; 2) no tienda a juzgar ni a controlar; 3) sea acogedora y receptiva, y 4) comprenda verdaderamente el valor del perdón para la curación, pero no ejerza presión para que se perdone antes de estar preparado para hacerlo.

* * *

Cuando no se está dispuesto a perdonar

Puede que sientas que no quieres perdonar a ciertas personas, o que no deseas hacerlo en este momento. Respeta tu situación. Tu proceso del perdón es exclusivamente tuyo, y esta resistencia puede ser una reacción sana en el momento de desarrollo en que te encuentras. Sé amable contigo.

Aun cuando no quieras perdonar a ciertas personas, puedes practicar el perdón en territorio neutral. Eso siempre es útil, porque te recuerda lo que es posible y quién eres realmente.

Cuando se desea perdonar pero no se es capaz

Cuando comienzas a practicar el perdón conscientemente, es posible que adviertas que a veces, a pesar de tu nueva visión interior y tu auténtico deseo de perdonar, tus reacciones emocionales continúan sin cambiar: todavía sientes aversión, hostilidad y rabia, y no encuentras el perdón en tu corazón. A veces lleva un tiempo que la nueva comprensión se integre en nuestra experiencia emocional. En esos momentos es importante ser paciente con uno mismo y perdonarse. Cuando deseamos perdonar pero continuamos sintiéndonos enfadados, también es útil entrar en nuestro interior y echar una mirada retrospectiva a nuestra vida para ver si el sentimiento de resistencia a perdonar es una señal de que hay algún viejo dolor o daño que no hemos reconocido o curado. Es posible que las circunstancias actuales activen sentimientos no resueltos del pasado que se relacionan de un modo directo o tangencial con lo que sucede ahora.

Un ejemplo clarísimo de esta dinámica le ocurrió a mi amiga Pam. Hal, su novio, tuvo una aventura con otra mujer mientras vivía con ella. Cuando Pam se enteró, se dio cuenta de que había llegado el momento de acabar con la relación. Con mucho dolor pero con algo de ambivalencia le exigió a Hal que se marchara de la casa donde habían vivido juntos durante dos años. Él se mostró auténticamente dolido y arrepentido y quiso que continuaran siendo amigos aunque su relación romántica hubiera acabado. Al reflexionar sobre todo ello, Pam se dio cuenta de que el comportamiento de Hal formaba parte de una pauta que había repetido con otras mujeres antes. Cuando era pequeño se había sentido tan terriblemente herido y tan inseguro del amor de su madre, que se aferraba a una mujer tras otra sin atreverse a dejar a ninguna hasta que éstas establecían sus límites y le exigían que se marchara.

Aunque era consciente del dolor y el vacío que habían motivado la conducta de Hal, Pam se sentía traicionada, y de hecho lo había sido. Estaba furiosa con él. Durante muchos meses se dio permiso para sentir su rabia y su dolor. Al cabo de más o menos un año, se distanció algo del asunto y trabajó con su rabia. Comprendió quién era realmente Hal; después de todo se trataba del hombre de quien se había enamorado. Sintió compasión por el dolor y la herida que lo llevaban a meterse en relaciones no factibles que dolorosamente volvía a crear una y otra vez. Pero a pesar de comprender qué impulsaba a Hal a comportamientos que a la larga eran autodestructivos, y de ver que bajo esos comportamientos hirientes y neuróticos había una buena persona, la rabia y la ira continuaban aflorando.

5. Descubrir y decir la verdad

Como ya has aprendido, en muchas circunstancias no es necesario intercambiar palabras para que el perdón sea auténtico y completo. Sin embargo, en cualquier relación continuada en que se requiere la cooperación mutua (sea con un compañero de trabajo, un jefe, un compañero de cuarto o la pareja) es esencial la capacidad de comunicarse con claridad y sinceridad para favorecer una atmósfera de perdón. A veces se hace necesario para concluir un asunto, a veces para mantener intacta la intimidad. Si hay problemas no resueltos en una relación íntima y no existe una verdadera comunicación, inevitablemente habrá rabia, resentimiento, frustración y muchísimas suposiciones sobre lo que la otra persona piensa y siente.

Para comunicarse verbalmente de una manera que favorezca el perdón, es preciso: 1) ser consciente de cuáles son los verdaderos problemas que se tienen; 2) estar en comunicación con los propios sentimientos; 3) decidir qué pensamientos y sentimientos sería útil comunicar; 4) expresarlos de manera clara y sin acusaciones, y 5) mantener el corazón abierto mientras se dicen las verdades.

Mi amigo Jake solía enfadarse mucho con su esposa porque no se responsabilizaba más de las cosas de la casa. Al tratar de indagar en sí mismo para ver qué le pasaba, qué sentimiento se escondía bajo esa rabia, descubrió una profunda sensación de desilusión y tristeza porque su matrimonio no era el equipo unido que él había pensado que sería. Al ser consciente de esto, la siguiente vez que se enfadó con su mujer, en lugar de incordiarla le abrió su corazón y le confió la desilusión y la tristeza que sentía. Esta vez su mujer no reaccionó contraatacando, como hacía habitualmente al sentirse juzgada y mal comprendida, sino que lo escuchó, sintió su desilusión y mostró una sincera disposición a trabajar más en equipo con él.

Si Jake no hubiera tomado conciencia del dolor y la desilusión que se escondían bajo su enfado y no se hubiera arriesgado a confiarle estos sentimientos a su mujer, sin hacer acusaciones, probablemente ahora continuarían viviendo cada uno en su propio mundo aislado. La verdadera comunicación (comunión) siempre inspira unión, no separación.

EJERCICIO: DESCUBRIR LA VERDAD

Las siguientes frases tienen por objetivo ayudarte a clarificar lo que sientes y ver cuáles son los problemas que hay en una relación que te provoca rabia o dolor. Aun cuando no hables o no puedas hablar con esa persona, el hecho de completar estas frases te servirá para comprender mejor tus circunstancias y comprenderte más a ti; comprenderse a uno mismo siempre conduce a una mayor libertad.

Cuando completes estas frases, ábrete a los pensamientos o sentimientos que surjan, sean cuales fueren. Puede ser muy útil escribir las respuestas y reflexionar sobre ellas una vez escritas.

Antes de comenzar el ejercicio, cierra los ojos y haz unas cuantas respiraciones de relajación.

Después piensa en alguna situación en la que suelas sentir rabia o dolor. (Este ejercicio se puede hacer en relación con cualquier persona.) Teniendo presente a esta persona y esta situación determinadas, completa las siguientes frases:

El problema es...

El problema es...

El verdadero problema es ....

El verdadero problema es ....

El verdadero problema es ....

El problema es en realidad ....

(Continúa empleando estas frases, llenando los espacios en blanco hasta que hayas agotado todas las respuestas.)

En relación con esta persona o situación, lo que siento es ....

Lo que siento es..
..

Lo que realmente siento es ....

Lo que también siento es ....

También siento ....

Y bajo ese sentimiento hay ....

Y bajo ese sentimiento hay ....

Y bajo ese sentimiento hay ....

Respira. Mira hacia tu interior y completa las siguientes frases:

Lo que me da miedo es ....

Lo que temo es ....

Lo que me da miedo es ....

Lo que me asusta es ....

Lo que realmente me da miedo es ....

Lo que realmente temo es ....

Trátate con amabilidad y compasión.

❖ ❖ ❖

Con el fin de abandonar ciertos hábitos inútiles en la manera de relacionarse (uno de los cuales podría ser el de no decir nada), es importante reflexionar sobre las cosas que uno encuentra aceptables e inaceptables en el contexto de una determinada relación. Ahora que sabes cuáles son tus sentimientos, piensa en lo que encuentras aceptable en esa relación.

Se trata de una decisión muy personal. A ti te podría resultar inaceptable, por ejemplo, que tu jefe te regañe o que tu pareja tenga aventuras. Si estas cosas son verdaderamente inaceptables para ti y todos tus intentos de negociar un cambio han fracasado, tal vez podrías decidir poner fin a una relación que hasta el momento te ha ofrecido una cierta seguridad. Después de este tipo de introspección, también podrías decidir que ciertos comportamientos que te parecen inaceptables, en realidad no son tan importantes, o que sí lo son para ti, pero no lo suficiente para poner fin a la relación o para cambiarla. Tal vez descubras que no eres una persona tan crítica y que aceptas mejor la manera de ser de los demás.

Continúa pensando en la relación o situación con la que estás trabajando y completa las siguientes frases:

Para mí es inaceptable ....

Para mí es inaceptable ....

Lo que no logro manejar es ....

Lo que no logro manejar es ....

No lo logro porque

No lo logro porque ....

Lo que necesito hacer para que sea aceptable es ....

Lo que necesito hacer para que sea aceptable es ....

Lo que necesito cambiar para que esto sea aceptable es

NOTA: Aunque estés haciendo el ejercicio con respecto a la misma relación, tus respuestas al completar las frases, de cuando en cuando pueden variar. Sé amable contigo y permítete el cambio y la flexibilidad si ésa es la verdad de tu experiencia.

Cuando la insatisfacción en las relaciones íntimas es muy grande, también es útil distinguir entre las necesidades y los deseos. Por ejemplo, es posible que en una relación sientas la «necesidad» de que haya sinceridad. Podrías sentir una «necesidad» de atención y afecto. Ésos son los hilos que tejen los lazos de intimidad entre dos personas. Por otra parte, tal vez «desees» que tu pareja limpie la cocina con regularidad o se vista bien cuando salís los fines de semana. Aunque estas cosas pueden ser importantes para ti, no constituyen la base de vuestra relación.

La distinción entre necesidades y deseos es también muy personal. Cuando reflexiones sobre ellos, algunos van a parecerte naturalmente más importantes que otros.

Pensando en una persona con la que suelas enfadarte (que puede ser la misma en que has estado pensando hasta ahora), completa las frases siguientes:

Lo que necesito en esta relación (situación) es ....

Lo que necesito es ....

Lo que necesito es ....

Lo que necesito es ....

Lo que deseo es ....

Lo que deseo es ....

Lo que deseo es ....

Lo que deseo es ....

- A estas alturas de tu relación con esa persona, ¿qué problemas se han convertido en fuente constante de irritación y frustración?
- ¿Tienen relación estos problemas con tus deseos o tus necesidades?
- Si se refieren a tus deseos, ¿están éstos enmascarando necesidades más profundas?
- ¿Qué deseos, si los hay, consientes en abandonar para poder compartir más tranquilidad y amor?

Si los demás no te dan lo que sientes que necesitas, no supongas que saben lo que te hace falta. Dilo. Si tus necesidades y deseos son muy diferentes de los de la persona en la que estás pensando, y no hablas con ella sobre estas diferencias con sinceridad y comprensión, esforzándote por llegar a un entendimiento, es probable que haya mucho resentimiento. Intenta hacer una lista de prioridades y negocia tus necesidades y deseos para que haya una mayor satisfacción mutua.

Pausa y reflexión

Trae de nuevo a tu mente la situación en la que pensaste mientras hacías el ejercicio de completar frases. Reflexiona sobre las siguientes preguntas:

- Esta situación, ¿me ayuda a crecer?
- ¿Logro mantener el sentido de mi propia valía o esta situación me hunde?
- ¿Recibo de los demás el apoyo suficiente para sentirme una persona fuerte y amada?
- ¿Tengo un límite de tiempo o comportamiento con respecto a lo que consiento en aceptar?

Si estás en una situación difícil y arriesgada, y sientes que no creces y que «te hunde», busca a alguna persona o grupo de apoyo para que te ayude a ganar perspectiva y fortaleza.

Hacerse oír

Cuando nos enfadamos solemos retirarnos (encerrarnos en nosotros mismos) o expresar nuestra rabia acusando, culpando o regañando a la otra persona. A pesar de que el retiro o el ataque verbal crea más distancia, nuestro deseo más profundo es comunicarnos, lograr que el otro nos escuche y se identifique y simpatice con nuestra experiencia. Conseguir que las personas con las que estamos enfadadas escuchen realmente lo que queremos decir no es algo que podamos dar por seguro en virtud del hecho de que nuestra voz es audible. ¿Cuántas veces no nos ocurre que alguien nos dice: «Te escucho, te escucho», y nos damos cuenta de que no está escuchando ni una palabra de lo que decimos? Lograr que las personas de veras nos escuchen suele requerir cierta técnica.

Hay ocasiones en que descargar la rabia verbalmente y dejar salir la frustración y el dolor es una reacción muy humana. Los estallidos verbales, si no son destructivos, ciertamente llaman la atención sobre los problemas. Es posible que a veces estos desahogos sean convenientes y necesarios, en el sentido de que remueven la situación, para colocarla en un lugar en donde, en el mejor de los casos, se pueda trabajar. Sin embargo, aunque éste sea nuestro modo habitual de tratar con la rabia, hay otras maneras más efectivas de expresarse verbalmente con el fin de hacerse oír.

Para crear la mejor posibilidad de ser escuchado, en primer lugar es necesario captar la atención de la otra persona. Conviene elegir el momento y el lugar apropiados. Tratar de hablar con tu pareja cuando sale de casa para acudir a una cita no garantiza en absoluto que te escuche. En segundo lugar, hay que intentar que la otra persona se sienta cómoda cuando le vamos a hablar. Si presiente que te estás preparando para entrar en combate, lo más probable es que no esté receptiva. En tercer lugar, hay que decir las verdades de la manera más clara posible y sin acusar. Es preciso ser muy consciente de la intención de la comunicación y del estado de ánimo con el que se van a decir las verdades. Estas condiciones determinarán si se continúa o se interrumpe el ciclo de la rabia y el dolor.

Yo recomiendo trabajar con las siguientes técnicas de comunicación: la primera es aprender a traducir el enfado en afirmaciones claras no acusatorias; la segunda es aprender a escuchar activamente.

Al responsabilizarse de los propios sentimientos (en lugar de proyectarlos en los demás) y comunicar francamente el efecto que el comportamiento de la otra persona tiene en uno, se crea el clima emocional óptimo para ser escuchado.

Una de las maneras más importantes y básicas para llevar a la práctica esta manera de relacionarse es emplear afirmaciones en primera persona, no en segunda persona. Una afirmación en segunda persona suele interpretarse como un ataque; en cambio, la afirmación en primera persona produce la impresión de una invitación a escuchar. Ejemplos de afirmaciones en segunda persona serían: «Me haces enfadar», «Eres un verdadero pelmazo», «Actúas con la inmadurez de un crío de doce años», «¿Es que no sabes comportarte como una persona adulta?». Estas afirmaciones le dicen al otro lo inepto e incapaz que es, y frecuentemente provocan acusaciones e insultos mutuos. Cuando estamos enfadados, solemos hacer afirmaciones exageradas y terminantes: «Siempre haces lo mismo», «Nunca me prestas atención»... Si bien es posible que lo que decimos sea cierto, muy rara vez, o nunca, sirve para avanzar hacia una posible solución. Las afirmaciones en segunda persona parecen —y se interpretan como— un juicio negativo definitivo o una realidad. Casi inevitablemente producen el efecto de distanciar emocionalmente a la persona a quien se dirigen, y lo más probable es que se frustre cualquier esperanza inmediata de verdadera comunicación.

A diferencia de las afirmaciones en segunda persona, las que se hacen en primera persona son declaraciones personales de cómo se siente «uno» y cómo le afecta lo que ocurre. De esta manera comunicamos nuestros propios sentimientos sin acusar ni aumentar innecesariamente el sentimiento de culpabilidad. El proceso de hacer afirmaciones en primera persona nos ayuda a librarnos de la rabia y a la vez permite que surja una perspectiva más amplia. Si una mujer está enfadada con su marido porque se queda a trabajar hasta muy tarde, en lugar de afirmar: «Nunca estás conmigo, eres increíblemente egoísta», podría decirle: «Me siento sola y asustada cuando te quedas en el trabajo hasta tan tarde. Te echo de menos y tengo miedo de que ya no me quieras». O, en lugar de: «Me haces enfadar», podría decirle: «Me enfado cuando tú .... porque me siento abandonada, como si no existiera». Otras afirmaciones en primera persona podrían ser: «Me inquieto cuando tardas y no me llamas», «Me siento agotada y abrumada porque la mayor parte de las responsabilidades recaen sobre mí», «Me inquieta que los niños y yo estemos tristes y dolidos por la separación que hay entre nosotros».

Las afirmaciones en primera persona son mucho menos amenazadoras e invitan a la otra persona a responsabilizarse más de su comportamiento. Transmiten el mensaje de que confiamos en que él o ella va a reaccionar ante esa situación con más respeto por nuestras necesidades. Una afirmación en primera persona sencillamente dice la verdad de nuestra experiencia sin provocar la resistencia y la actitud defensiva que provocaría si la persona se sintiera acusada o controlada.

Las afirmaciones en primera persona a veces requieren bastante valor, porque en lugar de apuntar al otro con el dedo, expresamos nuestros verdaderos sentimientos. De esta manera nos arriesgamos a que sean conocidos y rechazados; permitimos que los demás sepan que somos vulnerables, capaces de enfadarnos, de sentirnos dolidos, asustados, tristes, decepcionados, desanimados, etc. La ventaja de esta franqueza es que favorece la sinceridad mutua y la intimidad.

Una comunicación más sincera y hábil, sin embargo, no necesariamente produce la reacción deseada. Es posible que la otra persona no esté preparada o no quiera responsabilizarse de sus actitudes y comportamientos. De todas maneras nos ayuda a liberarnos de una dinámica neurótica y nos capacita para decidir cómo reaccionar ante una determinada situación desde una posición más ventajosa y sana.

EJERCICIO: COMUNICACIÓN DE YO A YO

Haz unas cuantas respiraciones profundas de relajación. Piensa en la persona en quien pensaste cuando hiciste los ejercicios de completar frases. Recuerda cuáles eran tus verdaderos problemas... Recuerda cuáles eran tus sentimientos con respecto a esa persona... Recuerda lo que necesitabas en esa relación para hacerla factible... Inspira y siente la integridad que hay en el interior de tu ser... Ahora imagina que estás con esa persona en un lugar seguro y tranquilo y le dices la verdad de tus percepciones y sentimientos. Deja de lado las acusaciones y las críticas y reconoce tus sentimientos y percepciones. Expresa la verdad de tu experiencia tan sencilla y claramente como puedas. Dile a esa persona: «Me siento................... cuando tú .... (o cuando ocurre ....)». Infórmate de cuáles son los verdaderos problemas según tu parecer. Háblale desde tu Yo al suyo. Mientras le dices tu verdad mantienes el corazón abierto. Imagínate que te oye y realmente te presta atención... Cuando sientas que ya puedes hacerlo, vuelve tu atención al momento presente.

Si te parece oportuno y seguro, intenta comunicarte verdaderamente de este modo con esa persona.

Escuchar la verdad del otro

Además de aprender a comunicarnos de una manera que haga probable que nos escuchen, la comunicación hábil también requiere ser capaz de escuchar. Sobre todo en las relaciones en que los problemas son constantes, es posible que nos acostumbremos tanto a juzgar, amenazar, sermonear y cerrarnos, que dañemos seriamente nuestra capacidad de escuchar y prestar atención a lo que desea decir la otra persona. Muchas veces da la impresión de que estamos escuchando, mientras toda una ráfaga de críticas mina la integridad de nuestra aparente receptividad.

La atención activa, dejando de lado nuestros intereses para escuchar realmente lo que dice la otra persona, es una técnica que necesita ser reforzada en la mayoría de nosotros. Es una manera de escuchar en la que se nota interés y amor. Como tal, favorece la seguridad, el respeto, la confianza, la comprensión y la intimidad. Anima a las personas a ser sinceras y a sacar las cosas a la luz.

Para escuchar auténticamente a una persona es necesario tomarse el tiempo para hacerlo y querer oír lo que tiene que decir. Ha de desearse llegar a una solución pacífica y factible. Para escuchar de verdad es necesario estar dispuesto a dejar temporalmente de juzgar para poder prestar una total atención a la experiencia de la otra persona. Mientras se escucha se ha de estar de veras dispuesto a ver el mundo como lo ve el otro, aun cuando su punto de vista sea completamente opuesto al nuestro.

Además de oír las palabras que se perciben de un modo evidente hay un nivel de escucha que el analista Otto Rank denomina «escuchar con el tercer oído», es decir, escuchar las palabras y los sentimientos que no se dicen. Es escuchar entre líneas. Cuando una persona está asustada o enojada, es posible que no se dé cuenta del espectro mayor de sus sentimientos y que no quiera o no sepa expresar su verdad. El hecho de estar abiertos para escuchar con el corazón y una atención total nos capacita para oír los mensajes no verbales de la comunicación. Se requiere receptividad y disposición para oír la verdad que hay detrás de otras palabras.

Esto puede resultar muy amenazador cuando se tiene la tendencia a controlar o defenderse, porque tal vez hay que exponerse a escuchar puntos de vista muy diferentes de aquellos a los que uno tanto se aferra por considerarlos «correctos». No sólo confiar los propios sentimientos a otra persona sino también escuchar de verdad requiere valor. Al escuchar uno se arriesga a tener que cambiar de actitud y a oír cosas de las que tal vez no desea enterarse.

Una amiga y compañera mía de trabajo estaba un día muy irritable y callada mientras trabajábamos. Le pregunté si le pasaba algo. Me contestó diciendo que todo iba muy bien. Su lenguaje corporal y el tono de su voz indicaban con claridad que eso distaba mucho de ser la verdad. Me senté sosegadamente sola, en un estado relajado, y me imaginé una conversación con ella. Traté de escuchar la verdad oculta detrás de sus palabras. Le oí decir que tenía miedo de no hacer bien su trabajo. Temía que los demás no la valoraran. Escuché sus inseguridades y confié en mi intuición de que eso era realmente lo que había tras su irritabilidad. Al día siguiente le dije con sinceridad cuánto la valoraba y elogié su trabajo. Esto dio pie a una conversación muy necesaria y la tranquilizó. Después de esto, su estado de ánimo cambió por completo.

Cuando escuchamos con profunda atención, normalmente podemos oír el grito humano primario y universal que pide respeto y amor.

Comunicación de Yo a Yo

Además de asumir la responsabilidad de las propias experiencias y de hablar con la otra persona de manera clara, sin atacar ni acusar, en el perdón es esencial recordar comunicarnos desde nuestro Yo al Yo del otro, manteniendo abierto el corazón, teniendo presente que en el interior de los demás también hay un lugar de sabiduría y amor. Esto nos sirve para permanecer centrados y favorecer una atmósfera de seguridad en la que ambos podamos bajar nuestras defensas y estar más abiertos para escucharnos mutuamente.

Para comunicarnos de Yo a Yo hemos de estar dispuestos a ver a la otra persona de una manera nueva.

Pausa y reflexión

Piensa en una persona con la que suelas enfadarte. La percepción que tienes de él o ella, ¿se limita a cómo ha sido en el pasado? ¿Tienes ya decidido que con esa persona en cierto modo no hay esperanza, que no cambiará jamás? (Por ejemplo, «Ése siempre será un pelmazo», «Mi marido es un tozudo y siempre lo será».)

Tus motivos para pensar de esa manera pueden ser perfectamente comprensibles, pero el perdón requiere dejar marchar o por lo menos suspender las percepciones negativas y limitadoras que parecen ser la verdad definitiva y absoluta. Ver más allá de los límites del pasado de otra persona es una manera segura de ver también más allá de los nuestros.

SEGUNDA PARTE

Perdonar a la familia

6. Perdonar a los padres

Ahora que ya has tenido la oportunidad de practicar el perdón en territorio neutral, es el momento de llevarlo a casa. Normalmente, perdonar a los padres, hermanos, hijos, a la pareja o a cualquier otra persona importante en nuestra vida es nuestro mayor desafío y por ese mismo motivo nos ofrece una profunda oportunidad de sanar, inferior sólo al hecho de perdonarnos completamente a nosotros mismos.

Llevar paz a la relación que tenemos con nuestros padres y otros familiares es fundamental para nuestra paz interior. Por muy alejados que nos mantengamos de ellos, continuamos conectados. Según escribe el doctor Paul Pearsall en su libro *The Power of the Family: Strength, Comfort and Healing* [El poder de la familia: fortaleza, consuelo y curación]: «No podemos rechazar lo que no hemos comprado. [...] Ese amor [el familiar] no se compra, no se gana ni se elige, nos ha sido asignado a través de nuestra humanidad, nuestra evolución, para y dentro de nuestra familia. [...] La energía que es el Universo nos une para siempre y el fracaso en reconciliarnos con amor sólo produce al alma un dolor innecesario e infinito mientras vivimos en el engaño de la separación».

El nacimiento a la edad adulta

No hay ninguna relación que sea tan importante en potencia como la que tenemos con nuestros padres. Generalmente, sobre ella se erigen los cimientos emocionales de nuestra vida.

Después de vivir nueve meses en un vientre seguro y que nos nutre, hacemos nuestra entrada en el mundo exterior. El proceso natural del parto nos lleva hasta el momento en que se corta el cordón umbilical y se establece nuestra autonomía física.

Cuando llegamos a este mundo somos influenciables y receptivos, y al principio seguimos las indicaciones de nuestros padres, los directores temporales de nuestra vida. Después, a medida que pasan los años, aprendemos nuestras primeras lecciones sobre el amor y el temor, la seguridad o la inseguridad, la generosidad o el miedo y la ambición, el respeto por nosotros mismos o la vergüenza y la poca autoestima, la necesidad de controlar o de sentirnos seguros en nuestra vulnerabilidad.

Cuando llegamos a la edad adulta tenemos la oportunidad de hacer realidad otro tipo de autonomía, una autonomía esencial para nuestro crecimiento emocional y nuestra madurez espiritual. Si no hemos sanado la relación con nuestros padres, esta autonomía nos exige pasar por otro proceso de parto. Entonces, en lugar de cortar un cordón umbilical físico, hemos de cortar uno emocional que nos liga a nuestros padres, un cordón hecho de un pasado de necesidades insatisfechas y expectativas no cumplidas. Muchas veces está compuesto de rabia, críticas, acusaciones, vergüenza y culpa. Si este cordón continúa intacto, hará que una parte nuestra siga siendo un niño pequeño, nos cerrará el corazón y, al igual que todo resentimiento, nos retendrá como rehenes emocionales del pasado. Cortar el cordón requiere que no dependamos de nuestros padres, que ya no esperemos de ellos sustento, amor ni apoyo si no nos lo pueden proporcionar en estos momentos. El perdón nos sirve de misericordioso escalpelo con el cual cortamos el cordón umbilical y quedamos libres.

Llevar el perdón a casa

Si perteneces a esa minoría de afortunados que se criaron con un padre y una madre cariñosos y capaces de responder de manera responsable, afectuosa y sincera a la necesidad de amor y orientación de sus hijos, es bastante probable que no sientas ninguna necesidad de perdonar para sanar sentimientos de rabia y rencor. De todas maneras te puede ser útil el perdón para transformar hasta esas pequeñas irritaciones y esos conflictos sin importancia que normalmente surgen en casi todas las relaciones.

No obstante, es posible que pertenezcas a la mayoría de adultos cuyos padres no supieron reconocer y satisfacer sus necesidades básicas, es decir, una relación de amor y afecto, seguridad física y emocional, respeto, inocencia y diversión. Si tus padres no satisficieron esas necesidades básicas y tú aún no te has recuperado ni has sanado tu relación con ellos, es probable que se active tu «niño interior» cada vez que hablas con tus padres e incluso cuando piensas en ellos. (También es posible que este «niño interior» entre en actividad en muchas otras relaciones si sus necesidades son importantes y están insatisfechas.) La activación del niño interior no es una reacción consciente, sino que se da sin que uno tenga ni voz ni voto en ello. La puede provocar un inocente comentario hecho por el padre o la madre, el sonido de su voz o simplemente su presencia. A veces incluso podemos sorprendernos al estar con nuestros padres y no sentirnos la persona adulta y madura que conocen nuestros amigos y colegas. Uno ve a su madre o a su padre y enseguida se activa el niño de siete años. Las críticas de nuestros padres causan estragos en nosotros. Sus exigencias y su necesidad de controlar nos enfurecen. Sus negativas nos producen ataques de ira. Sus enfados provocan los nuestros. Continuamos exigiendo un amor que ellos no pueden darnos.

Abandonar la esperanza de que nuestros padres satisfagan alguna vez nuestras necesidades suele provocar un profundo sentimiento de pérdida y una honda tristeza que para sanar requieren aceptación y aflicción.

Carol era la mayor de cuatro hermanos en una familia en que los padres eran alcohólicos. Su padre solía maltratar a su madre y la niña sentía la necesidad de protegerla y rescatarla. Cuando inició la terapia a los 41 años, Carol sintió ira contra su madre por no haberse preocupado de ella y empezó a exigirle que estuviera por ella como jamás lo había hecho antes. La rabia ocupaba el lugar de un profundo miedo a la pérdida y el abandono. Por primera vez en su vida sentía rabia contra su madre y la expresaba. Pero sólo cuando sintió el fuerte impacto de la verdad, es decir, que su madre no podía darle lo que tanto necesitaba, pudo entregarse a su intensa y dolorosa tristeza, liberar su honda pena y comenzar a sanar. Carol reconoció que su niña interior no recibiría el amor y el apoyo que necesitaba y merecía de la persona en quien los buscaba de un modo más instintivo.

Igual que Carol, para sanar tu dolor y a tu niño interior herido, tal vez tengas que acudir a terapeutas y consejeros eficientes y comprensivos, a amigos cariñosos dispuestos a apoyarte, a grupos terapéuticos, a otros familiares, a Dios o a lo que en los programas de Doce Pasos, como el de Alcohólicos Anónimos, llaman «poder superior», y a tu Yo. Cuando tu niño interior se siente amado, aceptado y lo suficientemente seguro para sentir y crecer, naces de un modo natural a una experiencia más segura de la edad adulta.

Abandonar las expectativas

Puede haber mucho en juego al perdonar en una relación tan importante y básica como ésta. Hay mucho que dejar ir y mucho que ganar. Una cosa que hay que dejar ir es una imagen idealizada de cómo deberían ser los padres, aun cuando de pequeños ciertamente necesitáramos que fueran distintos a como eran.

Perdonar a los padres requiere abandonar la expectativa que nos lleva a exigirles lo que no nos pueden dar. Se puede desear que sean diferentes, y ayudarlos activamente a cambiar, pero para perdonar y tener paz mental es necesario dejar de aferrarse al hecho de que los padres deban ser de una u otra manera. Si continuamos exigiéndoles, aunque sea en un grado mínimo y sutil, lo que tal vez no son capaces de darnos en este momento, seguirá habiendo rabia, resentimiento y sentimiento de culpabilidad en todos los implicados.

Pausa y reflexión

Piensa en algo que deseas recibir de tu madre, por ejemplo: amor, aceptación, afecto, aprobación... Imagínate que estás con ella. Acuérdate de respirar. Ahora dile lo que deseas que te dé: «Mamá (o comoquiera que la llames), lo que deseo de ti es .... y ....». Haz una lista de todo lo que necesitas hasta sentir que ya no queda nada más. Respira hondo. Después dile: «Mamá, ya no te hago responsable de darme .... (lo que sea que hayas puesto en la lista)».

Ahora imagínate que estás con tu padre y repite el ejercicio con él.

El trabajo de cuidarnos y nutrirnos ha de pasar de nuestros padres a nosotros mismos. De ti depende continuar con tu vida eligiendo las cosas que te nutran y apoyen. Lo que necesitabas, deseabas y esperabas que te dieran tus padres tendrás que buscarlo en otras personas y en tu Yo. La adaptación a esa realidad puede activar muchísima ira. Es posible que tu niño interior chille: «Eso no es justo. Son ellos los que deben cuidar de mí. Era su trabajo darme estas cosas». Si bien una reacción así puede ser muy profunda y auténtica, llega un mómento en que dejar de aferrarse a los padres es un paso necesario hacia nuestro propio poder.

Abandonar la lucha

Para perdonar, es necesario estar dispuesto a abandonar la lucha que hay implícita en el resentimiento. Al comienzo esto puede parecer muy arriesgado. En cierto modo, luchar nos hace sentir fuertes o que estamos vivos, y al abandonar la lucha con nuestros padres es posible que nos sintamos amenazados por una sensación de derrota y desvalimiento. No obstante, para sanar necesitamos permitirnos temporalmente sentirnos así, confiando en que más allá de esos sentimientos hay una fuerza interior profundamente arraigada en el Yo. Cosa sorprendente, es posible que la lucha o tensión se haya convertido en nuestra compañera de confianza, siempre presente y familiar. Dejar de luchar cambia la relación que tenemos con nosotros mismos y con nuestros padres. Tal vez la lucha tenía por objetivo separarnos de ellos, pero en realidad nos ha mantenido atados no sólo a ellos sino también a nuestra infancia.

Pausa y reflexión

Piensa en la relación tensa y agotadora que tienes con tu padre o tu madre. (Si no te ocurre eso con ninguno de los dos, piensa en otra persona con quien tengas una relación difícil desde hace mucho tiempo.)

- ¿Qué significaría abandonar la lucha en esa relación?
- ¿Cómo podría ser diferente la relación?
- ¿Qué quedaría en ella?
- ¿Cómo sería tu comunicación con ese progenitor una vez abandonada la lucha?
- ¿Cómo te sentirías?
- ¿De qué manera sería diferente tu vida?

* *

Bruce es un cocinero de 32 años. Su padre es un agente de seguros adicto al trabajo. Durante la infancia y la adolescencia de Bruce, su padre se quedaba con frecuencia a trabajar hasta tarde y, cuando estaba en casa, o bien se sentaba a mirar la televisión o se encerraba a trabajar en su despacho. Era un experto en darle órdenes, pero cualquier intento de comunicación más profunda por parte de su hijo era recibido con agresividad, como una molestia y una distracción «de cosas más importantes por hacer». Su padre solía decirle mirándolo desdeñosamente: «No me molestes ahora». Ya adulto, Bruce se sentía furioso con su padre porque lo seguía tratando de esa manera y por haberlo abandonado emocionalmente cuando era niño.

Después de trabajar durante unos meses con los principios del perdón, contestó así a las preguntas precedentes:

¿Qué significaría abandonar la lucha con tu padre?

Significaría que tendría que dejar de odiarlo por su forma de ser. Lo he odiado durante mucho tiempo. Tendría que renunciar a la única relación que he tenido con él. Tendría que tratar de ver por qué siempre ha sido una persona tan desagradable, cosa que jamás en mi vida he hecho.

¿Cómo podría ser diferente tu relación con él?

No sé si él reaccionaría de una manera distinta a como siempre lo ha hecho, pero trataría de hablar con él, cosa a la que renuncié hace ya más de veinte años. Dejaría de odiarlo; en realidad, ya lo estoy haciendo. Desde que era niño no le he pedido nada. Lo invitaría a que hiciera algo conmigo, ir a un partido de béisbol o algo así, y no aceptaría fácilmente un no por respuesta. Esperaría poder romper el hielo, pero si no pudiera, tal vez no volvería a invitarlo. Cuando lo viera trataría de relacionarme con él con verdadera amabilidad; ¡en eso habría una gran diferencia!

¿Qué quedaría en la relación?

No lo sé muy bien. Si su respuesta fuera positiva, habría un cierto entusiasmo y esperanza por mi parte de que por fin pudiéramos compartir algo. Si él no fuera capaz de reaccionar, habría más tristeza y desilusión. Sé que tengo que aceptar la tristeza, de hecho la estoy sintiendo cada vez más... estoy comprendiendo que si no quiero crear más rabia, tengo que dejar que sea tal como es, si no desea o no puede cambiar.

¿Cómo sería tu comunicación con tu padre una vez abandonada la lucha?

Como mínimo, yo me sentiría diferente interiormente. Por fuera tal vez no se notaría mucha diferencia, pero yo estaría más consciente y reaccionaría de una forma menos acusadora.

¿Cómo te sentirías?

Muchísimo más libre. También creo que a veces me enfadaría. Ahora sé que bajo la rabia hay mucha tristeza, de manera que trataría de reconocer y sentir esa tristeza. Me sentiría más en paz... Eso es algo nuevo.

¿De qué manera sería diferente tu vida?

Yo sería más capaz de aceptar y dejaría de gastar tanta energía en negar mis sentimientos o en perderme en pensamientos negativos. Creo que me sentiría más fuerte y más a gusto conmigo mismo.

David es un dentista de 42 años que sale con una mujer que pertenece a otra religión. Sus padres no aceptan esta elección, están enfadados y desean que deje de salir con ella. Cada vez que va a verlos, se comportan de una manera insultante o se encierran en sí mismos. Siempre han sido unos padres muy dominantes, pero hasta el momento habían encontrado aceptables sus decisiones personales, de estudios y de profesión. David acudió a mi consulta con el deseo de analizar el problema.

Después de trabajar juntos durante unos meses, le pedí que contestara a las preguntas precedentes. Éstas son sus respuestas:

* * *

¿Qué significaría abandonar la lucha con tus padres?

Primero tendría que hacer lo que a mí me parece correcto, aceptar mi elección, dejar de luchar conmigo mismo y dejar de tratar de complacerlos.

¿Cómo podría ser diferente tu relación con ellos?

Ya no volvería a discutir con ellos. Lo hemos hecho muchas veces y sé que eso no cambia nada. En estos momentos, o bien aceptan mi derecho a elegir mis relaciones o no lo aceptan. Si no comienzan a respetarme y a respetar mis decisiones (y por lo visto no tienen la menor intención de hacerlo), dejaré de visitarlos.

¿Qué quedaría en la relación?

Por parte de ellos, rabia, críticas y temor. Por mi parte, tristeza y una aceptación cada vez mayor de que no puedo ser yo mismo y tener al mismo tiempo una relación factible con ellos, al menos en estos momentos.

¿Cómo sería tu comunicación con tus padres una vez abandonada la lucha?

No tendría ninguna comunicación con ellos durante un tiempo.

¿De qué manera sería diferente tu vida?

Dejaría de tratar de vivir para mis padres. Tengo una profunda conciencia de su adicción a controlar y de lo desgraciados que son realmente en su interior. Es triste... triste para ellos y para mí. Estoy comprendiendo que no tengo por qué continuar enfadado con ellos. Aunque a veces sí me enfado, mi comprensión es mayor, siento más compasión y mi actitud tiende más al perdón. Ojalá las cosas fueran diferentes. En realidad me gustaría tener una buena relación con ellos, o por lo menos una relación cordial, pero no estoy dispuesto a venderme con el fin de contentarlos. Ya es hora de que sea más yo mismo.

Esta experiencia en particular de David con el perdón ilustra algunos puntos importantes. Él había cultivado una actitud de perdón hacia sus padres y decidió cortar toda comunicación activa con ellos durante un tiempo. En este caso el perdón no mejoró la relación en el plano cotidiano. David decidió que, en esos momentos, una relación activa con sus padres no les servía a ellos ni le servía a él. Mientras continuaran mostrando una actitud degradante y negativa con él y se opusieran a cualquier solución que no fuera la de ellos, sería mejor la separación (no llamarlos ni visitarlos). Sin embargo, el perdón sí capacitó a David para liberarse de las manipulaciones de sus padres y hacer lo que más le convenía. Le proporcionó la objetividad necesaria para evitar que los prejuicios y la necesidad de controlar de sus padres se convirtieran en una fuente de culpa y remordimientos para él. Le permitió negarse a entrar en el gran melodrama que estaban protagonizando sus padres y en el cual querían que también participaran sus hermanos. El perdón le dio la fuerza interior que necesitaba para establecer un poco de distancia emocional y física. Paradójicamente, esta distancia le permitió transformar su rabia en una compasión cada vez más profunda.

* * *

¡Pero es que tengo derecho a enfadarme!

Es posible que al considerar la posibilidad de perdonar a sus padres uno piense: «Pero es que, después de lo que me ha hecho mi padre, tengo derecho a enfadarme» o «Después de la forma en que me ha tratado mi madre, tengo derecho a enfadarme». Y, sin duda, *tenemos* derecho a enfadarnos. Repito, es importante sentir la rabia si eso es lo que se siente.

Sin embargo, al igual que todas las emociones, la rabia suele seguir un curso natural si se le permite expresarse en un contexto sin riesgos, sin aferrarse a ella ni quitándosela de encima prematuramente. Con el tiempo, es probable que surja, se intensifique, llegue a la cima y se vaya desvaneciendo sola. Pero si nos aferramos a la rabia o tenemos miedo de soltarla, para sanar necesitaremos tratarla con medidas más activas. La opción consciente de practicar el perdón nos capacita para sanar la rabia y sentirnos finalmente más poderosos, seguros y en paz.

Muchas personas temen perdonar a sus padres porque creen que al hacerlo volverán a ser vulnerables, a estar de nuevo expuestas a malos tratos y heridas.

Si en el pasado nuestros padres nos maltrataron y nosotros reaccionamos ante su comportamiento con rabia, esa rabia puede habernos servido de muro de protección. Y es posible que hasta este momento nos haya sido muy útil. Pero al continuar utilizando la rabia para establecer los límites y a modo de fuente de fuerza y protección, nos negamos la oportunidad de conocer nuestra verdadera fuerza. Mantener la rabia como fuente de fuerza es una manera de engañarnos a nosotros mismos. Como postura, siempre restablece la sensación de impotencia y temor porque inconscientemente cedemos nuestro poder a la persona con la que estamos enfadados. Además, contribuye a perpetuar una lucha en la que nadie gana.

Al igual que David, uno puede perdonar y sin embargo establecer límites no negociables. Se puede decidir, por ejemplo, que a pesar de tener una actitud de perdón hacia los padres, uno ya no está dispuesto a ir a visitarlos cuando están bebidos o se muestran agresivos o insultantes. Podemos perdonar y elegir a la vez no asistir a las reuniones familiares, cortar una conversación telefónica con nuestros padres, dejar de ir a visitarlos, etcétera. O también podemos decidir continuar del mismo modo. Comoquiera que uno actúe, puede elegir no tomar como ofensa personal el enfado y el comportamiento derivado del miedo de sus padres. Puede escoger no dejarse atrapar en el drama y considerarlo el comportamiento aprendido y basado en el miedo que realmente es.

Perdonar nos hace avanzar desde una actitud defensiva a una sensación de poder, no porque ahora seamos personas superiores, sino porque el perdón es una expresión del Yo, que es poderoso por naturaleza. *Un curso de milagros* nos recuerda: «En mi indefensión reside mi seguridad». Cuando ya no necesitamos defendernos porque estamos del lado del Yo, se nos revela el verdadero significado de la seguridad y la fuerza.

¡Deberían tener más conciencia!

A veces el resentimiento con los padres se debe a que creemos que deberían saber mejor lo que hacen, y sin embargo, en el plano consciente, es posible que no lo sepan. Puede que jamás hayan solucionado sus propias inseguridades y todavía estén identificados con su propio «niño interior» asustado y herido.

Ejercicio: Sentir la experiencia de tus padres

Haz unas cuantas respiraciones profundas y relajantes. Ahora ve a tu madre cuando era una niña. Imagínate su infancia. Imagina qué experiencias forjaron su personalidad. ¿Recibió alimento emocional y apoyo de sus padres? ¿Fueron sus sentimientos reconocidos y validados, o fueron tratados con desprecio y falta de atención? ¿Qué temores y éxitos forjaron su sensación de seguridad y su amor por sí misma? ¿Le sirvieron de modelo sus padres de cómo podrían ser una madre y un padre afectuosos?

Ahora imagínate a tu padre cuando era un niño pequeño. Repite el ejercicio pensando en él. Permítete sentir su experiencia.

Ahora reflexiona:

¿Aceptas considerar la posibilidad de que, dado el grado de amor y respeto por ellos mismos que sienten tus padres, dado su grado de temor, vergüenza, culpa y confusión con que tal vez viven, dado el grado de madurez emocional y espiritual, han hecho y hacen lo mejor que sabían y saben hacer?

Esta pregunta supone no sólo considerar lo que influyó en el desarrollo de tus padres, sino también poner sobre el tapete creencias que tal vez conservas desde tu infancia, por ejemplo, que tus padres necesariamente saben más y son más sabios y poderosos que tú. Sin examinar estas creencias cuando se es adulto, es posible vivir en la negación de la propia sabiduría y el propio poder. En cierto modo significa dejar de ser «el niño», aun cuando no se haya recibido de los padres lo que uno considera necesario para crecer.

Repito y vuelvo a repetir que el hecho de comprender que tus padres posiblemente han hecho lo mejor que sabían hacer no significa que justifiques su comportamiento o que debas dudar en hacerte valer con firmeza y plantear francamente los problemas que queden sin resolver, si te parece que es útil hacerlo. Sin embargo, mantente alerta, para cerciorarte de que al plantear los problemas no lo haces con la expectativa de que tus padres cambien. Esa esperanza nuevamente te expone a prolongar la lucha si no consigues la reacción que deseas. Hazlo por ti. Aun cuando tus padres hagan oídos sordos a tus palabras, tendrás la seguridad de haber intentado una comunicación franca y sanar la relación. Para abandonar la lucha, tu decisión de plantear los problemas requiere la resolución de hacerlo de la manera más efectiva posible, comunicando la verdad de tu experiencia de tu Yo a los Yos de ellos, suspendiendo toda crítica y acusación. Habrás de aceptar liberarte del resultado de tu comunicación: si la reacción de tus padres te provoca más rabia y dolor, busca el apoyo que necesitas, o enfréntate a los sentimientos que surjan. Sólo un sincero esfuerzo por comunicarte e iniciar un cambio positivo puede ayudarte a lograr una libertad y una integridad mayores. Al menos sabrás que has intentado lo mejor.

Historia de Beth

Beth jamás se había llevado bien con su padre. Al perdonarle, cambió la relación entre ellos.

Anoche hablé con mi padre y la verdad es que fue una experiencia tranquila y fácil. Cuando inició el tema de conversación, con la consabida intención de inspirar simpatía por él y antipatía por el resto del mundo, experimenté un momento de pánico. Había sido pulsada mi tecla reactiva y sentí una oleada inconsciente de impotencia, rencor, rabia, etcétera. Eso duró sólo un segundo, hasta que recordé quiénes éramos, quién es él y quién soy yo, y entonces fui capaz de reaccionar de una manera distinta. Lo normal era que hubiera hecho muecas, puesto los ojos en blanco y dado silenciosos golpes en el sofá repitiendo «ajá» en un tono suavemente aburrido. Me habría ahorrado las observaciones desagradables para comentárselas con burla después a mis hermanas. Pero anoche le contesté, y lo hice comprendiendo que no tenía por qué ser cruel ni estar de acuerdo con él. Me sentí capaz de ser amable con mi padre y firme en mi derecho a tener opiniones, ambas cosas nacidas de la comprensión de que ni él ni yo somos responsables el uno del otro. Con sorpresa y alegría, vi que él me escuchó un poco y, además, no se puso a la defensiva ni se enojó. Hasta el momento, ha sido la mejor conversación que he tenido con mi padre en toda mi vida.

Cuando se está preparado, se toma la decisión de abandonar las viejas y neuróticas maneras de relacionarse, no porque se esté obligado a hacerlo, sino porque se sabe que las otras opciones van en contra de uno.

A medida que crece el número de personas que toman conciencia y comprenden de qué manera influyen en sus experiencias actuales sus pensamientos, actitudes y experiencias de la infancia, no es raro que superen a sus compañeros y mayores en comprensión y madurez espiritual y emocional. Si uno comprende mejor una determinada situación que la persona con quien se relaciona, entonces tiene la responsabilidad de no perderse en pautas neuróticas. Esto se podría considerar como una carga («¿Por qué he de ser siempre yo quien ha de cambiar?») y ser motivo de resentimiento, o se puede considerar como lo que es: una increíble oportunidad de crecer y amar.

Se tiene al dar, no al recibir

Con frecuencia se suele confundir amar a alguien con hacer cosas por esa persona, como si el amor se pudiera cuantificar. El amor es, más exactamente, la actitud con que uno procede en su relación con los demás. Joe cree que comprarle un coche nuevo a su hija es un signo de su amor por ella. Barbara piensa que ir a ver a su padre todos los domingos es una señal de su amor por él. Si bien se trata de muestras o símbolos de amor, no han de confundirse con el reconocimiento y la valoración incondicionales que están en el centro de una relación en la que hay amor.

Cuando amamos ofrecemos a la persona amada lo que necesita, no lo que deseamos darle como muestra de nuestro amor. La expresión más pura de amor hace preciso estar lo suficientemente en contacto con uno mismo para poder sentir la verdadera conexión con la otra persona.

A muchos nos falta amor por nosotros mismos, de manera que nos resulta difícil darnos. En este sentido nos refrenamos porque nos sentimos incapaces, porque pensamos que no tenemos suficiente para dar. Paradójicamente, cuanto más damos de nuestro verdadero yo, mejor nos sentimos con nosotros mismos.

De esto se deduce que tenemos dificultad para dar lo que solemos pedir a los demás (un reconocimiento, una valoración y un respeto verdaderos).

Pausa y reflexión

¿Deseas el amor incondicional de tus padres (o de otra persona)? ¿Los amas incondicionalmente?

¿Deseas su aprobación? ¿Los aceptas tal como son?

Un curso de milagros dice que «lo que sea que demos a los demás se nos da a nosotros mismos». Al ofrecer amor, experimentamos de un modo natural la paz y el amor que ofrecemos. En verdad, se tiene al dar, no al recibir.

Carta de Ellen

Durante muchos años Ellen creyó que era imposible que tuviera una relación afectuosa y tolerante con su padre.

Querido papá:

Como bien sabemos los dos, no es ésta la primera carta seria que te escribo. En otras ocasiones mis cartas te han asustado y enfadado. Espero que no ocurra lo mismo con ésta. Por otra parte, si te duele lo que te voy a decir, lo lamento verdaderamente por ti, pero reconoce que el dolor es tuyo, no mío.

Te quiero más de lo que pueden expresar las palabras. Eres mi padre, el hombre a quien crecí amando. Dudo que haya otra cosa en el mundo que pueda compararse con eso. Por lo tanto, eres el hombre que ha tenido el mayor poder para hacerme sufrir, y he sufrido.

Deseo que sepas que ya no te hago responsable de ese sufrimiento. Ahora soy capaz de ver cómo lo causamos entre los dos, pero he sido yo quien lo ha sobrellevado todos estos años. Elegí que formara parte de mi vida, así como ahora elijo soltarlo y seguir adelante sin esa carga. Me parece que los dos pusimos esperanzas no realistas en el otro. Ninguno de los dos tenía experiencia en la relación padre-hija. Tú querías una hija perfecta y yo un padre perfecto; no fuimos capaces de ver que los dos lo éramos ya. A lo largo de los años te he exigido cosas que sólo podía recibir de mí misma, y sé que tú has hecho lo mismo. Te pido perdón por ello así como yo te perdono.

He cometido contigo la injusticia de no verte tal como eres. Y, tal vez lo más importante, me he privado de años de conocerte. Ahora estoy dispuesta a verte de una manera nueva y también a salir de mi escondite detrás de mi niña pequeña y ponerme ante ti al descubierto para que me veas y me conozcas si lo deseas.

Ésta tenía que ser una carta de perdón, de manera que, para que sea completa, siento la necesidad de decirte que de veras te perdono, sin reservas. Sin embargo, me parece que esto es más bien una declaración formal, porque una vez que decidí salir del círculo de expectativas y desilusiones que conformó siempre nuestra relación, una vez que decidí ser quien soy en lugar de un fracasado ejemplo de quien yo creía que tú deseabas que fuera, ya no había necesidad de perdonar. El pasado sencillamente se desvaneció, desenmascarado por fin como el fatal conjunto de reacciones mutuas que era. El perdón fue simplemente mirarte con la vista clara, sabiendo que tú me quieres y que yo te quiero, y ver que los dos somos ya íntegros.

También necesito pedirte perdón. Hay miles de cosas que he hecho o dicho, y que no he hecho o no he dicho, y que estoy segura de que te han dolido, muchas con intención y sin duda muchas sin darme cuenta. De veras lamento todo lo que he hecho que te haya causado dolor o temor, pero por encima de todo, lamento el sufrimiento que te he causado por dejar de mirarte. Sé que esto parece otra exageración más de tu terriblemente introspectiva hija mayor, pero para mí es una realidad, papá, y te pido perdón.

Por último, permíteme decirte que te quiero, que tengo los ojos abiertos y bien enfocados y que comienzo a verte. Pese a la no infrecuente crueldad y al dolor que nos hemos causado mutuamente durante los pasados treinta y un años, mi corazón se está abriendo. Por primera vez puedo decir que me siento feliz y orgullosa de que seas mi padre, que prefiero más que nada ser hija tuya y no de otro hombre.

Con un cariño que va en aumento...

Cuando perdonamos, adquirimos más conciencia y una mayor penetración psicológica. A medida que crecen nuestra comprensión y nuestra compasión hacia los demás y hacia nosotros mismos, comenzamos a experimentar cada vez más la realidad del amor en nuestra vida. Como lo describe de manera tan hermosa mi amiga y colega Naomi Raiselle: «El amor no es ni más ni menos que la expresión sencilla, franca y natural de nuestra integridad y de la total aceptación de nosotros mismos. Pero mientras no somos capaces de aceptarnos verdadera y totalmente tal como somos, con nuestros aparentes defectos y nuestra innata gloria, el amor espera pacientemente escondido tras las frágiles ilusiones de romance, o bien se lo malinterpreta como un medio para hacer trueque o transacción, o se lo vive como un objeto de adicción y se lo siente como una constante necesidad».

Sólo mediante el perdón aprendemos a crecer en el amor. Cuando aprendemos a aceptar, sin críticas, las aparentes flaquezas (los temores, las peticiones de ayuda, las maneras de ser) así como la gloria innata (el Yo sabio, amante y capaz) de los demás, llegamos a conocer nuestro Yo, porque el perdón es la clave para conocer nuestra verdadera identidad. Es una comprensión de la realidad que nos proporciona el valor de comprometernos con más efectividad con nuestras pruebas personales, se presenten de la forma que se presenten.

Perdona a tu niño

Como ocurre en cualquier relación en la que hay resentimiento, es posible que se sienta que la persona a quien más se necesita perdonar es a uno mismo. Si fuimos maltratados, puede que nos sintamos culpables o enfadados con nosotros mismos, que creamos, por ejemplo, que deberíamos habernos defendido, haber luchado o huido de los malos tratos. Hayamos hecho lo que hayamos hecho cuando éramos niños, por «malos» que nos dijeran que éramos, no merecíamos el dolor ni la rabia ni la humillación. Por encima de todo es importante saber y aceptar que ninguno de los malos tratos fue culpa nuestra. Si deseamos sanar, es esencial recordar que hicimos lo mejor que podíamos hacer con el grado de conciencia que teníamos y la profundidad del temor que experimentamos. Ahora podemos tomar otras decisiones.

Muchos padres culpan a sus hijos de su infelicidad. Una amiga mía, por ejemplo, creció escuchando esta letanía: «Si no fuera por ti, seríamos tan felices tu padre y yo». Su curación comenzó por perdonarse a sí misma, por reconocer que no era responsable de la infelicidad de su madre, y continuó con la aceptación de la rabia que sentía contra su madre, y después perdonándola por haberle echado sobre los hombros esa culpa durante tantos años.

Tal vez ahora sientas rabia contra ti, como un niño adulto, por no haber perdonado antes a tus padres. Mirar hacia atrás no es útil si lo usas para condenarte. Tal vez pienses: «He perdido un tiempo precioso». Esto puede ser especialmente cierto si tu padre o tu madre o los dos han muerto. La verdad es que durante el tiempo que crees «perdido» ibas avanzando hacia el momento en que el perdón fuera posible. Nadie puede perdonar antes de estar preparado para hacerlo.

¿Se puede sanar la relación con los padres cuando ya han muerto?

Si tuvimos una relación dolorosa con nuestros padres y ellos murieron antes de que tuviéramos la oportunidad de perdonarlos, tal vez sintamos remordimiento por haber perdido la ocasión de hacer las paces con ellos. Si tenemos en cuenta las opciones que eran evidentes para nosotros, puede que no nos fuera posible perdonar antes. Recordemos ser amables con nosotros mismos.

Si se tuvo una relación dolorosa con los padres, tal vez su muerte haya significado una especie de alivio. «Bueno, finalmente ha acabado la relación, ya no tendré que volver a tratar con ellos», se podría pensar. Pero si han muerto y uno siente que hay un «asunto inconcluso» con ellos, éste afecta a nuestro bienestar hasta que se resuelve.

Si tus padres han muerto, independientemente de cómo te afectó su muerte o de cuál fue tu relación con ellos mientras vivieron, puedes sanar la relación ahora.

Ciertamente todavía te es posible perdonarlos. Tu disposición a hacerlo sólo te requiere a ti.

He tenido la experiencia de que también es posible una profunda sensación de curación mutua. Hacia el final de mis seminarios sobre el perdón dirijo una visualización llamada «Amor y perdón». Antes de comenzarla, los participantes eligen a una persona que les inspira rabia o rencor y a quien desean perdonar para compartir una relación sanada. Durante la visualización, animo a los participantes a invitar a esa persona a ir con ellos a un imaginario lugar seguro. Siempre que hago esa visualización, casi sin excepción, una persona ya fallecida (que suele ser el padre o la madre) surge en el recuerdo de algunos participantes. A veces han elegido a otra persona y, ante su sorpresa, entra en escena el progenitor fallecido. Durante el encuentro y la conversación, padre o madre e hijo suelen perdonarse mutuamente. Durante este proceso, al escuchar a la persona fallecida, se gana en comprensión sobre su parte en la experiencia. La oportunidad de sentir simpatía con respecto a las experiencias y los puntos de vista del otro ofrece la posibilidad de comprender y tratar la herida, y a consecuencia de ello suele darse una auténtica y profunda curación emocional.

Tanto si tus padres están muertos como si están vivos, si quieres abrirte a la posibilidad de sanar tu relación con ellos, prueba a hacer la visualización «Amor y perdón» que te ofrezco a continuación.

Visualización: Amor y perdón

Colócate en una posición cómoda, cierra los ojos y haz algunas respiraciones profundas. Al espirar siente cómo se relaja la tensión de tu cuerpo y tu mente. Repítelo vanas veces.

Ahora imagina que estás en un lugar agradable, cómodo y seguro, un lugar donde tal vez ya has estado, o bien un lugar que crees ahora en tu imaginación. Fíjate en ese lugar... advierte la paz que sientes allí. Estás muy a gusto... en calma y en completa relajación. Inspira, y siente cómo te invade una tranquila fuerza. Ahora piensa en una persona que te provoque algún resentimiento... puede ser del pasado o alguien a quien ves cada día. Forma su imagen en tu mente. Inspira y siente tu fuerza interior. Al dejar salir el aire, salen con él el temor y la inquietud. Ahora invita a esa persona a que venga a ese lugar seguro en el que estás. Inspira y siente la integridad que hay dentro de tu ser... permítete mirar a esa persona... ahora comienza a comunicarte con ella, a manifestarle los pensamientos y sentimientos que hasta ahora has tenido callados. Con valor y buena disposición, cuéntale la verdad de tu experiencia...

Ahora escucha lo que esa persona te dice. Centra toda tu atención en atender a sus palabras y a los sentimientos que tal vez hay detrás de ellas. Sin prejuicios y con paciencia, escucha. Escucha todo lo que tenga que decir... pon atención a la verdad que se esconde detrás de sus palabras. Deja de lado toda acusación, toda crítica... deja de lado el orgullo que se aferra al resentimiento. Inspira hondo y siente la integridad que llevas dentro de tu ser. Mira a esa persona a los ojos. Deja marchar todo tu temor y ve más allá de su temor. Suelta la carga del resentimiento y permítete perdonar. Deja marchar las críticas y ve con una nueva claridad. Mira más allá de los errores y equivocaciones de esa persona y ve su integridad...

La miras nuevamente a los ojos y dejas que los aparentes problemas que se interponían entre vosotros se vayan desvaneciendo hasta que desaparecen. Inspira y siente tu fuerza interior. Si hay alguna otra cosa que deseas decirle, tómate unos momentos para hacerlo...

Ahora dejas marchar el pasado y ves a esa persona como si en este momento la vieras por primera vez. Cada uno de vosotros sabe ahora quién es realmente el otro. Con esa sensación de libertad que va más allá del entendimiento, te despides y la observas marcharse. Ahora te ofreces a ti ese perdón... dejando marchar todo sentimiento de culpabilidad... las autoacusaciones... Dejas marchar las autocríticas... haces sitio para ti en tu corazón... te abres el corazón, con la seguridad de que siempre mereces tu amor. Siente cómo aumentan tu libertad y tu alegría a medida que abres totalmente el corazón a tu poder de amar, de vivir plenamente...

Prepárate para abrir los ojos... comienzas a estar alerta... Cuando sientas que ha llegado el momento, abre lo ojos y continúa con tu día.

Esta visualización («Amor y perdón») la puedes usar para sanar tu relación con cualquier persona.

Te animo a hacerla con frecuencia mientras practicas el perdón con los demás.

Cuanto más eliges una conciencia amorosa, más constante, integrada y natural se hace la expresión del perdón, y éste siempre te procura un mayor sentimiento de paz, salud y plenitud.

Sin embargo, recuerda que el perdón, sobre todo al principio, no necesariamente dura, cuando ha habido muchos juicios, críticas y rabia en el pasado. Es posible que pienses que por fin has perdonado a alguien y a los pocos minutos un comentario o un recuerdo te vuelve a producir enfado. A veces, cuanto más fuertes nos sentimos, mayor es nuestra capacidad para hacer aflorar la rabia escondida en lo más profundo. Recuerda que el perdón es un proceso continuo y no algo logrado de una vez. *Sé amable contigo*. Los problemas sin resolver con tus padres o en cualquier otro aspecto de tu vida continúan aflorando *con el fin de sanar*.

Como dice *Un curso de milagros*: «Escoged una vez más. Juntos permanecéis prisioneros del temor, o abandonáis la casa de la oscuridad para entrar en la luz que ofrece el perdón».

Historia de Erica

Erica es una próspera arquitecta urbana que nos relata su dolorosa historia y su especial proceso de perdón de su padre.

Todos los niños se meten en la cama de sus padres, supongo. Es un lugar que parece tan seguro... una protección de las tormentas, las pesadillas y la soledad. Para un padre debe de ser una de las mayores alegrías al despertar poder ver y tocar a un hijo.

Yo tenía probablemente unos tres años la primera vez que mi padre se me metió en la cama. No recuerdo cuándo fue la primera vez que pensé que estaba mal, o que me sentí mal, o que me pareció incorrecto o peligroso. Siempre había un motivo. Papá está aquí para darte un masaje en la espalda. Papá está aquí para jugar contigo porque mamá está cansada o rara por las mañanas. Papá está aquí.

Solía acurrucarse a mi espalda y acariciar lo que habrían sido mis pechos si yo hubiera sido mayor. A no ser que lo tenga totalmente reprimido, creo que no hacía nada más. Pero lo que no hizo, ciertamente lo compensó con lo que duró: la última vez que mi padre trató de meterse en mi cama yo tenía 30 años.

Sus visitas siempre ocurrían por la mañana, tanto en los días laborables como en los fines de semana. Hasta el día de hoy tengo un sueño muy ligero por las mañanas. Es lo que se llama «desvelo retroactivo». Si escucho algún ruido, es como si mi mente reprodujera los instantes que precedieron al ruido para poder discernir su significado. Estoy completamente despierta en una fracción de segundo.

Mi padre creaba todas las leyes de la familia, aunque no éramos en absoluto una familia muy unida. Él era el jefe. A veces uno podía no hacerle caso, pero jamás desafiarlo. Al recordar ahora esas visitas matutinas, me doy cuenta de que ni siquiera se me ocurría pensar que podría haberle dicho «Basta» o que tuviera algún poder. Probablemente la sensación de impotencia era más fuerte en su efecto que el incesto. Incluso ahora los hombres me quitan todo poder con una palabra en voz alta.

El recuerdo más nítido que tengo de un incidente aislado es de cuando yo tenía unos diez años. Creo que fue un sábado por la mañana. Papá llegó a mi cama bastante temprano. Yo apreté fuertemente los brazos a los costados para impedirle el acceso a mis pechos y simulé que dormía. No sé cuánto rato pasó hasta que me levanté y salí de mi cuarto. Creo que primero me fui a la habitación de los huéspedes. Él me siguió hasta allí. Entonces me levanté y me fui a la habitación de mi madre (que en realidad era la de mis padres, pero mi padre dormía en la de los huéspedes). Hasta allí me siguió él. La cama era muy grande, y él se acurrucó junto a mi espalda mientras mi madre ocupaba la otra mitad de la cama. De manera que me bajé de la cama y salí al pasillo. Se me habían acabado las camas. Entré en mi cuarto de baño, eché el cerrojo (contra la ley de mi padre), me metí en la bañera arropada con cuanta toalla encontré y traté de dormir.

Tuve problemas por haber cerrado la puerta con cerrojo.

El día que me vino por primera vez la regla (tenía 13 años) recuerdo que pensé que mi padre ya no podría volver a meterse en mi cama, porque ya no era una niña pequeña. Pero a la mañana siguiente él estaba allí de nuevo conmigo.

Tuve la suerte de poder entrar en un colegio interna a los 14 años, de manera que nueve meses al año estaba a salvo. Es curioso, aún me siento más segura cuando estoy sola.

Las personas a quienes he contado esta historia siempre me preguntan qué hacía mi madre mientras tanto. He dedicado muchísimo tiempo a pensar en eso. Creo que se sentía igualmente impotente ante mi padre y que a ella tampoco se le ocurría que podía decirle que dejara de hacerlo. Recordemos que eran los años cincuenta y sesenta, y ni el *Time* ni el *Newsweek* habían descubierto aún que el incesto era una nueva moda. Pienso también que en mi familia estaba bastante claro que mi padre no se divorciaba de mi madre por dos motivos: yo y su piscina. Tal vez inconscientemente ella pensaba que si trataba de alejarlo de mí lo perdería, o por lo menos perdería la unidad familiar. El motivo principal era yo. Él podía usar la piscina sólo cinco meses al año.

La última vez que mi padre intentó meterse en mi cama yo vivía en New Haven. Había ido a verme durante el fin de semana. El sábado por la mañana entró en mi habitación diciendo que iba a darme un masaje en la espalda. Fortalecida por un par de años de terapia y una sensación de independencia, me negué.

—Pero, cariño, siempre te ha gustado que te dé masajes en la espalda.

—No, papá. Sencillamente no quiero a mi padre en la cama.

—Dios santo, ¿pero qué crees que voy a hacer? ¿Propasarme, o algo así?

Negar los hechos es algo muy frecuente en mi familia. Tenía 20 años cuando hablé por primera vez de esto con alguien. Había iniciado una terapia. Ya hacía dos meses que había empezado cuando se lo conté al terapeuta, después de un largo discurso sobre el hecho de que no quería que se pusiera freudiano conmigo porque yo sabía que eso era un problema de mi padre y no mío. Se lo conté resumidamente. No quise entrar en detalles para que él no le diera demasiada importancia.

Mi terapeuta me escuchó en silencio, y cuando hube acabado esperó. Después me dijo:

—¿Sabe lo que hizo antes de contarme esa historia? Se abotonó la chaqueta hasta el cuello.

Tuve que reconocer que había algo más en el asunto que lo que saltaba a la vista. De manera que, después de todos esos años de negar que tuviera importancia, de repente me vi prácticamente vomitando información. Fue algo así como destaparme. Comencé a hablar de ello con la gente. Más concretamente, empecé a contarle a la gente cosas de mi padre, porque no creo que en esos momentos yo me considerara parte del asunto. Me estremezco al pensar a quiénes les habré contado la historia en esos días. Gracias a Dios, por entonces era la época *hippie*, y tal vez estaban borrachos y lo han olvidado.

Una cosa que me sorprendió fue que la tendencia de las personas a quienes les contaba la historia era comenzar a odiar a mi padre. Eso a mí me parecía una reacción extrema, porque al fin y al cabo mi padre tenía otras facetas aparte de ésta, y creo que finalmente dejé de contarlo porque no quería tener que pasarme la vida defendiéndolo.

Esa primera terapia a los veinte años me sirvió porque me ayudó a hacer frente a la información y a reconocer que esa situación podía haber tenido algún efecto en mí. La verdad es que sigo poniéndome muy nerviosa y me asusto cuando un hombre me toca los pechos. En cierto modo tiendo a disociarme de ellos, como si sólo fueran una palabra. Es como si los hombres tuvieran dedos de papel de lija. Me pregunto qué responsabilidad le cabrá a la situación «papá en mi cama» en el hecho de que tenga 41 años y esté sola. Feliz, pero sola.

En ese tiempo conocí a muchas personas que estaban en terapia; muchas constantemente se enfadaban, y a mí siempre me pareció que eso formaba parte de un proceso, y que la terapia no acababa sino cuando ya se había solucionado la rabia. Creo que hay personas que llevan mucha rabia dentro. Algunas no tienen demasiado interés en trabajarla. Y también las hay que se esfuerzan por conseguir aguas más tranquilas y una mayor armonía. Yo pertenezco a esta segunda categoría.

Nunca había pensado que el perdón fuera una acción. Siempre me había parecido que era una evolución, que con el tiempo la rabia se desvanece. No me imaginaba que fuera algo que uno puede crear; creía que sólo tenía que esperar a que sucediera. Dadas estas ideas, es difícil explicar por qué asistí a una conferencia vespertina titulada «Amor y perdón».

La meditación «Amor y perdón» que hice acerca de mi padre requería imaginarse en un lugar seguro. Yo elegí Brace's Cove, que es una playa rocosa que queda a algo más de un kilómetro de mi casa y donde yo solía caminar a primera hora de la mañana cuando me sentía especialmente bien. No es una playa para bañarse porque hay muchas rocas y trozos de madera a la deriva. Un año el mar arrojó una ballena allí.

La meditación decía que yo debía invitar a mi padre a ese lugar seguro. Yo lo vi con sus 70 años, sus dolores en la espalda, los pies y las rodillas, viendo sólo con un ojo y caminando dificultosamente con un bastón, avanzando por esa peñascosa playa para reunirse conmigo. Me sentí sobrecogida por la seguridad de que ese hombre me quería más que a nada en el mundo y que haría todo lo que estuviera en su poder por ayudarme. Lo que se me hizo claro fue que las palabras clave eran «en su poder». Su trato incestuoso y dominante conmigo no estaba realmente en su poder.

También lo vi de otra forma. Teniendo esa clarísima conciencia de lo mucho que me amaba, pensé en cómo habrían sido de fuertes esos «malos» sentimientos para que se hubieran impuesto a su amor por mí. En todos los demás aspectos de mi infancia, siempre tuve la completa seguridad de su amor. Era capaz de todo por mí, de hacer cualquier sacrificio; me protegía de todo, a excepción, por supuesto, de él mismo. No podía protegerme de él mismo, ni de los oscuros impulsos que existían en él.

La meditación es útil también porque le da a uno y a la otra persona la oportunidad de decirse mutuamente todo lo que es necesario decir. En mi caso, lo que yo necesitaba decir era precisamente lo que mi padre necesitaba oír. Necesitaba decirle que, aunque no comprendo lo que le impulsaba, le perdono. Sé que de alguna manera todo eso no tenía ninguna relación con su amor por mí. No significaba que me quisiera menos. El momento más doloroso de la meditación fue cuando le dije adiós y tuve que observar cómo se alejaba, tropezando por la arena en un lugar que para él era totalmente desconocido e incómodo, pero haciéndolo sin vacilar porque me quiere muchísimo.

Pensamiento para la semana

Soy responsable de lo que veo en mí
y en los demás.

7. Perdonar a la pareja

Una relación esencial en la que hay un compromiso es como un molino de piedra: o te muele o te pule; cuál de estas dos cosas haga, depende en último término de uno mismo. Es útil reflexionar sobre esto a la luz de la sabiduría de Confucio: «Sin fricción no se puede pulir la piedra preciosa; sin adversidades no se puede perfeccionar un hombre».

Ninguna relación adulta promete más fricciones ni ofrece tantas situaciones difíciles como la relación íntima del matrimonio. (Uso la palabra «matrimonio» para referirme a cualquier relación íntima en que haya convivencia y compromiso.) A diferencia de lo que ocurre en muchas otras relaciones, en el matrimonio nos enfrentamos cada día con las necesidades, los deseos y las expectativas de la otra persona.

En un matrimonio en el que no hay perdón puede haber muchísimo dolor emocional, porque sin el perdón cada uno de los miembros de la pareja siempre tiende a perderse en su yo pequeño y a vivir separado de su Yo mayor, y por lo tanto, ambos conviven mutuamente alejados.

Nada inspira más amor y comprensión que la actitud y la disposición a perdonar, e independientemente de si esas dos personas continúan juntas para siempre o se separan para ir cada cual por su propio camino, al perdonar se da vida al objetivo principal del perdón en una relación: establecer un compromiso personal con la verdad y con un respeto y una paz auténticos.

Modelos de relaciones: imágenes del amor

Son relativamente escasos los modelos de relaciones íntimas felices, sanas y satisfactorias. Hasta la generación de nuestros abuelos, o la de nuestros padres, sin ir más lejos, el matrimonio no era necesariamente una relación en la que uno entrara con un alto grado de conciencia y capacidad de elección. Muchas personas se casaban porque eso era lo que les tocaba hacer llegadas a cierta edad: casarse, tener hijos y adaptarse a cumplir las funciones y los papeles considerados propios de su sexo. Para muchos era suficiente con mantener intacto el matrimonio. Posiblemente se consideraba que el desarrollo y la realización personal de cada cónyuge y la profundización de la relación en el amor y la intimidad emocional no tenían mucho que ver con la función y el éxito del matrimonio.

Además de los modelos de matrimonio con que crecimos muchos de nosotros, la imagen que tenemos del amor es lamentable. Está atascada en la adolescencia. Las telenovelas, las revistas del corazón, la prensa sensacionalista, las novelas de intriga y pasión y las películas de Hollywood rara vez describen el «verdadero amor» como algo más que conseguir la pareja perfecta y satisfacer el deseo sexual.

El perdón nos ofrece la oportunidad de hacernos adultos y de ver más allá de los arquetipos románticos que nos limitan y mediante los cuales finalmente lo único que conseguimos es sentirnos solos y traicionados. El perdón nos ofrece maneras de ser y de relacionarnos que quitan los obstáculos a la presencia del amor, la ternura, la amistad y el compromiso. El perdón enciende la disposición a comprometerse y a trabajar con lo que surja en la relación, porque nos capacita para relacionarnos con una persona, no con un ideal romántico. El perdón es el material de que están hechas las grandes relaciones.

Así describía una clienta su matrimonio y su curación mediante el perdón: «Los primeros diez años de mi matrimonio los pasé intentando que Steven se ajustara a mi imagen de marido. Me pasaba la vida enfadada con él por no corresponder a mis ideales. Los últimos años de matrimonio los he pasado descubriendo quién es en realidad y enamorándome de él otra vez».

Culturalmente, sólo se ha considerado un pequeño aspecto del significado y las posibilidades del matrimonio y el amor que lo consagra. En su libro *We: Understanding the Psychology of Romantic Love* [Nosotros: Comprensión de la psicología del amor romántico], Robert Johnson dice: «Somos la única sociedad que hace del romance la base del matrimonio, de las relaciones amorosas y del ideal cultural del "verdadero amor"». Esta imagen romántica del amor lo disfraza con el cumplimiento de todo lo que es posible. Esperamos que el otro sea siempre el príncipe guapo y fuerte o la princesa hermosa y perfecta. Si nos dejamos engañar por esta fantasía, esperamos que continúe para siempre la pasión romántica y se nos acaba la comprensión cuando no dura. Esta imagen estática nos lleva a entrever una cierta transitoriedad en las relaciones, pero inevitablemente hará que nos sintamos enfadados, resentidos y traicionados cuando se acabe la ilusión de que ese amor ideal puede mantenerse. Entonces, sumidos en el dolor, nos alejamos de una pasión más profunda que nos llevaría a encontrar la verdadera intimidad y un amor más maduro y menos neurótico. «Generalmente —dice Johnson—, acusamos a la otra persona de habernos fallado; no se nos ocurre pensar que tal vez somos nosotros quienes necesitamos cambiar nuestras actitudes inconscientes, es decir, las expectativas y exigencias que imponemos en nuestras relaciones y a las demás personas.»

Curación del pasado: preparación del escenario para una relación amorosa en el presente

Mientras no sanemos nuestra relación con nuestros padres y nuestros hermanos, seremos propensos a reactivar en nuestras relaciones al menos algunos de los problemas de nuestra «familia de origen». Los teóricos y terapeutas matrimoniales saben muy bien que los adultos tienden a repetir en sus relaciones íntimas los temas de su primera infancia o de las generaciones anteriores. Por ejemplo, es posible que una mujer cuyo padre la maltrataba físicamente se case con un hombre que la maltrate; o que un hombre cuya madre era muy dominante se case con una mujer mandona. Los adultos que fueron maltratados en su infancia son más propensos a maltratar a sus hijos que aquellos que no lo fueron. Es importante que comprendamos la dinámica familiar y reconozcamos con compasión nuestras heridas para así tener la seguridad de que no vamos a reactivar esas actitudes en nuestra vida adulta. Es probable que no podamos tener relaciones sanas con los demás mientras no sanemos nuestras relaciones familiares.

Si estamos resentidos o enfadados, o queda todavía algún otro conflicto pendiente con nuestra familia de origen, es necesario dar prioridad a la curación de esas relaciones. Cuando el trabajo de perdonar a los padres y hermanos se ha completado o es un tema en lo que se está trabajando, esto influirá positivamente en la relación con la pareja (y con todas las demás personas).

En todo matrimonio hay dos niños interiores además de los dos adultos, y es tarea de cada miembro de la pareja amar al niño asustado del otro, para que así ambos puedan sanar y crecer. Muchas veces son las necesidades del niño interior las que se exige satisfacer en una relación: «¡Ocúpate de mí! Haz lo que necesito cuando te lo pido (aunque tengas que dejar de lado tus propias necesidades para hacerlo). Sé la mamá o el papá que nunca tuve». Además de preocuparse del niño interior del otro, cada uno habrá de responsabilizarse de sanar al suyo. Si se desea que la relación prospere y crezca, esta responsabilidad y esta autocuración son necesarias.

Cada persona lleva a la relación el amor y los obstáculos al amor que ha aprendido. Las formas de amar se aprenden y se eligen. Algunas personas se han sentido tan alejadas del amor, tan heridas por aquello que se llama «amor» paternal y maternal, que cuando son adultas han de aprender a sentirse dignas de verdadero amor y aprender a ofrecerlo a los demás. Cuando curamos las viejas heridas y aprendemos a amarnos y aceptarnos a nosotros mismos, llevamos de forma natural la luz del amor a nuestras relaciones.

La rabia y el resentimiento en el matrimonio

Con frecuencia, los matrimonios son campos de batalla en los que podemos ver los negativos efectos de la rabia y el rencor, a la vez que los efectos transformadores del perdón. Cuando dos personas se enamoran, suelen ver el Yo puro del otro y experimentar el reflejo de su propio Yo en los ojos de su pareja. Con el transcurso del tiempo, comienzan a surgir los yos parciales en la dinámica de la relación y entonces suelen instalarse la desilusión, el resentimiento y la confusión. Cada uno de los cónyuges piensa que el otro ha cambiado, que en cierto modo ha sido engañado por esas primeras impresiones de amor. La verdad es que todos llevamos a la relación todas las partes de nuestro ser: la naturaleza noble y el resplandeciente brillo de nuestro Yo, a la vez que los aspectos más negros y temibles de algunos yos parciales.

Como ocurre en muchas relaciones, puede haber rabia y resentimientos en un matrimonio a causa de un incidente aislado: tu pareja te hizo avergonzar delante de tus amigos, por ejemplo, o te fue infiel. O puede ser una reacción debida a actitudes y comportamientos cotidianos del otro que a uno le resultan molestos o indeseables: no te ha prestado atención, ha sido poco amable, poco comunicativo, no se muestra dispuesto a responsabilizarse de los quehaceres domésticos, exige demasiado o parece insensible en las relaciones sexuales. Puede haber desacuerdos sobre el manejo del dinero o la educación de los hijos, o uno de los dos es adicto al alcohol, a las drogas, al sexo o al trabajo. Sin embargo, existe un compromiso y están juntos.

Hay unas fuerzas sin nombre que atraen a dos personas para unir sus vidas; hay una atracción, comparable a muy pocas, que entrelaza sus vidas y les ofrece la posibilidad de crecer. Se dice que si uno desea caminar por el fuego, debe entablar una relación con él: seguro que la fricción va a generar calor. Y ese calor puede ser el catalizador de la curación y del descubrimiento y la realización del Yo.

¿Cómo utilizar el calor para crecer en una relación en la que hay muchos resentimientos?

Hay que estar dispuesto a perdonar.

La disposición a perdonar

Si dentro de ti hay rabia y rencor hacia tu pareja, haz una pausa y reflexiona sobre cualquier ganancia secundaria que tal vez estés obteniendo.

Pausa y reflexión

Con amabilidad y una actitud exenta de críticas, observa y toma conciencia de tu reacción ante las siguientes preguntas:

- El rencor que guardas, ¿es una manera de demostrar que «tienes razón»?
- El enfado al que te aferras, ¿es una forma de controlar la situación?
- ¿Es una manera de mantener una cierta ilusión de control?
- ¿Es el enfado una forma de evitar la intimidad?

- ¿Es una manera de eludir sentimientos más profundos de tristeza, desesperación, dolor, abandono y rechazo?
- ¿Es una forma de hacerte oír?
- ¿Es una manera de aferrarte o de soltarte?
- ¿Es una forma de castigar y desquitarte?
- ¿Es una manera de insistir en que el problema no es tuyo sino de tu pareja?
- ¿Es una forma de hacer que la vida continúe tal como está y evitar la claridad que podría proporcionar un cambio que temes?

Tal vez se trata simplemente de que te has cansado de perdonar. ¡No quieres perdonar una vez más! Sé amable contigo. Tienes derecho a cansarte. Trátate con cariño. Busca ayuda o apoyo. Déjalo así si eso es lo que sientes en estos momentos. Pero ten presente que seguir con el enfado a la larga será agotador. Aun cuando el perdón sea lo último que te pase por la cabeza, acepta entreabrir un poquitín la puerta del perdón, consciente de que en todo momento tienes la oportunidad de volver a optar por perdonar.

En el capítulo 1 vimos cómo se puede manifestar el hecho de perdonar (o de no hacerlo) en el trabajo. Veamos ahora algunas posibilidades de cómo pueden actuar en un matrimonio las dinámicas de la rabia, el rencor o el perdón.

Si hay rabia y rencor, es posible:

1. Aferrarse a estos sentimientos y ser desdichado.
2. Perdonar, en cuyo caso se tendrá más paz, se verán

más claros los verdaderos problemas y se podrá fomentar un cambio positivo. En este caso, la reacción de la pareja podría ser:

a) Abandonar el temor y bajar las defensas (suponiendo que haya miedo y la actitud sea defensiva), lo cual podría ir seguido de una nueva manera de relacionarse. Habría la posibilidad de restablecer la intimidad, o de establecerla si no la había antes.

b) Aparentemente no reaccionar ante el perdón por estar bajo el completo dominio del miedo y a la defensiva. En este caso, es posible continuar con la relación con una paz y una perspectiva mayores o elegir perdonar pero decidiendo a la vez no seguir manteniendo la relación.

Como he dicho anteriormente, perdonar no supone que pasemos por alto los comportamientos o dinámicas que realmente nos resultan inaceptables. Perdonar implica hablar francamente de esos problemas y, si son pautas habituales, establecer límites y consecuencias claras para el futuro. Dejar claro lo que para uno es aceptable o inaceptable es un testimonio de amor y respeto por la otra persona y por uno mismo. Permitir que continúen los comportamientos inaceptables mantiene el resentimiento, la culpa y el comportamiento problemático, a la vez que desautoriza a los dos miembros de la pareja.

* * *

Si hay roces y fricciones en tu relación de pareja, tómate algún tiempo para examinar en profundidad cuáles son los verdaderos problemas, cuáles son los sentimientos que se ocultan bajo tu rabia, y qué cosas son aceptables e inaceptables para ti. Vuelve al ejercicio «Descubrir la verdad» del capítulo 5 y piensa en ti y en tu pareja al completar las frases.

Sé amable contigo mientras lo haces. Hay que tener valor para reconocer los sentimientos y verdades más profundos. Valórate por tener la valentía de hacerlo.

También tómate algún tiempo para realizar de nuevo la visualización «Amor y perdón» del capítulo 6 (págs. 147-149). Esta vez hazla pensando en tu pareja. Reconocer y comunicar la verdad de la propia experiencia, dejar de lado las críticas y escuchar la sincera experiencia de tu pareja, aunque sólo sea en tu imaginación, puede abrir significativamente tu corazón y tu mente.

Si hace ya mucho tiempo que duran tu enfado y tu resentimiento contra tu pareja, es posible que sea especialmente difícil romper la pauta. Quizá cada vez que piensas en tu marido o tu esposa lo que aparece son las críticas y acusaciones y la sensación de separación que ha ido creciendo entre vosotros. En este caso, te resultará muy útil buscarte un tiempo cada día para reflexionar sobre su Yo, su «luz».

. . . .

Pausa y reflexión

Cierra los ojos. Haz unas cuantas respiraciones profundas de relajación y toma contacto con un lugar de paz de tu interior. Con los ojos de tu imaginación, ve a tu pareja y durante estos momentos suspende todo juicio o crítica. Ve la realidad que hay más allá de su personalidad, su apariencia física, sus subpersonalidades y sus temores. Ve su luz, su integridad y su inocencia esencial. Abre tu corazón... no te refrenes.

....

Aun cuando uno no esté enfadado con su pareja, es muy útil y sanador hacer este ejercicio regularmente, como expresión del deseo de paz interior y de crear una relación amorosa. Relacionarse de ese modo siempre favorece la ternura, la seguridad y la comunicación en el nivel más profundo.

La comunicación más efectiva es una consecuencia de la buena disposición a recordar esta realidad del Yo esencial del otro. Si sientes que te falta algo y tienes necesidad de comunicarte para resolver un problema determinado, habla desde tu Yo al de tu pareja. Dile toda la verdad de tu experiencia. Comunícale tus percepciones; reconócelas como propias. Comunica tus sentimientos, *siempre manteniendo el corazón abierto*. Si tienes miedo, dile eso al compasivo Yo de tu pareja. Si sientes frustración, asume la responsabilidad de lo que deseas, de lo que temes, de lo que necesitas... y no dudes en comunicárselo a tu pareja, de Yo a Yo. Si sientes algo apasionadamente, dilo, pero díselo a su Yo. Mantén abiertas las líneas de comunicación.

* * *

Perdón e infidelidad

La infidelidad sexual suele ser una de las experiencias más dolorosas y destructivas que ocurren en una relación monógama. (Llamo infidelidad sexual a la relación sexual extraconyugal que se tiene en secreto y a escondidas del cónyuge.) Esta ruptura de la confianza destruye la intimidad de la pareja, porque no puede haber intimidad cuando hay mentiras y secretos. El descubrimiento de éstos normalmente conduce a una crisis, y muchas personas traicionadas continúan sintiendo rencor durante toda la vida.

Las consecuencias de afrontar la verdad de lo ocurrido pueden llevarnos a abrir la puerta a los abogados para el divorcio o a abrirla, junto con nuestra pareja, a una relación más íntima y sincera que la que teníamos hasta ese momento. Yo recomiendo encarecidamente buscar el apoyo de un consejero matrimonial para que ayude a tratar los problemas que se dan en esa situación. Si hay un compromiso mutuo para restablecer y recuperar la relación, es posible hacerlo... y se debe trabajar para lograrlo.

Restablecer la confianza exige honestidad. Requiere mirar con sinceridad la relación y los sentimientos y verdades de cada miembro de la pareja. Por parte del que tuvo la aventura exige disposición para reconocer que es responsable de su comportamiento y de aclarar su compromiso. El doctor Frank Pittman, autor de *Private Lies: Infidelity and the Betrayal of Intimacy* [Mentiras íntimas: La infidelidad y la traición de la intimidad], escribe: «El problema no es de emoción sino de elección: si se ha abandonado o no el compromiso del matrimonio». Para restablecer la confianza es preciso explorar las propias motivaciones y tratar de comprenderlas. Para que la relación realmente sane, la persona que ha tenido la aventura habrá de estar presente y escuchar la rabia, la cólera, el dolor y los temores de su pareja.

En un artículo dirigido a los hombres, sobre el hecho de confesar su infidelidad a su esposa, Pittman escribe: «Ella va a necesitar expresar su rabia y su dolor. [...] Su enfado es una parte necesaria en el proceso de reparación. Acepte la rabia. Se la ha ganado. Bajo ella hay un gran dolor, el miedo de perderlo a usted, temores con respecto a su propia incapacidad e inquietudes sobre cómo pudo haber sido tan ciega para no darse cuenta antes de la aventura. Está asustada. [...] Tiene miedo de volver a confiar en usted. Se siente desgarrada entre el deseo de que usted la consuele y el deseo de ser ella misma, independiente de usted, y de no volverlo a ver jamás. Ella necesita sentir y pasar por todos esos sentimientos, y eso lleva un tiempo. No intente acortarlo».

Con sinceridad y una auténtica disposición a volver a comprometerse en la relación y a trabajar con los problemas, la relación puede hacerse con el tiempo más fuerte e íntima que nunca.

Historia de Joyce

Durante un tiempo había tenido el presentimiento de que había algo entre Ted y Ann, una mujer que trabajaba con él. Una noche Ann llamó a casa para decir de manera algo espectacular que se iba a quitar la vida. Mi primera reacción fue tratar de tranquilizar a Ted.

—No te preocupes —le dije—. Todo irá bien. Llama a su marido. Es asunto suyo, es su responsabilidad.

Le pregunté si estaba liado con Ann y él lo negó.

—No, no estoy enredado con ella.

En el momento en que él lo negaba, algo resonó en mi cabeza; recordé una historia de mi madre y mi padre, acerca de un romance de mi padre con otra mujer y cómo ella lo tranquilizaba cuando tuvo una crisis con esa mujer. «Vamos —pensé—, ¿es que estás haciendo lo mismo que tu madre? ¿Cómo puedes ser tan ingenua?»

Cuando comprendí que Ted había estado liado con Ann me sentí como si me hubieran dado un golpe en el estómago. Me pareció que me desplomaba y me agarré a algo para no caer. Tuve una sensación de admiración, no en el sentido positivo, sino en el de duda: «Dios mío, ¿quién es este hombre? No me lo creo. ¿Cómo pudo hacerlo? ¿Cómo ha sido capaz de liarse con esa mujer?».

Lo primero que pensé una vez pasada la oleada inicial de sentimientos fue: «Esto no tiene nada que ver conmigo». Era como una cosa de locos. Yo acababa de terminar una terapia y me sentía amorosa y bien dispuesta hacia Ted. Me lo imaginaba como un nuevo comienzo. Se acercaba nuestro 25 aniversario de boda. Me sentía entusiasmada con la vida. En unos pocos minutos la alegría fue reemplazada por la sensación de haber sido profundamente traicionada.

Al principio él no quería hablar del asunto. Yo me enfurecí. Recuerdo que me sentaba en mi oficina sintiéndome tan herida que no podía concentrarme en el trabajo. ¿Cómo podía ser capaz de trabajar? Les conté el asunto a algunos amigos nuestros, de la manera más confidencial: la reacción de los hombres fue echarse a reír. Estoy segura de que se trataba de una risa nerviosa, pero en esos momentos fue humillante. Me sentí injuriada, dolida, vulnerable. Me sentí destrozada. Realmente destrozada.

Mis hijas no sabían nada de lo ocurrido y yo deseaba gritarlo a los cuatro vientos, desde los tejados.

Me preguntaba: «¿Por qué me quedo?». Pero yo tenía esa actitud de que hay que solucionar las cosas. Además había hecho esa enorme inversión durante 25 años.

Ted puso fin a su aventura y las cosas continuaron bien en la superficie, pero la intimidad ya no era la misma. La relación tardó años en sanar. Yo llevé conmigo la rabia durante mucho tiempo, unos siete años. Todo me parecía una farsa cuando estábamos con otras personas. Creía que no me importaba, pero lo que hacía era enmascarar una gran cantidad de preocupación y muchísimo cariño.

Dos años después de ese incidente con Ann, inicié una terapia. Un año después Ted y yo comenzamos a asistir a una terapia de grupo para parejas y a otra individual para parejas. Yo me sentía furiosa. Toda la rabia que había sentido contra mi padre se sumaba a ésta. Creo que llevaba conmigo 15 o 16 años de viejos sentimientos por la relación de mis padres. Comencé a darme cuenta de que había mucho más que lo que afloraba a la superficie. En esto habían intervenido todo tipo de cosas. Había llevado a mi matrimonio una idea basada en lo que yo había conocido, en lo que había sido el matrimonio de mis padres. Había dejado muchas cosas en manos de Ted. Creo que tenía miedo de mi propio poder. En cierto modo me parecía que una mujer poderosa es agresiva y poco femenina, y eso me daba miedo. Comprendí que al someterme no había sido fiel a mí misma. Sentía rabia contra mí por haberme desorientado y haber seguido ese camino. No había dado a conocer mis necesidades. No era yo. No me prestaba atención a mí misma. Comencé a comunicarme conmigo, a conocer lo que realmente me importaba y a ser yo misma.

Durante años Ted se limitó a sentarse en la terapia sin decir demasiado sobre nada. En el grupo de parejas sólo hacía los movimientos. Yo me enfadaba e inquietaba, porque eso era lo mismo que hacía en su vida. «Esto es ridículo —pensaba yo—; este matrimonio es hueco.» Finalmente, me sentí dispuesta a marcharme. Al mirar hacia atrás, pienso que tenía que estar preparada para marcharme. En lugar de sentirse cada uno retenido por el otro, los dos teníamos que desear verdaderamente continuar la relación para que algo sucediera. En ese momento comenzaron a cambiar de verdad las cosas.

En la terapia hicimos un ejercicio que consistía en abrir el corazón mirándonos a los ojos. Allí nos sentamos mirándonos a los ojos. Yo abrí mi corazón tratando de ver qué sentía exactamente por ese hombre. Una de las cosas que surgieron una y otra vez fue que yo siempre había pensado que en Ted había una esencia, lo que yo llamo esencia. Había algo debajo que me retenía allí. Comprendí que todas esas cosas que le habían impuesto cuando crecía lo habían hundido. Todos los «no» que le imponía su familia, en la que no había alegría. En el interior de Ted había una enorme capacidad para la vida y la alegría. Tenía un maravilloso y agudo sentido del humor. Lo que me había hundido a mí era la necesidad de ser una «buena chica». Algo se produjo en ese ejercicio. Algo ocurrió y de allí en adelante las cosas fueron diferentes. Parece estúpido, pero es verdad. Yo sentí el amor que salía de mí y algo que salía de él. Me llegaron fuertes señales de que esa persona de verdad me amaba. Puede que fuera así antes y yo no lo había notado. Algo sanó y los dos estábamos más accesibles mutuamente. Ted continúa en terapia. Durante años lo hizo para salvar la relación. Ahora lo hace por sí mismo. Hemos compartido muchísimo dolor, pero valió la pena pasar por todo ese dolor por lo que ahora compartimos.

En estos momentos su aventura es un problema muerto. Está en el pasado. Sin embargo, si bien no está viva en nuestra relación, cómo ocurrió queda en cierto modo en el misterio. Pero está bien dejar que sea un misterio, porque ha habido maduración. Yo tiendo a desear que todo esté primorosamente envuelto en un paquetito. Ahora puedo vivir sin que los cabos estén tan cuidadosamente atados y ser sin embargo capaz de abrir mi corazón.

En muchas relaciones, la aventura extraconyugal no es el problema sino el símbolo manifiesto de muchos problemas que ya existían en la relación. En el caso de Ted y Joyce, la aventura les sirvió para sacar a la superficie conductas negadoras de vida que había en ellos mismos y en su relación.

Como estuvieron dispuestos a afrontar con valentía y perseverancia su sufrimiento y la conspiración de negación en su matrimonio, aprendieron a ser sinceros consigo mismos y a atender y preocuparse del otro. Ahora, ya pasados los sesenta años, Joyce y Ted son grandes amigos. Tienen una relación amorosa viva e íntima.

Es posible que, a diferencia de Joyce, una persona no haya tenido nunca la oportunidad de trabajar sus sentimientos en el contexto de su relación. Aun cuando su pareja esté presente físicamente, tal vez no es capaz de prestarle atención, escuchar o presenciar el dolor y la rabia producidos por la infidelidad. Cuando el cónyuge no quiere o no está dispuesto a trabajar con los problemas que condujeron a la infidelidad, esto puede considerarse otro abandono, quizá demasiado grande para seguir con la relación. Puede ser que la rabia sea el impulso que se necesita para efectuar un cambio. Respetemos nuestros sentimientos. Tenemos derecho a sentir de la manera que sentimos. Pero a medida que pasa el tiempo, pensemos que sin el perdón estaremos siempre atados a la relación. Sin el perdón continuaremos con el sufrimiento y la rabia, con el corazón muerto para el amor. Sólo mediante el perdón recuperaremos la capacidad de amar y sentirnos vivos de nuevo.

Cuando el matrimonio llega a su fin

Con frecuencia, cuando un matrimonio fracasa, uno de los cónyuges pierde la fe en el otro y en lo que éste es o puede llegar a ser. Entonces podría resultarle más fácil a ese cónyuge no perdonar, pensar que el otro es un estúpido o un canalla, endurecer el corazón, distanciarse y continuar con su vida. Cuando se perdona, las experiencias posibles son mayores. Es probable que al ir quitando las capas de sentimientos se deje al descubierto el amor y el deseo de ser amado. En algunas relaciones es posible abrirse al perdón después de haber decidido separarse y seguir cada cual su propio camino. En estas ocasiones puede resultar particularmente doloroso abrirse a la verdad de este amor. Cuando el corazón está abierto se siente más tristeza, desilusión o aflicción por la pérdida. Sin embargo, si se mantiene abierto el corazón mediante el perdón, incluso en circunstancias tan dolorosas como el divorcio, se favorece la cicatrización y se experimentan una paz, una claridad y una ecuanimidad más profundas y una mayor confianza en el propio Yo y en el futuro.

Tanto si se elige seguir juntos como si se opta por la separación, es esencial sanarse a uno mismo y sanar la relación mediante el perdón para resolver los sentimientos y continuar con la propia vida.

Historia de Patricia

Hace unos siete años Jeff, mi marido, se enamoró de otra mujer y se fue a vivir con ella dejándome con dos niños pequeños. Me sentí más asustada y furiosa de lo que jamás me había sentido en la vida. Durante los seis meses siguientes a su marcha me vi consumida por sentimientos asesinos hacia Jeff y Karen, su nueva compañera. Toda mi vida giraba en torno al hecho de ser una víctima del divorcio. Siempre que Jeff venía a casa a ver a los niños, tan pronto como escuchaba el timbre, me inundaban sentimientos conflictivos. Lo odiaba y sin embargo deseaba que volviera a mí.

Finalmente, desesperada, y con el fin de apaciguar mis sentimientos, intenté poner en práctica algunas enseñanzas de *Un curso de milagros*, ese libro que enseña el perdón. Me despertó particularmente la curiosidad una lección que nos dice que tratemos de ver con otros ojos a las personas que conocemos, dejando de lado toda la carga del pasado.

Ideé un plan. Por las noches me ejercitaba en ver a Jeff en mi imaginación de una manera nueva. Al día siguiente, cuando sonaba el timbre, bajaba las escaleras, miraba la puerta y me decía: «Estoy decidida a ver las cosas de manera diferente». Después abría la puerta y trataba de estar presente en el momento. Cuando él decía «Hola», yo intentaba limitarme a contestar «Hola», en lugar de decir algo antipático como: «¿Y te atreves a decir "hola" después de lo que me has hecho?».

Me llevó mucho tiempo pero dio resultado. Llegó el momento en que realmente logré verlo de otra manera. Los días en que conseguía abrir la puerta y verlo sin recordar las cosas desagradables, me sorprendía sintiendo verdadera compasión por él. Me parecía triste que tuviera que venir a llamar a la puerta para poder ver a sus propios hijos. No vivía con ellos, ni siquiera tenía llave de la casa. Y cada vez que deseaba ver a sus hijos tenía que enfrentarse conmigo, una persona que probablemente le iba a chillar. Eso debía de ser una pesada carga para él.

Continué con la práctica del perdón y poco a poco fui capaz de comprender que Jeff sólo era una persona que iba por la vida igual que todo el mundo. Su principal objetivo en la vida no era destrozarme. Se trataba sencillamente de que no había sido feliz en su matrimonio conmigo y deseaba estar con otra persona. Cuando comencé a ver esto con más claridad, empecé también a ver la parte que me tocaba en la ruptura de nuestro matrimonio. Jeff solía decirme: «Siempre te quise, pero tú nunca mostraste demasiado interés por mí». Yo siempre había negado eso con vehemencia, pero cuando comencé a verlo sólo como una persona que vivía su vida, pude ver también que en realidad nunca había estado muy enamorada de él y que, la verdad, tampoco estábamos muy hechos el uno para el otro. Ésos eran mis sentimientos incluso cuando nos casamos, pero no había estado dispuesta a reconocerlo.

Lo que me hizo más difícil dejar marchar la rabia y perdonar a Jeff fue tener que aceptar lo que sucedía en mi vida. Creo que eso muchas personas divorciadas no lo hacen nunca, de manera que se quedan en el mismo sitio como si todo hubiera sucedido ayer. Aunque me llevó mucho tiempo, me siento liberada por haber sido capaz de perdonar.

La amistad en el matrimonio

Para que un matrimonio prospere, cada miembro de la pareja ha de tener el deseo de construir una amistad mutuamente solidaria. En su expresión más plena, la amistad se basa en la generosidad: generosidad para escuchar, generosidad en el afecto, generosidad en todo lo que se tiene y se es. En una amistad, cada uno se preocupa de los deseos y necesidades del otro, además de los suyos propios, se celebran mutuamente los éxitos y se ofrece un apoyo y un consuelo recíprocos cuando las cosas no van tan bien.

Cuando se trabaja sinceramente en el perdón, crece nuestra capacidad para la amistad, que se convierte en el cimiento seguro de la relación. Habrá ocasiones en el matrimonio en que uno de los cónyuges está dispuesto a continuar siendo amigo aun en el caso de que no obtenga mucha respuesta por parte del otro, porque está comprometido de corazón. Para favorecer y conservar la paz que ofrece el perdón, es necesario, en último término, esforzarse e intentarlo sin esperar la recompensa de la reacción del otro.

Sin perdón no hay amistad, y sin amistad no hay verdadera vida conyugal. Sólo cuando damos un paso atrás para contemplarnos con más compasión a nosotros mismos y a nuestra pareja, tenemos la fuerza y la claridad necesarias para actuar de maneras esencialmente más satisfactorias, sinceras y amorosas para los dos.

Pausa y reflexión

- ¿Consientes en favorecer el desarrollo de tu pareja aunque te pueda causar cierta ansiedad?

- ¿Quieres esforzarte por ser paciente y aceptar las diferencias que hay entre vosotros?
- ¿Quieres ofrecer respuestas y observaciones sinceras, sin críticas ni acusaciones?
- ¿Consientes en respetar y honrar las necesidades de tu pareja aunque sean diferentes de las tuyas?

Observa y toma conciencia de tus respuestas con amabilidad y sin juzgar.

Aunque ambos miembros de la pareja estén muy dispuestos a perdonar, surgirán enfados de cuando en cuando. Es necesario y sano para cualquier relación que haya espacio para los enfados. Cada persona necesita la libertad de expresarse sin la amenaza del rechazo o el abandono emocional. En una relación que promueve el desarrollo y el respeto mutuos, ninguno de los dos ha de reprimir o negar sus sentimientos para ser amado y aceptado. Todos necesitamos libertad para expresar el dolor y el temor, así como la alegría. Nuestra disposición a permitir la expresión del temor del otro sin reaccionar necesariamente con temor, y a ver y aceptar toda la verdad de una situación, sin proyectar, es la paz que ofrece el perdón. Si el ser amado se siente molesto, asustado o dolido, hay preocupación y compasión. Hay espacio para su dolor y su temor, a la vez que reconocimiento y afirmación de su fuerza.

El objetivo del perdón en el matrimonio no es necesariamente lograr que no se rompa. Es ayudarnos a descubrir la gloria de nuestro Yo en un contexto donde con facilidad podríamos perderlo en medio de la confusión de las críticas y los conflictos. Es enseñarnos que dar y recibir son una misma cosa. Es permitirnos experimentar la alegría de la amistad y la plenitud de una auténtica comunicación. Es darnos la paz, porque al tenerla podemos compartirla y enseñar a nuestro compañero de viaje que la paz es posible. Es mostrarle a nuestra pareja, tanto si lo sabe como si no, que es digna de amor. Es proporcionarnos los medios para vivir una vida responsable y plena.

Pensamiento para la semana

He decidido ver las cosas de manera diferente.

8. Perdonar a los hijos

Cuando no se han tenido hijos o no se ha pasado mucho tiempo con niños, puede parecer algo absurdo que haya necesidad de perdonarlos. Al mirar a los niños pequeños, se puede observar tal vez que su comportamiento es completamente inocente y desinhibido y, por lo tanto, exento de culpa.

Pero cuando se es padre o madre, se conocen la intensidad emocional y los enormes desafíos y frustraciones inherentes a la crianza de los hijos. Por naturaleza, los niños pequeños están centrados en sí mismos; suelen ser desordenados, bulliciosos y exigentes. No son dados a interesarse por las necesidades de sus padres, y tampoco tienen por qué, pero la paciencia de los padres puede acabarse, sobre todo cuando se está cansado, agotado o inquieto por otras preocupaciones.

Aun en el caso de un padre o una madre muy consciente y que sabe perdonar, habrá ciertamente ocasiones en que se enfadará con su hijo o hija. Esto ocurre sobre todo con los niños que son muy dependientes, apegados y necesitados, o bien con los que son muy independientes y rebeldes. A veces puede ser muy útil enfadarse con un hijo; sirve para descargar la ansiedad y para enseñar al niño las consecuencias de su comportamiento. Si una niña de seis años se va al otro extremo de la playa cuando se ha llegado a un acuerdo y se le ha advertido que se mantenga cerca, el enfado le expresará de un modo claro y apropiado el riesgo de desobedecer las normas. En estos casos, enfadarse no es necesariamente negativo.

Sin embargo, si se repiten los enfados por cosas de poca importancia, o uno se sorprende criticando o chillando constantemente a un hijo, es necesario examinarse con atención para descubrir cuál es la fuente de esos sentimientos. Pasarse la vida enfadándose y culpar al niño del enfado le transmite a éste el mensaje de que su conducta es inaceptable y él es una mala persona. En su libro *When Anger Hurts: Quieting the Storm Within* [Cuando duele la rabia: Cómo calmar la tormenta interior], Matthew McKay Peter D. Rogers y Judith McKay observan: «El comportamiento de los niños tiene sólo una motivación: satisfacer sus necesidades básicas. Sus objetivos primordiales son ser alimentados y sentirse en su hogar, seguros, importantes para alguien. [...] Culparlos no les sirve para comportarse de un modo más apropiado. Simplemente les pone la etiqueta de "malos" por intentar cuidar de sí mismos de la mejor manera que saben».

Los límites claros y la disciplina son necesarios en el aprendizaje de los niños. Cierta disciplina exterior es un requisito previo para la disciplina interior. De manera cariñosa y positiva, se pueden establecer límites claros y comprensibles para los niños. El comportamiento de los padres no tan sólo establece los límites en una situación concreta, sino que crea un modelo de comportamiento para el niño, que observará cómo se puede tratar el conflicto y la tensión de manera franca, justa y sin castigos. En este caso, el perdón es la disposición a considerar la actuación disonante y/o la actitud cerrada del niño como una expresión de su temor y por lo tanto como una petición de amor y reconocimiento. El mensaje es claro: no es que el niño sea malo, sino que su comportamiento es inaceptable o inapropiado.

El perdón nos recuerda mantener el corazón abierto mientras se establecen los límites o se toma alguna medida concreta. Cuando se perdona, la disciplina se imparte teniendo presente el Yo del niño y relacionándose con él, comunicándose con esa parte suya que es sabia y conoce y comprende que el comportamiento arriesgado o inapropiado tiene ciertas consecuencias (aun cuando tal vez se tenga la impresión de que en esos momentos el niño está a años luz de ese grado de conciencia).

La otra cara de la rabia es la experiencia de la culpa. Aunque uno no se enfade demasiado, el sentimiento de culpabilidad suele entrar en el terreno de la paternidad y la maternidad: «Debería haber tenido más paciencia», «Debería haberles dedicado más tiempo», «Podría haber hecho eso de otra manera. Me siento culpable de...». Con frecuencia, a esta carga de culpa y autocrítica se suma el estrés causado por los deberes de ser padre o madre y los quehaceres de la casa cuando los dos trabajan. Seamos amables con nosotros mismos. Si hemos hecho cosas por las cuales nos criticamos, recordemos que la próxima vez podemos actuar de manera distinta. La disposición a ser amables con nosotros mismos y a perdonarnos nos resultará muy útil para ser cada vez más el progenitor que deseamos ser.

Habrá muchas veces en que la experiencia de ser padres nos resulte agradable y fácil. Pero también habrá otras en que nos parecerá que el comportamiento afectuoso es muy difícil y nos exige una enorme claridad y energía interior. Si en estos momentos sientes temor, tienes dificultades en algunos aspectos de la paternidad o la maternidad, y te parece que te vendría bien algún apoyo adicional, tal vez te sería útil buscar asesoramiento. Hay métodos muy buenos, como el PET (Parent Effectiveness Training). En muchas comunidades hay grupos de apoyo para padres. Existen numerosos libros y seminarios que enseñan cómo comunicarse de un modo efectivo y cómo mantener relaciones sanas y afectuosas.

A medida que nuestra cultura va tomando más conciencia, es cada vez mayor el número de personas que, habiendo tenido una infancia difícil, asumen el decidido compromiso de ser padres conscientes, aprovechando el proceso para cuidarse como no lo hicieron sus propios padres. El proceso de perdonar a un hijo nos libera simultáneamente de nuestro sentimiento de culpabilidad. Al considerar a nuestro hijo libre de culpa, sanamos también a nuestro niño interior.

Como ocurre en otras relaciones íntimas, es posible que en la relación con nuestros hijos surjan asuntos inconclusos de nuestra niñez. La persona que tuvo una infancia difícil, a no ser que tenga la intención consciente de ser amorosa en su papel de progenitor, es propensa a repetir en la relación con sus hijos las dinámicas que se dieron en la relación con sus padres. Aunque tengas la intención de ser muy consciente, es posible que te sorprendas repitiendo con tu hijo comportamientos negativos de tus padres. Sé amable contigo y busca apoyo si no te es posible curar ese hábito sin ayuda.

Los asuntos inconclusos de tus relaciones adultas también pueden influir mucho en tu capacidad de tener una relación afectuosa y abierta con tus hijos. Tal vez necesites perdonar a uno de tus hijos por parecerse a tu ex cónyuge, o por parecerse a ti. Muchos padres se enfurecen con sus hijos cuando éstos repiten sus propias palabras y conductas.

Perdón y autoestima: enseñarlos a los hijos

Otro aspecto del perdón se expresa en la disposición a ver y reconocer el Yo esencial del hijo, incluso cuando las circunstancias son pacíficas. Pau Casals lo resume muy bien:

¿Cuándo les van a enseñar en la escuela a nuestros hijos lo que son? Deberíamos decirle a cada uno: «¿Sabes lo que eres? Eres una maravilla. Eres único. En todo el mundo no hay ningún otro niño exactamente igual que tú. Durante los millones de años que han pasado, jamás ha habido otro niño como tú. Mira tu cuerpo, ¡qué maravilla! ¡Tus piernas, tus brazos, tus hábiles dedos, la forma en que te mueves! Puedes ser un Shakespeare, un Miguel Ángel, un Beethoven. Tienes capacidad para todo. Sí, eres una maravilla».

En casa, en la escuela, en toda nuestra cultura, es necesario que ayudemos a nuestros hijos a saber quiénes son.

Todas las personas que tienen influencia en los niños (los padres, el personal de guarderías y parvularios, los maestros y profesores, los entrenadores, los administradores, los médicos, las enfermeras) han de tomar plena conciencia de esta responsabilidad imperiosa y trascendental. Hemos de examinar nuestros conceptos y reeducarnos. El filósofo Tagore dijo una vez: «Todo recién nacido trae el mensaje de que Dios no ha perdido la confianza en el ser humano». Sin embargo, al no enseñar a cada niño y niña que es una maravilla, traicionamos esa confianza.

El perdón nos ofrece el modo de hacer honor a esa confianza. Nos proporciona la manera de reconocer la verdad de la naturaleza de todos y cada uno de los niños. Con demasiada frecuencia se ha considerado y tratado a los niños como a «seres inferiores», para controlarlos. A consecuencia de eso, dice la psicoanalista junguiana Marion Woodman, tenemos «una idea preconcebida de lo que debe ser un niño y lo obligamos a encajar en ese molde». Este error de concepto infunde en el niño una profunda sensación de carencia o deficiencia interior. De esta manera nuestros hijos se ven privados de la relación esencial de respeto y confianza necesaria para que se quieran a sí mismos y se vean de una forma positiva.

Te quiero cuando...

Nuestra cultura está tan orientada al ego que el éxito externo se ha impuesto como el factor más importante para definir la valía personal. Así pues, cuando experimentamos vacío, depresión o carencia espiritual, solemos buscar la causa y la solución en las circunstancias externas. Muchos padres enseñan a sus hijos lo que ellos consideran cierto, que el éxito en el mundo es un requisito previo y la garantía de la prosperidad y la felicidad. Algunos padres consideran que su responsabilidad y su misión es alentar en sus hijos, como prioridad absoluta, el éxito externo.

Nadie va a negar que el éxito contribuye a la felicidad. El éxito académico, físico y artístico ciertamente influye en la autoestima y en el hecho de sentirse realizado en la vida. Es importante que los padres animen a sus hijos a desenvolverse bien en estos campos. Pero hacer depender la valía del niño de éxitos externos tiene el efecto contrario, produciendo sentimientos de incapacidad, de temor y de culpa. Cuando una relación está más basada en el control que en el respeto, en la crítica más que en el amor, en la proyección más que en el reconocimiento de la valía innata del niño, las buenas intenciones pueden hacer muy mal servicio tanto a los padres como al hijo, y la consecuencia es una generación neurótica, adicta, insatisfecha, confusa y asustada.

Sin amor y respeto incondicionales, en el niño, el sentido de la propia valía siempre será frágil, por muy sobresalientes que sean sus logros. Con unos cimientos tan poco firmes, cuando sea adulto se puede ver perdido en la inseguridad de sí mismo o atrapado en el frenesí de su engañosa persecución de la perfección. En su libro *The Drama of the Gifted Child* [El drama del niño dotado], Alice Miller expresa con mucha claridad cómo el hecho de alimentar el «yo ejecutante» del niño en lugar de alimentar su «yo esencial» tiende a llevarlo a la depresión o a la ostentación cuando se hace mayor. Todo niño necesita escuchar y sentir: «Te quiero siempre, pase lo que pase».

El mensaje «Te quiero cuando...» incluye otras condiciones, que pueden ser evidentes o implícitas: «Te quiero... cuando te portas como a mí me gusta... cuando no haces ruido... cuando cumples... cuando miras hacia donde quiero que mires... mientras no pongas en duda mi autoridad... mientras no reveles a nadie los secretos familiares...», e innumerables variantes de estos temas.

A los niños que no son amados incondicionalmente se los etiqueta y se los mira a través de un filtro de juicios inamovibles que ellos interiorizan. Estas etiquetas son frases que suelen decirse debido a la frustración, de modo inconsciente, incluso en broma, pero influyen significativamente en el sentido de la valía personal y la identidad del niño. «Es una mocosa malcriada, es un pesado, no es demasiado lista, es tonto, es un revoltoso, es una molestia, es odioso, es perfecta o una niña muy buena» (en un sentido que no permite fallos humanos), es un niño del que no se puede esperar mucho. Todas estas frases constituyen una creencia, una conclusión, una actitud resignada y un juicio definitivo sobre la naturaleza misma del niño, que probablemente éste aceptará como la verdad. Aunque estos juicios no se expresen en público, se comunican en voz alta y con claridad.

Pausa y reflexión

Piensa en algún niño con el que te relacionas, al que enseñas, entrenas, cuidas, etcétera (si no actualmente, en el pasado). Identifica todos los juicios que haces o has hecho de ese niño... Piensa si los consideras un hecho inamovible con respecto al niño... Reflexiona sobre ello. Abandona tus ideas preconcebidas y ve y reconoce el Yo esencial que se esconde detrás de su estado de ánimo o de sus rasgos de personalidad transitorios.

• •

En la primera infancia comienza a desarrollarse el sentido del yo o ego. Entonces, cuantos más sean los juicios, cuanto más condicional sea el amor o más controladora la relación más culpable, avergonzado e incapacitado se sentirá y será el niño (y después el adulto). Cuanto más incondicionales sean el amor, el respeto, la aceptación y el perdón de los adultos que lo rodean, mayores serán la confianza en sí mismo del niño, su respeto por sí mismo, su espontaneidad y su capacidad de expresarse, en pocas palabras, su alegría de vivir. Al perdonar a nuestros hijos de esta manera, devolvemos a las generaciones venideras el legado espiritual por tanto tiempo negado.

VISUALIZACIÓN: PERDONAR A UN NIÑO

Ahora te invito a participar en un viaje interior para perdonar a un niño. Como en todas las visualizaciones, ésta será más efectiva si te la lee una persona amiga o la grabas antes en una cinta y la pones ahora para escucharla.

Instálate con comodidad y haz unas cuantas respiraciones profundas de relajación. Siente cómo se te relajan los músculos... todo el cuerpo se relaja... Todas las preocupaciones se marchan... Con cada respiración te sientes cada vez más en calma, en paz...

Ahora piensa en un niño al que te gustaría perdonar. Puede ser que te hayas enfadado con él, o tal vez no sea así y desees compartir y afirmar un amor aún mayor con este niño (quizá tu propio niño interior). Mira y ve la luz que hay en su interior. Imagínate que ese niño es muy sabio, radiante y cariñoso. Durante unos momentos reflexiona sobre la realidad de ese Yo...

Imagínate ahora que de hecho estás en compañía de ese niño. Podéis estar al aire libre, o dentro de la casa en un lugar agradable. Lo saludas con verdadero cariño y una actitud acogedora. Te encanta verlo. Siente la alegría de perdonarlo de una manera nueva.

Permite que se marchen el temor, los juicios, la rabia y los sentimientos de culpabilidad del pasado. Ve en ese niño un regalo en tu vida. Imagina que estabais destinados a encontraros con el fin de compartir amor... Ahora ves que al comprender quién es ese niño le puedes ser útil, así como él te puede ser útil a ti en esta nueva comprensión. Al mirarlo con los ojos interiores ves la radiante luz que hay en él... Ves su dulzura, su forma especial de ser. Imagina vuestra conversación manteniendo esta visión... Das y recibes amor. Haces saber a ese niño lo digno de amor, hermoso y especial que es.

En tu corazón haces la promesa de recordar a este niño (y a todos los niños) como la maravilla que es, como la luz del mundo... Imagina que te prometes crecer interiormente en paz para poder experimentar la paz de manera más constante y compartirla con este niño y con los demás...

Ahora ves de nuevo la luz eterna que hay en ese niño. Quedándote con esa visión, abre los ojos cuando sientas que ha llegado el momento.

Los hijos adolescentes

Aunque tus hijos sean mayores, nunca es demasiado tarde para ofrecerles el perdón. Puede parecer más fácil perdonar a los hijos pequeños, ya que su comportamiento suele deberse a fases del desarrollo que cambian con rapidez, y al fin y al cabo, son niños. Pero cuando los hijos crecen y entran en los años de la adolescencia o de la edad adulta, puede que no ofrezcamos el perdón de manera tan caritativa. Esperamos que sean más razonables y maduren.

Abby, la hija de una vecina, tiene 14 años. Con frecuencia desafía a sus padres. Aunque es muy inteligente, no le van bien los estudios. Haraganea con chicos que se meten en dificultades. Tiene relaciones sexuales, va a fiestas y ha llegado a casa con olor a alcohol. Sus padres le han explicado con toda claridad qué es para ellos un comportamiento aceptable y qué no. En muchas ocasiones le han prohibido salir, encerrándola en casa. Han probado todo lo que saben para hacerla entrar en razón y conseguir que cambie de conducta y de actitud, pero ella continúa comportándose de manera irresponsable y rebelde. Sus padres suelen enfadarse y le expresan su enfado, pero también tratan de ver más allá de la situación presente.

La madre de Abby, que ha asistido a seminarios sobre el perdón, dice:

La idea de ver la luz de la lámpara y no sólo la pantalla me ha sido realmente útil. Me imagino que el cuerpo de Abby es una neblina y que dentro de ella veo una luz. A veces pienso que esa luz es su alma. Su comportamiento no es lo que a mí me gustaría que fuese, pero su comportamiento no es *ella*. Me ayuda separar su bondad innata de su conducta. Tengo que recordarme eso a cada momento, porque no es algo que venga automáticamente. Tengo que repetírmelo una y otra vez, momento a momento. También tengo que perdonarme a mí misma continuamente por perderla de vista a veces, por ser humana, por no haberla atendido y estado con ella de la manera que ahora, al mirar hacia atrás, deseo que hubiera sido. Aquí interviene el perdón e impide que aumente la rabia. Hace de ella un grano de arena en lugar de hacer una montaña.

Enfadarse de vez en cuando es algo natural y en sí no constituye un problema a no ser que dé pie a malos tratos. Continuar enfadado durante largos períodos y mantener una hostilidad soterrada es un problema, porque siempre va a generar mayores dificultades. El resentimiento crónico favorece un distanciamiento emocional que finalmente sólo consigue que tanto el progenitor como el hijo se sientan mal y culpables. Igual que en el niño, el resentimiento hace que el adolescente piense: «No soy digno de que crean en mí y me amen. Soy una mala persona. Mis padres no me quieren».

Si bien el perdón es el proceso de despertar una y otra vez a la conciencia de que el hijo es bueno y digno de amor, no excluye el «amor duro», esas decisiones difíciles que uno debe tomar a veces por amor a otra persona. En cuanto padres, esto podría significar dejar que el hijo afronte las consecuencias del consumo de drogas o de conducir bebido, aun

Dan fue educado en un hogar muy católico. Estudió en colegios parroquiales y se graduó en una universidad católica. Su padre trabajó muchísimo e hizo sacrificios para pagarle la educación, dando a su hijo la oportunidad que él no tuvo de «salir adelante». Después de terminar sus estudios con un título en ciencias políticas y derecho consuetudinario, Dan decidió hacerse escultor. Se buscó trabajos que le permitieran subsistir para poder dedicar su tiempo a la escultura. Su padre se sintió ofendido, dolido, furioso y desilusionado. No podía comprender que Dan hubiera «tirado» su educación.

«Marginarse» de la corriente principal, casarse con alguien de otra religión o con una persona «no conveniente», ser homosexual, tomar una decisión profesional particular e irse de casa, son las causas más comunes del resentimiento crónico de los padres hacia su hijo o hija adultos. Los motivos de ese resentimiento son infinitos, pero el problema subyacente suele reducirse a la frustración de los padres que no ven cumplidas sus expectativas. Las convicciones sobre lo que es correcto e incorrecto están muy arraigadas. Cuando los padres tienen un concepto fijo e inflexible sobre el estilo de vida «correcto» para su hijo, es inevitable que haya rabia y resentimiento cuando éste se desvía del camino que le han trazado. Los padres que insisten en cuál ha de ser la profesión o la elección de pareja de su hijo o hija, suelen proyectar de esta manera sus temores y sus ambiciones no realizadas. Cuando rechazan la elección de su hijo adulto, el mensaje es claro: «Fíate de mí, no de ti. Yo sé más que tú». El hijo a veces puede hacer elecciones claramente equivocadas o innecesariamente difíciles. Es muy doloroso para los padres verle tropezar y caer; es muy difícil dejar que «toque fondo» y vuelva a salir a flote una vez que esté preparado. Pero aunque es posible que sepamos más, los padres no podemos conocer de antemano lo que nuestros hijos necesitan para aprender las lecciones únicas y especiales de su vida y madurar.

Esto no significa que uno haya de ocultar sus sentimientos y callar sus observaciones, ni dudar en defender con energía y pasión lo que le parece mejor. Pero después de comunicar las ideas y expresar los sentimientos, la opción más amorosa y respetuosa con los hijos es dejarlos ser y perdonar. Cuando tienen problemas o eligen un camino diferente, es necesario reconocer la rabia, la culpa, la aflicción y la pérdida que se sienten antes de que sea posible perdonar. Pero el hecho de permitir que el hijo adulto tome sus propias decisiones y cometa sus «errores» puede finalmente llevar al amor y el respeto mutuos que conducen a relaciones adultas satisfactorias.

El hijo disminuido

Todos los padres desean hijos sanos y bien adaptados, de manera que muchas veces los hijos disminuidos, con una incapacidad física, de aprendizaje o emocional, o que tienen alguna enfermedad crónica, frustran las esperanzas y expectativas de los padres. En lugar de las esperadas alegrías de la paternidad, puede haber desagrado, tristeza, rabia, desilusión y sufrimiento.

Familias y matrimonios se han desintegrado bajo la enorme presión emocional, económica y práctica de criar a un hijo disminuido. Muchos padres enfrentados a este desafío han sentido rabia: contra Dios, contra su pareja, contra sí mismos y tal vez incluso contra el niño. Puede que sea difícil y embarazoso admitir que se ha sentido rabia contra el hijo, o quizá la rabia sea una emoción más tolerable o aceptable que la angustia, la desesperanza, la impotencia, la tristeza y la aflicción que tal vez se sienten por dentro.

El escritor Hugh Prather y su esposa Gayle organizan grupos de apoyo para padres que han perdido a un hijo. Han observado que los padres que se aferran a la rabia (contra Dios, los médicos, la medicina, etcétera) no expresan su aflicción y por ello no pueden comenzar a sanar. La rabia no deja salir la aflicción. Separado de ésta, el sufrimiento se mantiene eternamente vivo.

Cuando en los servicios sociales, las escuelas y la asistencia médica, los padres no ven interés ni responsabilidad ante las necesidades de su hijo, enfadarse expresa la frustración a la vez que puede tener como consecuencia una atención mejor y más rápida. Muchos movimientos sociales, como el de las Mothers Against Drunk Driving [Madres contra conducir bebidos], han sido inspirados por la airada reacción de un progenitor ante actitudes o medidas injustas o negligentes de la sociedad o las autoridades. Es sano convertir la rabia en acción constructiva, pero es importante ser consciente de que hay que transformarla para tener la libertad de continuar con la vida.

La rabia también puede servir para encubrir la culpa, el sentimiento de que en cierto modo uno es responsable de la enfermedad del hijo, de que debería haber hecho algo de otra manera, de que podría estar haciendo más en el presente. Como todo sentimiento de culpabilidad, si se deja sin examinar puede deteriorar la relación con uno mismo y con los demás, además de hacer inútiles los esfuerzos por cuidar del hijo. Son esenciales la compasión y el perdón de uno mismo para liberarse de la carga de la culpa. Si tienes este problema, tal vez encuentres particularmente útil el capítulo 9, «Perdonarse a uno mismo: Un fabuloso nacimiento» (págs. 215 y ss.).

Perdonar al hijo enfermo requiere recordar y relacionarse con aquella parte del hijo que está sana. Eso no significa negar la realidad de su enfermedad, ni el efecto que eso ha causado en uno y en la familia. Pero el perdón permite ver y afirmar un aspecto del hijo que tal vez no siempre (o jamás) está visible. Verlo únicamente en su condición de enfermo y disminuido es privarle (y privarse a uno mismo) de participar en los momentos de alegría y placer. Eso sería como identificarse sólo con un cuidador abrumado por la culpa, la rabia, la lástima y el sufrimiento.

En la escuela

Durante las primeras fases de su desarrollo, confiamos nuestros hijos, nuestro más preciado tesoro, a los maestros y al sistema educativo. Sin embargo, la sociedad no ha preparado totalmente a los maestros para este papel tan importante y vital.

El niño da forma a su concepto de sí mismo y a su autoestima a través de sus repetidos contactos sociales y sus experiencias con otras personas. Por lo tanto, los maestros, debido a su autoridad y a las muchas horas que pasa el niño en la escuela, son un factor importantísimo en el desarrollo de su autoestima y del concepto de sí mismo. A pesar de este significativo hecho, los programas de casi todos los sistemas educativos muestran una especial ceguera a la hora de influir de manera responsable en este aspecto del crecimiento y el desarrollo del niño.

Al decir esto no es mi intención culpar a los profesionales de la docencia, sino señalar la influencia y la responsabilidad que tienen todos los educadores, y observar que, para usar esa influencia y asumir la responsabilidad, han de abrirse a un nuevo concepto de ellos mismos, de su papel y de los niños a los que enseñan. También aquí el perdón ofrece los medios para hacerlo.

La misión del maestro o educador es educar, en el más amplio y pleno sentido de la palabra: «extraer, llevar a la luz, sacar de dentro hacia afuera». No obstante, el principal objetivo de la enseñanza suele ser más bien instruir (poner dentro) que proporcionar educación (sacar afuera). Del interior salen la creatividad, la imaginación, la intuición, la inteligencia, la capacidad de amar y cuidar, una curiosidad natural y una gran capacidad de realización. Contrariamente a la creencia popular, estas cualidades son universales, no son exclusivas de unos cuantos seres excepcionales o privilegiados.

El perdón le ofrece al maestro la manera de relacionarse con el Yo esencial del alumno, no solamente con el yo ejecutante o en formación. El perdón libera al profesor de las comparaciones y los primeros juicios y lo hace capaz de nutrir la autoestima del alumno mediante una atención incondicional y positiva. En esta atmósfera, el niño puede sentirse relajado y seguro; encuentra espacio para que prospere su instinto creativo, para que su aprendizaje sea óptimo y para que se desarrolle su autoestima. De este modo, a los alumnos les resultará más fácil aprender y retener la información, y es más probable que busquen nuevos desafíos y nuevos riesgos intelectuales y que se expresen de forma creativa.

Lógicamente, la técnica y el conocimiento del tema y del método más efectivo para enseñarlo, así como mantener una conveniente disciplina, forman parte esencial de todo el proceso; pero sin una atmósfera de fe en la capacidad del alumno y una manera positiva de considerar lo que es el niño en esos momentos, la enseñanza y el proceso de aprendizaje se desvitalizan. Se ahoga la creatividad del niño, frustrando así su conexión con su espíritu y con su fuente de autoexpresión, felicidad y confianza en sí mismo.

El papel de los maestros es importantísimo y vital en la vida de cada niño. Todo alumno necesita amor incondicional y respeto. Al reconocer y relacionarse conscientemente con el Yo creativo, inteligente, sensible y digno de amor de cada niño, los maestros alimentan, de un modo esencial, la inteligencia de sus alumnos, los nutren en su totalidad, y aportan una vitalidad y una alegría nuevas al trabajo y el arte de la educación.

Pigmalión en la escuela

En 1968, Robert Rosenthal, de la Universidad de Harvard, y Lenore Jacobson, de las escuelas públicas de San Francisco, publicaron el libro y estudio clásico titulado *Pygmalion in the Classroom* [Pigmalión en la escuela]. En él analizaban la hipótesis de que lo que espera una persona con respecto al comportamiento de otra suele ser una profecía que lleva en sí misma su cumplimiento. Durante años se ha estudiado esta hipótesis en muchas áreas de las ciencias sociales. Se han realizado estudios con animales y con seres humanos. La conclusión a la que se llegó fue que la conducta de los animales o la realización de la tarea encomendada era muy buena o mediocre según si los experimentadores los creían o no genéticamente capaces. En realidad no había ninguna diferencia genética entre los animales considerados inteligentes y los considerados tontos. Rosenthal y Jacobson hicieron la siguiente observación: «Cuando el entrenador pensaba que el animal sujeto del experimento era más inteligente, el animal actuaba de manera más inteligente debido a esa creencia del entrenador; entonces también podría ser que los escolares a quienes sus maestros creen más inteligentes lo sean más debido a esa creencia».

En una escuela primaria pública de San Francisco, la Oak School, se llevó a cabo un estudio destinado a probar esta hipótesis. Se eligieron niños al azar identificándolos como alumnos que en el año escolar que comenzaba experimentarían un progreso intelectual espectacular. Según los informes, los pronósticos se habían hecho basándose en los resultados de pruebas de capacidad académica. De acuerdo con los resultados de estas pruebas, esos «triunfadores en potencia» no tenían mayor capacidad que sus compañeros de curso. La creencia o expectativa de los maestros de que estos alumnos eran más inteligentes se convirtió en profecía de obligado cumplimiento. Esa fe de los maestros se transmitió a los alumnos y éstos respondieron a ella mostrándose más capaces.

Tal vez lo más importante de este estudio fue que se comprobó que los niños de quienes se esperaba ese espectacular progreso mostraron más curiosidad intelectual y parecían más felices y menos necesitados de aprobación social. Se han realizado otros estudios similares y todos han demostrado los significativos efectos de las expectativas de los maestros. Los profesores que creían que sus alumnos iban a ser sobresalientes tendían a ser más amistosos, menos críticos y más acogedores y a manifestar más aceptación. El extraordinario aumento del rendimiento de los alumnos no se debió a cambios en los métodos didácticos, sino únicamente en la manera de considerar el maestro a los alumnos.

Desgraciadamente, la mayoría de los maestros no se sienten responsables de su actitud hacia sus alumnos. Casi siempre el valor atribuido a la materia que se enseña reemplaza al valor atribuido a la manifestación de una consideración positiva y de fe en la capacidad del alumno. Con demasiada frecuencia la tarea del profesor se limita al programa de estudios y a mantener la disciplina. El descuido de la tarea vital de fomentar la autoestima es una grave omisión, debido sobre todo a que muchos problemas individuales y sociales, entre ellos el fracaso escolar, la ansiedad crónica, el sentimiento de soledad y la drogadicción, tienen su raíz en una pobre autoestima.

Una campaña antidroga basada en el eslogan «Di que no» puede tener su utilidad, pero a la larga es un método ingenuo. La gente «dice sí» a las drogas (o a otras adicciones) no porque lo desee o haga una elección consciente. Las personas que dicen sí lo hacen porque en mayor o menor medida están dolidas interiormente, se sienten mal consigo mismas y con lo que son, y desean ahogar el dolor. Alimentar activamente la autoestima, desde el primer día de escuela en adelante, es la medida preventiva más importante contra las drogas que se puede tomar hoy en día en el sistema educativo.

La autoestima es el principal factor determinante del éxito en cualquier cosa que se emprenda en la vida. Cuanta más autoestima se tiene, mayor es la probabilidad de estar en paz con uno mismo y con los demás, de que nos tratemos con respeto y amabilidad a nosotros mismos y a los demás y de vivir con amor en lugar de hacerlo con temor.

Luis Alberto Machado, que fue ministro para el Desarrollo de la Inteligencia, en Venezuela, dijo en un discurso: «Todo lo que enseñamos en clase ha de tener por objetivo la felicidad de los seres humanos. La inteligencia es un instrumento al servicio del amor».

El proceso de perdonar al alumno aumenta la autoestima tanto en el maestro como en el niño. De esta manera se infunde significado y valor en el proceso educativo; resucita una parte vital del maestro; se encuentran el Yo del profesor y el del alumno; el niño se siente valorado e importante; se crea una relación de confianza; el maestro transmite al alumno la fe que tiene en su belleza y su capacidad; las medidas disciplinarias se pueden aplicar con claridad y sabiduría, cuando son necesarias; la educación se humaniza y las aulas se convierten en acogedores ambientes de aceptación donde a los niños les entusiasma acudir y participar.

* * *

Hace quince años fui directora y profesora jefe de una escuela para niños expulsados de las escuelas públicas de Boston debido a su absentismo y a graves problemas de comportamiento. A los diez años de haber dejado ese trabajo, tuve el siguiente sueño:

Iba a dejar mi trabajo de asesora para el control del estrés y directora de seminarios y a convertirme de nuevo en profesora y directora de una pequeña escuela. Íbamos a ser sólo dos maestras. Estábamos muy entusiasmadas ante el año escolar que nos aguardaba. Programamos el trabajo de manera que cada mañana llegaríamos a la escuela con tiempo suficiente para hacer todos los preparativos necesarios y tener además una hora para relajarnos, meditar y hacer visualizaciones juntas. El objetivo de estas últimas era reflexionar sobre la luz y la capacidad ilimitada de cada niño, ver lo hermosos y dignos de amor que eran todos y cada uno de ellos. Nos veríamos a nosotras mismas recibiéndolos y acogiéndolos con alegría y manteniendo esa conciencia durante todo el día. Aunque tendríamos la intención de crear experiencias instructivas, interesantes y valiosas mediante lecciones y proyectos, nuestro objetivo primero y principal sería llevar el espíritu del amor y el perdón a cada alumno y a cada interacción. La visualización que ofrezco a continuación está basada en ese sueño. Un momento particularmente oportuno para hacerla es poco antes de comenzar la clase.

VISUALIZACIÓN: PERDONAR A LOS ALUMNOS

Haz unas cuantas respiraciones profundas y relajantes. Imagínate que inspiras una energía pacífica y tranquiliza-

dora. Al espirar liberas la tensión. Todos los temores se marchan. Inspira y siente la integridad que hay en el interior de tu ser. Te sientes rebosante de paz interior, una paz que te invade, sale de ti y te rodea con un brillo radiante. Date las gracias por tomarte este tiempo para ti.

Ahora, con los ojos interiores, imagínate a un alumno por el cual sientes cierta antipatía... Afirma: «He decidido y acepto ver a (el nombre del alumno) de una manera diferente»... Deja marchar los juicios, las críticas y tu percepción limitadora de este alumno... Reconoce y valora su Yo esencial. Ve su luz y su ilimitado potencial... Imagínate que lo acoges con interés, cariño y aceptación... Ve cómo todos sus comportamientos «negativos» son una petición de ayuda, de reconocimiento y de amor... Imagínate a este alumno creativo, inteligente y considerado (aunque hasta ahora haya tenido bloqueada esa forma de expresarse)... Imagínate disfrutando de verdad de la oportunidad de hacer que se produzca un cambio en su vida... Reconoce interiormente lo importante que es el perdón en esta relación, tanto para ti como para él. Imagínate practicando el perdón con este niño durante todo el día.

Repite esta visualización o cualquier parte de ella con cada uno de tus alumnos.

Crear un ambiente de cariño, aceptación y respeto para cada alumno mediante la práctica intencionada del perdón es, con mucho, la responsabilidad más importante que tiene cada maestro, aun en el caso de que el alumno no represente ningún problema. Puede que haya alumnos que provoquen rabia, irritación y críticas una y otra vez. Recuerda que el perdón no es un acontecimiento que ocurre de una vez para siempre. Es un proceso que supone ejercitar repetidamente nuestro poder de elección y nuestro don de ver.

Todos somos maestros

Todos somos maestros la mayor parte del tiempo. Cuando nos relacionamos con los demás, algunas comunicaciones pueden ser neutras, pero en la mayoría enseñamos temor o enseñamos amor. El hecho de tomar conciencia de qué es lo que enseñamos nos da la oportunidad de elegir de nuevo y enseñar amor.

Historia de Anna

Anna es una enfermera que trabaja en la unidad psicosomática de un importante hospital para niños. Asistió a unas cuantas conferencias sobre el perdón y enseguida encontró eco en ella el poder de esta manera de ver y relacionarse con las personas y las circunstancias. Decidió practicar el perdón con los niños que se encomendaban a su cuidado. Después de experimentar personalmente el enorme poder que tiene perdonar, comenzó a enseñar los conceptos y la práctica del perdón a sus compañeros de trabajo.

La participación en una visualización sobre el perdón tuvo en mí el maravilloso efecto de hacerme comprender que cada vez que consideraba a uno de los pacientes encargados a mi cuidado como alguien con quien tenía grandes dificultades o que me provocaba sentimientos de temor, tensión o enfado, había de pagar un precio muy elevado cuando no elegía perdonar. Sacrificaba muchísimo por aferrarme al enfado o al resentimiento. Con el tiempo me fui volviendo irritable y criticona, me concentraba menos en mi trabajo, era menos receptiva y sincera, estaba menos centrada y era menos comprensiva, más rígida. Al principio me sentía desasosegada y ansiosa, luego triste y amargada. Sólo mediante el perdón podía recorrer todo el círculo para recuperar lo que había perdido. Necesitaba perdonar.

Gary era un niño de nueve años a quien atendía en la unidad, muy impulsivo, destructivo y agresivo. Al principio, y con el fin de entender sus estallidos y comprenderle, traté de considerar su comportamiento como una expresión de amor o de temor. Aunque intelectualmente intentaba pensar de esa manera, seguía sintiendo una rabia enorme contra él. Me di cuenta de que trataba de evitarlo y que él notaba mi distanciamiento físico y emocional. De manera que durante la visualización sobre el perdón le expresé mis pensamientos y sentimientos; estaba furiosa con él; me molestaba e indignaba que hiciera daño a los demás, que destruyera sus pertenencias y las de otras personas. Después de dar rienda suelta a mi hostilidad, me tocaba el turno de escucharlo a él. Me lo contó todo sobre su temor. Me dijo que su comportamiento era la única manera que conocía de expresar el pánico, el terror y la desconfianza que le inspiraban los demás y él mismo. Me dijo:

—Tengo miedo de que me abandonen.

»Tengo miedo de que me separen de mi madre y me pongan en un internado.

»Tengo miedo de que los demás niños me odien.

»Tengo miedo de no tener nunca un amigo.

»Tengo miedo de que la gente del hospital me odie.

»Tengo miedo de que nadie pueda mantenerme a salvo.

»Tengo miedo de que nadie quiera cuidar de mí el resto de mi vida.

»Tengo miedo de ser un estúpido y un tonto.

»Tengo miedo de que la gente crea que estoy loco. He oído decir que lo estoy.

»Tengo miedo de que nadie quiera saber cuánto sufro... Y si alguien quiere saberlo, temo que no sea capaz de entender este dolor tan terrible...

Habló muchísimo de sus temores. Inmediatamente se me reveló un sorprendente descubrimiento. Cuando sentí compasión por él, fui capaz de perdonarlo. La tolerancia y la comprensión que sentí por él y por sus sufrimientos me ayudaron a estar total y sinceramente presente en sus momentos más exigentes y turbulentos.

Al mismo tiempo se me reveló otra cosa sorprendente. Reconocí que prestaba atención a mis propias ansiedades durante más rato. Se había activado un proceso paralelo. Cuando meditaba en mi propio malestar, me abría a la compasión por mí misma. Cuanto más tiempo podía soportar mis sentimientos, durante más tiempo podía reconocer el sufrimiento de Gary y acogerlo con cariño en lugar de quedarme paralizada en las potentes garras de la rabia.

Cada vez que perdono a alguien en mi lugar de trabajo, a un niño, a un padre, a una compañera, se abre una puerta. Al otro lado de esa puerta hay otra persona, generalmente ajena al ámbito de la clínica, alguien que ha tenido en mi vida una influencia más profunda, más honda y a veces más dolorosa e intensa.

Cuando reconozco a esa persona, la miro, me enfrento a ella, la escucho y, finalmente, la perdono en la imaginación, sólo entonces puedo comenzar a despojarme del fastidio, las críticas, la impaciencia, las proyecciones, las tensiones, la amargura, la rabia y el temor, y entrar directamente en mi corazón. Ahora expreso mis equivocaciones, mi dolor, mis necesidades insatisfechas, mi desdicha y mi tristeza. Necesito llorar y perdonarme. Tan pronto como perdono a alguien, del presente o del pasado, puedo vivir y trabajar con más paz y compasión. Puedo abrigar más esperanzas y continuar mis relaciones.

Programa de conocimiento, respeto y amor por uno mismo

Además de la necesidad de perdonar a los niños de una manera más constante y sincera, se hace cada vez más evidente que hemos llegado a un momento de la civilización en que es necesario que enseñemos explícitamente a los niños a reconocer sus emociones.

Un nuevo programa de conciencia emocional, parte del cual consistiría en analizar los principios del perdón, ayudaría de un modo natural a los niños a descubrirse, tomar conciencia de sí mismos, amarse y valorarse. La enseñanza de la conciencia emocional y del perdón, de manera explícita y sincera, les proporcionaría los medios para tomar conciencia de la riqueza y los valores que siempre llevan dentro. Los ayudaría a comprender y los capacitaría para enfrentarse al miedo, la rabia, el rechazo, el abandono y la aflicción. Les enseñaría a escuchar, colaborar, respetar y cuidar.

Cuando los niños tengan más conciencia de quiénes son de verdad, la sabiduría innata que hay en su corazón instintivamente tendrá un papel más importante en guiarlos en sus actos y en su relación consigo mismos, con los demás y con el planeta.

Todo corazón tiene una inteligencia profunda, y sólo cuando aprendemos a prestar atención, escuchar y reconocer esta inteligencia podemos ser felices, experimentar satisfacción y desarrollar nuestro intelecto hasta su más alto grado de capacidad. En lugar de ser un fin en sí misma, nuestra mente puede servirnos para ser ciudadanos felices, cariñosos, atentos y productivos. Pensemos sólo en cuántos académicos, médicos, abogados o escritores «brillantes» que conocemos (personalmente o de oídas) son desgraciados y se sienten profundamente insatisfechos de la vida. En su libro *New World, New Mind* [Un nuevo mundo, una nueva mente], Robert Ornstein y Paul Erlich afirman: «Necesitamos ser "instruidos" en disciplinas totalmente nuevas, como la estructura del pensamiento, en lugar de limitarnos a aprender la lista de los monarcas ingleses». Es hora de instruir en técnicas emocionales. Los hechos son sin duda necesarios, pero en cuanto cultura necesitamos responsabilizarnos de que

TERCERA PARTE

Perdonarse a uno mismo

9. Perdonarse a uno mismo:
Un fabuloso nacimiento

Perdonarse a uno mismo es probablemente el mayor desafío que podemos encontrar en la vida. En esencia, es el proceso de aprender a amarnos y aceptarnos a nosotros mismos «pase lo que pase». En el capítulo 6 definí el *amor* como ni más ni menos que la expresión sencilla, sincera y natural de nuestra integridad, la plena aceptación de nosotros mismos. Es el estado del ser que surge de la disposición a aceptar sin críticas la totalidad de quienes somos, con nuestros aparentes defectos y nuestra gloria innata. Amarse y perdonarse son esencialmente la misma cosa.

Suele haber una enorme resistencia a perdonarse a uno mismo, porque, como cualquier otro cambio importante, es una muerte. Muere el hábito de considerarnos pequeños e indignos, mueren la vergüenza, la culpa y la autocrítica. «Me avergüenzo de haber engordado tanto», «Siempre me sentiré culpable por no haberme despedido», «Dejaré de sentirme culpable si las cosas salen bien», «Me perdonaré cuando ella me perdone». ¿Cuántas veces nuestra disposición a amarnos y aceptarnos ha dependido de que las circunstancias sean distintas a como son? ¿Qué críticas de nosotros mismos tendríamos que dejar marchar para perdonarnos?

El objetivo del perdón es arrojar luz sobre los engaños, temores, juicios y críticas que nos han mantenido cautivos en el papel de nuestro propio carcelero. Es descubrir la opción de renunciar a ese despiadado trabajo para poder así nutrir toda la verdad de quienes somos.

Perdonarse a uno mismo es un fabuloso nacimiento. Es inherente en los momentos en que tenemos la experiencia directa de la compasión, el amor y la gloria de nuestro Yo superior más allá de toda definición.

Tipos de perdón a uno mismo

Hay muchos tipos de perdón según el plano en que se realice: existencial, cultural, ético, histórico, físico y espiritual.

Perdón existencial

En un plano existencial, perdonarnos a nosotros mismos requiere que volvamos a examinar nuestras creencias sobre la naturaleza de nuestro ser. ¿Hemos crecido creyendo que ser bueno es contrario a nuestra verdadera naturaleza y por lo tanto, tenemos que trabajar para lograrlo? ¿Se nos enseñó que, según la tradición cristiana, llegamos al mundo siendo pecadores, herederos del pecado original, culpables hasta que nuestro arrepentimiento nos haya redimido? Culpables hasta que se demuestre nuestra inocencia.

Para algunas personas, el concepto del pecado original es algo que se da por descontado, pero consideremos que en lugar del pecado original podría haber habido una bendición original. En su libro *Original Blessing* [Bendición original], el teólogo Matthew Fox hace notar que el concepto de «pecado original» se remonta a san Agustín, alrededor del año 354 de nuestra era. «Diecinueve mil millones de años antes de que hubiera pecado sobre la Tierra, había bendición.» Según Fox, las enseñanzas espirituales a lo largo de los tiempos apuntan a la idea de que «el pecado que se oculta tras todo pecado es el dualismo, es decir, la separación, las relaciones sujeto/objeto. [...] Consideremos cualquier pecado: la guerra, el robo, la violación. En cada uno de estos actos se trata al otro como a un objeto exterior a uno mismo. [...] Esto es lo que hay detrás de todo pecado». Esta separación de nuestro Yo hace que nos separemos de nuestra inteligencia creativa y de nuestra voluntad para el amor.

Cuando estamos separados de nuestro Yo, habitualmente perdidos en el temor, el mecanismo instintivo de supervivencia es proyectar esta separación hacia fuera, tratando de manipular las circunstancias para sentirnos seguros, dominantes y poderosos. Cuanto más activa es la búsqueda de estas condiciones externas a nosotros mismos, más impotentes, separados y culpables nos sentimos.

«Según una máxima jainista —continúa Fox—, aquel que vence este pecado [esta separación del Yo] vence todos los demás.» Si no estamos separados del Yo, experimentamos la bendición que es la vida y la inocencia y la santidad fundamentales innatas en nuestra naturaleza, al margen de lo que hayamos hecho en el pasado.

Perdón personal-cultural

En un plano personal-cultural, experimentamos la culpa según los valores, creencias y normas predominantes. Éstos dependen del entorno, el sexo, la clase social, la raza y el historial de educación religiosa, familiar y étnica. Una persona católica podría sentirse culpable por decidir divorciarse, aun cuando sepa que en esos momentos es la elección más sincera y amorosa. Si una persona se crió en un país en donde el hambre era cosa corriente, o siempre se le decía que «hay niños que mueren de hambre», tal vez se sienta culpable cada vez que deja algo sin comer en el plato. Si creció en un ambiente de ética laboral puritana, es posible que no sea capaz de relajarse ni de disfrutar de sus momentos de ocio. Si se le enseñó que la sexualidad es algo puramente funcional, tal vez se sienta culpable de experimentar un gran placer sensorial cuando hace el amor. Es posible que los supervivientes del Holocausto sufran de un sentimiento de culpabilidad crónico por haber sobrevivido.

Muchas personas pobres a menudo suelen ir por la vida sintiéndose culpables de su pobreza, pensando: «Algo malo debe de haber en mí, ya que soy pobre». Muchas personas ricas tal vez se sienten culpables e incómodas por tener más dinero que los demás.

Hay muchas otras personas que se sienten culpables porque aún no han conseguido algo. En este caso los criterios sociales fomentan la creencia de que uno debería conseguir más y vivir en mejores condiciones. Por mucho que se logre, nunca se considera suficiente. «Ya debería haber escrito un libro», «Ya tendría que ser vicepresidente de la empresa», «Ya debería estar ganando un millón de euros al año», «Ya tendría que haberme casado y tener dos hijos». Perdonarnos a nosotros mismos nos libera de este aferramiento a creencias culturales arbitrarias que disminuyen la validez de nuestra vida, que es única y especial.

Todos estos planos tienen fronteras porosas, por así decirlo, que se funden unas en otras.

Perdón personal-histórico

El perdón en el plano personal-histórico es probablemente el más difícil. Es a la vez el más sutil y el más tosco, el más oculto y el más visible. En este plano, perdonar nos exige examinar creencias sobre nosotros mismos que fueron establecidas hace mucho tiempo y que en el presente nos imposibilitan creer que somos inocentes, buenos, inteligentes, respetables y válidos, y que merecemos ser amados, creencias que son fundamentales e innatas. Este problema tiene sus raíces en la infancia, de manera que el perdón en este plano significa la curación de las culpas y vergüenzas del pasado, que no son nada sanas.

Perdón personal-ético

En el plano personal-ético, es posible que necesitemos perdonarnos por haber hecho cosas que consideramos malas, como pueden ser engañar, mentir o robar, algo que nuestra conciencia o nuestro conocimiento más profundo nos dice que es una falta de honestidad e integridad.

El sentimiento de culpabilidad

La culpa puede ser muy sana. Si evadimos la responsabilidad de algo que afecta negativamente a otras personas, la culpa puede ser una valiosa señal para que despertemos y pongamos atención. Esto es sano cuando se aprovecha como una oportunidad de recuperar el poder y la responsabilidad para actuar con integridad. El sentimiento de culpabilidad sano nos impone límites que nos indican si nuestra conducta y nuestras motivaciones son correctas o inapropiadas, sensibles o insensibles, íntegras o no. Según el teórico de la personalidad Erik Erickson, desarrollamos este sentimiento de culpa sano, que guía nuestra conciencia, alrededor de los tres años. El estado resultante de no haber interiorizado ningún código moral, de no haber desarrollado o haber reprimido totalmente ese sentimiento sano de culpa y vergüenza, es lo que se identifica como sociopatía o psicopatía.

Cuando uno siente esta culpa sana pero no le hace caso, y después de pasados meses o años se ve sumido en sentimientos de culpabilidad por decisiones tomadas mucho tiempo atrás, esa misma culpa ya no es sana. En este caso es el ego, que, bajo la forma de la autocrítica, actúa como un ladrón que nos roba el presente y nos mantiene atados al pasado y asustados con respecto al futuro. La idea de que somos malos o estamos equivocados nos atormenta una y otra vez. Es la muerte segura de la autoestima. Si estamos dominados por la culpa, es imposible que sintamos compasión por nosotros mismos, aun cuando en nuestro interior estén latentes la amabilidad y la compasión. Al perdonarnos, éstas despiertan y nos liberamos de las tiranas garras del ego. Entonces llegamos a aceptar que nuestros errores han sido reacciones de temor e intentos confusos de recuperar el poder o el amor de que nos creíamos privados.

Si no participamos en el proceso de perdonarnos a nosotros mismos, y continuamos sometidos a estos señores de la guerra, la culpa nos causará problemas de una manera u otra.

Un aspecto insidioso de la culpa es que, en lugar de estimularnos a sanar y a cambiar de manera positiva, nos puede crear un círculo vicioso. Inconscientemente el yo «culpable» exige castigo por lo que ha hecho, y entonces dicta sentencia bajo la forma de infelicidad, depresión, un sentimiento crónico de indignidad, o incluso una enfermedad mental o física. Por ejemplo, un presidiario que no ha sido rehabilitado (y perdonarse es un aspecto esencial de la rehabilitación) suele cometer otro delito tan pronto como sale en libertad. Es una manera inconsciente de castigarse debido a la profunda culpa que aún siente.

Además de volverse hacia dentro, la culpa también puede proyectarse hacia fuera, en forma de rabia y resentimiento crónicos contra los demás. La proyección crónica de la culpa proporciona una visión estática del mundo como un lugar hostil e injusto. El teólogo Paul Tillich manifiesta de modo muy elocuente: «En lenguaje metafórico, deseo decir a aquellas personas que sienten profundamente su hostilidad hacia la vida: La vida te acepta; la vida te ama como una parte separada de ella; la vida desea reunirte con ella, aunque tengas la impresión de que te destruye».

Igual como ocurre al perdonar a los demás, perdonarse a uno mismo no significa justificar un comportamiento no íntegro y dañino para uno mismo o para otras personas. Tampoco supone que uno no sienta remordimientos por el pasado. En realidad, el hecho de sentir un profundo remordimiento por el dolor causado forma parte del proceso de curación. El remordimiento puede durar toda la vida cuando se piensa en cierta persona o en determinado incidente. Pero si hemos de avanzar, ese remordimiento no puede seguir siendo una fuerza emocional predominante. Si continúa dominando nuestra vida mucho tiempo después de que el incidente que lo causó haya pasado, es necesario encontrar la manera de salir a flote en el océano de la misericordia y la compasión.

Historia de George

George es un recluso que lleva treinta años en la cárcel.

Soy una persona que cometió un delito contra otra persona. No siento amargura ni rabia por estar encerrado porque sé que soy culpable y merezco castigo. No sólo me siento culpable, sino que también siento remordimientos y vergüenza por haberle hecho daño a otra persona. Me di cuenta de que mi conducta había afectado a muchísimas personas, no sólo a la víctima, sino también a sus familiares y amigos, y a mis familiares y amigos, además de a mí mismo. Por primera vez en mi vida sentí deseos de suicidarme, sentí que no merecía vivir, que no era nada. No tuve el valor de hacerlo, de manera que tuve que enfrentarme a mis sentimientos de valía personal. En ese tiempo yo lo consideraba valentía, pero ahora he comprendido que el suicidio habría sido una manera cobarde de evitar enfrentarme a mis sentimientos.

Traté de trabajar mucho para cuidar de las personas que me amaban. Eso me dio una sensación de valor y de respeto por mí mismo. Fue el punto de partida para reconstruir mi poca autoestima. Durante este tiempo he estado sometido a diversas formas de terapia, y he analizado mis relaciones y mis sentimientos. He escudriñado todos los aspectos de mi vida. Lo he hecho una y otra vez con el fin de encontrar las respuestas que aliviaran mi sensación de intranquilidad e inestabilidad interior.

Cuando ya estaba en la cárcel, y debido a unos trámites que tuve que hacer, conocí a una persona que se convirtió en una amistad muy querida para mí hasta el momento presente. Algunos años más tarde, un día en que esta amiga vino a visitarme y estábamos conversando, intercambiando ideas y sentimientos, ella me dijo de pronto:

—Has trabajado muchísimo y has hecho muchos cambios en tu vida. Eres una buena persona, eres mi amigo, de manera que necesito decirte esto: «Perdónate».

Me lo repitió varias veces para asegurarse de que la había escuchado.

Oír esa palabra fue el verdadero comienzo de mi vida. Fue el inicio de una especie de cambio que jamás había creído posible. Mientras escribo esto, me corren lágrimas de felicidad y amor, de gratitud por una palabra que nadie me había dicho jamás antes: «Perdónate». Era la palabra que necesitaba oír, sentir y poner en práctica en mi vida, junto con todo el otro trabajo terapéutico, para sentirme sereno interiormente.

Toda la verdad

Al igual que el perdón a los demás, perdonarse de verdad requiere una total sinceridad con uno mismo. Así como podemos reprimir la rabia y dar la impresión de haber perdonado a alguien cuando en realidad no lo hemos hecho, también podemos negar la culpa, engañándonos y haciéndonos creer que todo está bien. Esa negación mantiene en la oscuridad algunos aspectos de nosotros mismos, de manera que para sanar totalmente y experimentar la paz y la liberación que ofrece el perdón, hemos de hacer brillar la luz de la verdad y la compasión sobre cada rincón oscuro de nuestra psique.

Se requiere valor para reconocer toda la verdad de nuestra experiencia, para aceptar el miedo, la humillación, la vergüenza, la tristeza, el desprecio y el odio por nosotros mismos, además de los actos, pensamientos y sentimientos que una parte de nosotros preferiría reprimir y evitar. Si en el proceso de hacer salir a la luz de la conciencia toda la verdad de nuestros actos, sentimientos y pensamientos, permitimos que quien domine el centro del escenario sea el despreciativo ego, éste es capaz de impedir el proceso. Es posible que acabemos dolidos, asustados y humillados. El ego puede actuar como un juez interior que nos considera malos, estúpidos o culpables antes de que podamos siquiera exponer nuestro caso. Pero si permitimos que sea nuestro Yo el que ocupe el lugar que le corresponde en el centro del escenario, el veredicto será nuestra inocencia fundamental. Los actos, sentimientos, juicios, terrores y temores pasados serán recibidos con compasión, y aprenderemos y creceremos con estas experiencias, al mismo tiempo que sentimos la fuerza y el estímulo que necesitamos para continuar con pie firme el proceso de perdonarnos y sanarnos a nosotros mismos. La aceptación, libre de críticas, de nuestros pensamientos y sentimientos más íntimos nos orientará por el camino del autoconocimiento y el amor por nosotros mismos.

Pausa y reflexión

Recuerda una situación en la que te sentiste culpable. Reflexiona durante unos minutos sobre la causa de tu comportamiento. ¿Qué aprendiste (o puedes aprender ahora) de esa experiencia? Con esta nueva conciencia, ¿cómo podrías actuar de otra manera si te encontraras en una situación similar en el futuro?

Perdonarnos a nosotros mismos es el proceso de: 1) reconocer la verdad; 2) asumir la responsabilidad de lo que hemos hecho; 3) aprender de la experiencia reconociendo los sentimientos más profundos que motivaron ese comportamiento y los pensamientos que hacen que nos sintamos culpables y continuemos juzgándonos; 4) abrirnos el corazón a nosotros mismos y escuchar compasivamente los temores y las peticiones de ayuda y valoración que hay en el interior; 5) cicatrizar las heridas emocionales atendiendo a esas peticiones de maneras sanas, amorosas y responsables, y 6) poniéndonos del lado del Yo y afirmando nuestra inocencia fundamental. Puede que seamos culpables de un comportamiento determinado, pero nuestro Yo esencial es siempre inocente y digno de amor.

Repitamos una y otra vez la regla de oro del perdón: «Sé amable contigo». Si a pesar de haber repetido mil veces estas palabras nos siguen pareciendo huecas, volvamos a hacerlo, una y otra vez. Confiemos en que su significado va a echar raíz y tengamos la seguridad de que su fruto será espléndido.

Carta de Paul

Paul fue encarcelado por haber abusado sexualmente de su hija. Después de reflexionar mucho, le escribió la siguiente carta a su ex mujer, ayudado por las sesiones de terapia individual y de grupo a las que había asistido en la cárcel. Éste es un conmovedor ejemplo de cómo el perdón no es sólo el proceso superficial de decir: «Sí, he hecho esto y lo otro y ahora me perdono». Perdonarse verdaderamente a uno mismo requiere mirarse en profundidad y con sinceridad, y no todo el mundo está dispuesto a hacerlo o preparado para ello, o posee la orientación y la seguridad necesarias para lograrlo.

Querida Mary:

La carta que vas a leer es mi historia personal. Tengo sentimientos encontrados con respecto a dejarte entrar en mi negro pasado. Valoro muchísimo tu opinión, tu amistad y tu amor. ¡Estoy tan asustado! Me avergüenzo mucho de mi pasado y me siento muy vulnerable, pero sé que si quiero hacerte comprender por qué actué de esa manera, *debo* decírtelo.

Como sabes, mi familia no era pobre, no nos faltaban cosas materiales. Tuve mucha ropa y muchos juguetes, pero era pobre en un importante aspecto de mi vida... en el amor. Mary, tú has visto cómo es mi familia. No expresan el amor. Tratan de comprarlo. Bueno, desde que yo los conozco han sido así.

Tengo algunos recuerdos de cuando era niño y la mayoría de ellos sólo me causan dolor. Mis primeros recuerdos son de haber estado atado a un árbol mientras mi madre limpiaba la casa. La casa *tenía* que estar bien limpia, importaba más que yo. Cuando tenía 7 u 8 años mi padre me estaba persiguiendo y yo me metí debajo de su camioneta. Me corté en la espalda y empecé a sangrar como un cerdo herido. Fui corriendo hacia mi madre, que estaba tendiendo la colada, y ella me dijo: «No me vengas a mí con llantos». No tuvo la más mínima compasión.

Recuerdo otra ocasión en que, pensando que me perdonaría, fui y le dije que había dicho palabrotas y que lo lamentaba. Ahí mismo me bajó los pantalones y me propinó unos buenos azotes. Lo más terrible de esto fue que estaba fuera con algunos chicos del vecindario cuando se lo dije. Durante meses fui el hazmerreír del barrio.

Cuando tenía 8 o 9 años, como todos los niños, jugaba con cerillas. Un día nos sorprendieron a mí y a David encendiendo cerillas. La madre de David lo reprendió con unos cuantos gritos. La mía encendió la estufa eléctrica y me puso la mano sobre ella hasta que me salió *humo* de los dedos. Odié a David por haberse librado con tanta facilidad.

Después están los recuerdos de faltar a la escuela porque me habían azotado y estaba lleno de morados e hinchazones. Una vez, el domingo después de Acción de Gracias, mis padres fueron a visitar a los abuelos. Yo me quedé a cargo de mis hermanos pequeños. Cuando regresaron a casa sonó el teléfono. La operadora dijo que alguien había estado haciendo llamadas desde ese número para decir obscenidades. Papá preguntó quién de nosotros había sido y, no sé por qué, yo me eché a reír. Eso fue suficiente. Recuerdo que intenté escapar. Él me agarró por el cabello y literalmente me tiró encima de la mesa del comedor. No es necesario decir que falté a la escuela un par de días. Hoy todavía no sé si alguno de mis hermanos había estado haciendo esas llamadas.

De todo el tiempo que estuve en la escuela, la única vez que falté a clase por enfermedad fue cuando tuve las paperas; las demás veces era por «follones», como decían mis padres.

Todo lo que recuerdo de mi vida en casa es sufrimiento. Cuando tenía unos 9 años, un chico que vivía en la misma calle y estaba en la escuela superior comenzó a hacerse amigo mío. Hacía que le acariciara el sexo y me manoseaba, pero yo no creía que eso fuera malo; le estaba agradecido porque me prestaba atención, y yo pensaba que eso era amor.

Mary, ahora viene una parte todavía más difícil. Cuando yo tenía unos once años, venía a cuidarnos una prima a la que no voy a nombrar. Era bastante mayor que yo; debía de tener unos diecinueve años. Fue mi primera amante. Al principio hacía que le acariciara los pechos y se los chupara. Recuerdo que me acariciaba la cabeza mientras yo estaba echado en su regazo. La relación duró casi cuatro años. Al final tuvimos relaciones sexuales completas. Ella vivía al lado de mi casa, de manera que todo resultaba muy fácil. Además de la relación sexual, también teníamos una relación madre-hijo. Ella se convirtió en la madre que nunca tuve. Sabía cuándo estaba castigado y venía a verme por la noche.

Ahora me doy cuenta de que siempre que tuve una novia trataba de que su familia me adoptara. También veo que tenía que hacer algo físico para sentir que comunicaba mis sentimientos. Mary, ¿recuerdas todo el tiempo que me pasaba en tu casa? Eso se debía a que tu familia significaba mucho para mí. La verdad es que no soy capaz de expresar mis sentimientos, pero sinceramente puedo decir que me sentí mucho más próximo a tu familia durante el corto tiempo que formé parte de ella de lo que nunca estuve de mi propia familia.

Ya sabes cómo nos asustamos los dos cuando te quedaste embarazada. Recuerdo que tu madre adivinó que lo estabas y aunque se enfadó muchísimo trató de ser comprensiva. También recuerdo la reacción de mi familia. No necesito decir que jamás recibí el menor apoyo de ellos y que los odié por eso. Me hicieron un montón de regalos pero nunca me dieron ni un gramo de apoyo.

¡Deseaba tanto que nuestro matrimonio funcionara bien! Quería ser un buen marido y que mi hija recibiera lo mejor. Más que nada deseaba que *supiera* que era amada. Ahora que miro hacia atrás, veo que quería darle algo de lo que yo no sabía nada: *amor*.

En el transcurso de nuestra vida matrimonial, como ya sabes, me ponía violento y te golpeaba. Después pedía disculpas. Estaba tan trastornado... no sabía comunicar mi rabia o mi desilusión ante determinadas situaciones y entonces golpeaba físicamente. No sabía entonces que estaba haciendo mía la actitud violenta de mis padres. «¡No voy a permitir que ocurra eso!», me decía, y pedía perdón por todo, aunque en mi interior no me arrepentía. Simplemente no sabía cómo hablar de ello.

Ahora viene la parte más terrible... al menos para mí. Por favor, comprende que esto me ha estado destrozando durante años.

Cuando nos trasladamos a la casa de tu madre, yo estaba sumido en la depresión. Veía que el único mundo en el que encajaba se venía abajo lentamente. Entonces llegó la noche que inició la caída. No recuerdo dónde estabas tú, pero Joann [la hija de Paul] hizo algo que me obligó a darle un cachete. *¡Le pegué!*

En unos segundos sentí que todo mi mundo se derrumbaba. La familia de la que formaba parte ya no me aceptaba. No fui capaz de arreglármelas con el rechazo y la pérdida, de admitir que os había perdido a ti y a la familia. Después de golpearla no supe qué hacer para decirle: «Te quiero». Volví hacia atrás, a lo que se me había enseñado, que amar era tocar. De manera que me llevé a Jo a la parte de atrás y traté de demostrarle que la quería y que lo sentía de la única manera que sabía. Después de manosearla, la llevé a un McDonalds para comprarle algo, para *comprar* su amor, igual como habían hecho siempre mis padres conmigo.

No sé cómo decirte lo avergonzado que me siento. Sólo cuando me di cuenta de cómo me veían los demás comprendí lo sucio y asqueroso que era lo que había hecho. Lo que hice fue tratar de demostrarle al amor de mi vida el más puro amor que conocía. No era mi intención ser desagradable ni asqueroso; para mí era decirle: «Joann, te quiero, ¡créeme!».

He necesitado casi dos años para ser capaz de enfrentarme a mí mismo y decir que no *todo* fue culpa mía y que alguien colaboró en que fuera de esta manera. No sé si alguna vez seré capaz de perdonarme por lo que le hice a Joann. Comprendo que me estoy jugando mucho al decirte todo esto sobre mí. No sé cómo vas a reaccionar. ¿Servirá esto para que me comprendas, para que me veas como a un hombre que os ama muchísimo a ti y a Joann y que está tratando de encontrar una manera de que lo comprendan y (si es posible) lo perdonen?

Mary, tengo miedo. No sé si vas a volver a hablarme después de leer esto. Me siento como si me hubiera desgarrado el pecho y te hubiera mostrado todas mis cicatrices y mi fealdad, parado aquí esperando a ver si chillas porque te parezco repugnante o puedes ver en mí al hombre que trata de sanar. Os amo a las dos, pero nunca supe cómo decíroslo. Por favor, escúchame: siento muchísimo todo el sufrimiento que he causado. Lo único que deseo es la oportunidad de reparar el daño.

Desde que estoy en la cárcel he aprendido mucho sobre mí mismo. Reconozco y admito lo que siento, no lo niego ni me lo oculto, soy sincero conmigo mismo. He adquirido ese extraño sentimiento llamado autoestima. Antes no creía en mí mismo. Mi opinión no importaba nada. Ahora me quiero. No tengo miedo de decir lo que pienso. Me he encontrado. He hallado y destruido al animal y he salvado al hombre. De ti depende ver o no ver a ese hombre... Depende de ti.

La historia de Paul ilustra la valentía que se requiere para ser sincero, para pedir perdón y perdonar. Él se pregunta: «¿Cómo acaba la historia de una persona que hace esta opción?». Y la respuesta es: «Con la salvación del hombre». Perdonarnos a nosotros mismos y a los demás es una opción que cada uno de nosotros debe asumir individualmente. La verdad de fondo es: «Depende de ti».

Conclusión y cierre

Cuando nos pongamos del lado de nuestro Yo y descubramos la inocencia básica de nuestra verdadera naturaleza, tenderemos a vivir con sinceridad e integridad. Desearemos cerrar o concluir todo asunto no acabado del pasado y hacer las paces activamente cuando sea posible y conveniente hacerlo.

Todo perdón supone cierta conclusión, que significa poner fin a los problemas, sanar, olvidar. Si tenemos asuntos inconclusos, cada vez que pensemos en una persona o circunstancia determinada surgirán el conflicto y la intranquilidad interiores. ¿Te enfadas automáticamente o te sientes culpable cuando piensas en ciertas personas o circunstancias? Éste es un modo seguro de saber si quedan problemas no resueltos.

Hay muchas maneras de fomentar la conclusión en las relaciones: disculparse, pedir perdón, confesar o decir la verdad sobre lo que ha trascendido, o hacer una especie de penitencia. A veces, la conclusión llega simplemente mirándonos a nosotros mismos y a los demás bajo la luz de una nueva comprensión; entonces, lo que antes era molesto ya no vuelve a molestar.

Puede ser que perdonarnos a nosotros mismos y perdonar a los demás no nos exija hacer o decir algo además del proceso interior de liberación. Tal vez haya ocasiones en que pensemos: «Necesito hablar con X para aclarar las cosas», pero la otra persona no tenga ningún interés en hablar. Para no quedarnos atascados en el pasado, lo que necesitamos hacer ha de ser templado por lo que es posible hacer. Hay veces en que es mejor no hablar. Un problema que hay que tener presente, sin embargo, es no escoger el silencio a modo de escape, para evitar afrontar la verdad con otra persona porque parece terrible, cuando la opción de hablar sinceramente es la que tiene más probabilidades de ser la curativa.

Disculparse. En muchos casos, la mejor manera de abordar a una persona a la que hemos hecho daño o hemos tratado con insensibilidad es reconocer la verdad francamente y pedirle disculpas. Algunas personas sienten alivio y acogen con gusto la oportunidad de sanar la relación. Eso no significa necesariamente que uno o la otra persona vaya a reanudar una relación activa. Pero sí quiere decir que uno comienza a descargarse de un pasado doloroso.

Disculparse puede ser muy liberador, *pero sólo* cuando se hace de corazón y sin expectativas. Esperar que la disculpa sea aceptada con alegría es predisponerse a enfadarse si no es así. Recordemos que, pese a las disculpas, el verdadero remordimiento y los cambios positivos de comportamiento, como dejar de hacer las cosas que provocaron la rabia, es posible que la otra persona no esté todavía preparada para perdonar o dispuesta a hacerlo. Es importante tener cuidado de no imponer la necesidad de conclusión a alguien que no la desea. También lo es no permitir que la rabia o el temor de otra persona atice el fuego de la propia culpa. No permitamos que el perdón de nosotros mismos dependa de la disposición a perdonarnos de otra persona, que quizá se aferre a la rabia porque obtiene algo que aún no está dispuesta a dejar marchar. Puede ser que le resulte demasiado terrible o doloroso dejar marchar la rabia, que tal vez en ese momento sea una parte importante de su propio proceso de curación.

Aceptemos que los demás estén donde están. Respetemos su derecho a sentir de la manera que sienten. Sólo así nos podremos perdonar a nosotros mismos. Evidentemente, podemos desear que esa persona nos perdone y reaccione de otra manera, pero limitémonos a reconocer el deseo y ya está. Cuando nos quedamos atrapados en el deseo de que otra persona cambie, nos separamos de nuestro Yo y volvemos a sentir rabia y culpa.

Escribir. Otra manera útil de favorecer el proceso de conclusión es escribir una carta de disculpa o en la que simplemente se exprese la propia verdad. Puede haber muchas cosas que deseemos decir a la otra persona. Escribir es una forma muy efectiva de clarificar los pensamientos y sentimientos. Podemos hacerlo con la intención de enviar la carta, u optar por no enviarla, aunque la persona esté viva y sepamos dónde vive, si presentimos que aún no está en disposición de escuchar. Puede que nos sintamos culpables y estemos arrepentidos pero enviar la carta podría comprometer a una tercera persona, por ejemplo un hombre que le escriba una carta a otro para pedirle disculpas por haberse acostado con su mujer una vez, cuando ésta había decidido no decirle nada. Aun cuando rompamos la carta o no la enviemos nunca, el hecho de poner por escrito nuestros sentimientos y pensamientos puede hacernos avanzar mucho en el camino de la curación.

Visualización. También la visualización puede ayudar en el proceso de conclusión. Podemos tomarnos algunos minutos cada día, abrazar con cariño a esa persona dentro del corazón y pedirle perdón. Hemos de tratar de perdonarnos a nosotros mismos aunque sintamos que esa persona aún sigue enfadada.

Penitencia. Otra manera de conseguir la conclusión es la penitencia, es decir, el acto, nacido del cariño, de dar con el sincero deseo de hacer las paces. No porque sintamos que somos pecadores y creamos que el hecho de dar nos redime el pecado y nos hace merecedores de que los demás nos amen y perdonen. Ya somos dignos de amor y de perdón. La penitencia puede ser útil cuando la otra persona no está trabajando activamente en la curación.

Mi amiga Sue se dio cuenta de que cuando era niña le había hecho la vida imposible a su hermana Gina, que era muy sensible y vulnerable, pero esto Sue entonces no lo comprendía. No era su intención molestar a su hermana, pero de hecho Gina se sentía amenazada y maltratada por su comportamiento. Ya adulta, Sue trató de explicarle a su hermana que lo sentía, que no había sido su intención hacerla sufrir, pero sus explicaciones no surtieron efecto en Gina, que era propensa a ser emocionalmente inestable. Al principio Sue se sintió frustrada por la falta de reacción de su hermana. Lo que decidió hacer entonces, lo cual era una especie de penitencia, fue poner todo su esmero en tratar a su hermana con mucha amabilidad, comprensión y compasión. Al hacerlo, finalmente se perdonó a sí misma y se liberó del sentimiento de culpabilidad. A pesar de que Gina no la había perdonado, Sue dejó de sentirse atascada en el pasado. Al ofrecer amor, compasión y amabilidad a su hermana, fue capaz de ofrecerse estos mismos sentimientos a sí misma.

Otro ejemplo es el de Gary. Se sentía muy culpable por haber tratado con insensibilidad a su mujer durante los últimos meses. Le pidió disculpas con toda sinceridad, pero ella no quiso aceptarlas de un modo que lo hiciera sentir mejor. Su terapeuta le sugirió que tal vez podría encontrar la manera de hacer algo por su mujer, un acto o gesto que le demostrara su amor y su interés. Gary siguió el consejo, mostrándose muy servicial en las tareas domésticas y ofreciéndole un aprecio y un afecto sinceros. Aunque su mujer eligió no reconocer sus actos, él se sintió más capaz de perdonarse y de liberarse de sus autocríticas.

Dar de corazón es siempre curativo, aun cuando no se obtenga respuesta de la otra persona.

Confesión. Confesarle a otra persona las cosas de las que nos sentimos culpables puede ser una parte importantísima en el proceso de perdonarnos a nosotros mismos. El quinto paso del Programa de Doce Pasos de Alcohólicos Anónimos dice: «Confesamos ante Dios, ante nosotros mismos y ante otro ser humano la naturaleza exacta de nuestros errores». Al reconocer ante otra persona nuestros errores y transgresiones, apoyamos activamente el proceso de liberación. Al hablar de las cosas acerca de las cuales nos sentimos mal con alguien amable y compasivo, nos quitamos de encima la pesada carga de la culpa. Decir toda la verdad puede ser un proceso aterrador que nos vuelve vulnerables y nos expone al rechazo. Sin embargo, el temor de hacer partícipe a otra persona de nuestra más oscura verdad suele disolverse, pues al decirla es reemplazado por el alivio. Hablar del dolor, la culpa y la vergüenza con una persona de confianza es renunciar a ser el poseedor único de esos sentimientos. Descubrimos que seguimos siendo aceptables y así creamos más espacio en el corazón para nosotros mismos.

La vergüenza tóxica

Perdonarnos a nosotros mismos requiere dar un paso atrás y mirar con objetividad y sinceridad a las personas y circunstancias que influyeron en nuestros pensamientos y sentimientos sobre nosotros mismos. Exige que reconozcamos que algunas de las personas que más influyeron en nuestro desarrollo emocional e intelectual tal vez no conocían la realidad del perdón. Debido al temor, la separación y la ignorancia, quizá nos transmitieron mensajes fundamentalmente falsos y neuróticos sobre quiénes somos, de qué somos capaces y qué merecemos.

Para sanar hemos de reconocer esas influencias de manera que dejemos de rechazarnos y de pensar que deberíamos ser mejores, distintos o, lo que es peor, que no deberíamos ser en absoluto. Existe una insidiosa y arraigada confusión entre «Cometí un error» y «Soy un error», o entre «Hice algo malo» y «Soy una mala persona». Esta manera de sentir y de pensar es consecuencia de lo que John Bradshaw llama «vergüenza tóxica» en su libro *Healing the Shame that Binds You* [Curación de la vergüenza que nos ata].

La vergüenza tóxica es claramente diferente de la vergüenza pasajera que todos sentimos en circunstancias embarazosas o cuando de pronto quedamos mal parados en una situación. La vergüenza tóxica no es un estado que pase rápidamente sino más bien una identidad fijada, resultante del rechazo, los malos tratos y el abandono a una edad muy temprana. En este caso, los cuidadores principales están tan alterados, dolidos y necesitados emocionalmente que no les queda cariño, amor ni seguridad para ofrecer, y entonces hay muy poco o ningún espacio para las necesidades emocionales del niño, que siente que jamás será capaz de satisfacer los deseos y expectativas del adulto y saca inconscientemente esta conclusión: «Soy un ser humano defectuoso». Esta vergüenza y esta culpa nada sanas, la doctora Joan Borysenko dice que son un caso de «identificación errónea».

En el niño se entremezclan la vergüenza y la culpa no sanas. Cuando no se ven satisfechas las primeras necesidades de aceptación, aprobación y amor, se experimenta la vida con un sentimiento soterrado de incapacidad básica.

Pausa y reflexión

Reflexiona sobre tu infancia. ¿Te suena alguno de los siguientes mensajes?: «No expreses tus verdaderos sentimientos», «No me preocupa lo que sientes ni lo que piensas», «Haz lo que te digo», «¿Es que eres imbécil?», «No se puede confiar en ti», «No me molestes», «Quítate de ahí que estorbas», «¿Y qué te pasa ahora?», «Eso no está bien», «¿Es que no sabes hacer nada bien?», «Siempre se pueden hacer mejor las cosas», «No me decepciones», «Sólo te quiero cuando ....»

....

¿Recuerdas haberte sentido repetidamente culpable por no ser capaz, por relajarte, por hacer lo que sinceramente creías que estaba bien, por disfrutar de la vida y ser feliz, o por no serlo?

¿Qué tenías que hacer o cómo tenías que ser para que te amaran y aceptaran las personas importantes de tu vida? ¿Cuáles eran los «Haz» y «No hagas» necesarios para conseguir amor y aceptación?

Es esencial tomar conciencia de los mensajes que nos generaron culpa y vergüenza para liberarnos de las reacciones emotivas y de comportamiento que ahora nos provocan. En su excepcional libro *Guilt Is the Teacher, Love Is the Lesson* [La culpa es la maestra, el amor es la lección], la doctora Borysenko presenta una lista de las frases que indican una vergüenza y una culpa no sanas en el adulto. Éstas son algunas de ellas: «Soy una persona demasiado entregada», «Yo sí que sé lo que es preocuparse», «No puedo dejar de ayudar», «Siempre estoy pidiendo disculpas», «Suelo despertarme sintiendo una angustia que a veces me dura días o semanas», «Siempre me echo la culpa de todo», «Me preocupa lo que la gente piense de mí», «No soy tan capaz como creen algunas personas», «Soy muy perfeccionista», «Detesto aceptar y pedir ayuda», «No sé decir que no».

Una vez que se toma conciencia de cuáles han sido los mensajes que en el pasado nos transmitieron temor, conflicto, culpa y vergüenza, es más fácil reconocer en el presente cuándo reaccionamos de maneras impregnadas de esa vieja culpa ante mensajes similares. Perdonarnos en este plano es el proceso de descubrir, reconocer y sanar lo que aprendimos sobre nosotros mismos en relación con las siguientes verdades básicas:

La verdad es: eras y eres una persona digna de amor. Tal vez algunos de tus actos no hayan sido o no sean dignos de amor, pero tú sí lo eres. Haz una pausa y reflexiona: ¿Qué aprendiste sobre el amor que merecías cuando estabas creciendo? ¿Qué crees ahora?

La verdad es: eres inocente. Tal vez eres culpable de ciertos actos. Sin embargo, en tu interior, en tu esencia, eres fundamentalmente inocente, una buena persona. Quizás aprendiste a sentirte culpable de cosas que ni siquiera podrías controlar. Tal vez experimentaste malos tratos físicos o abusos sexuales, en situaciones de alcoholismo u otras, que aun siendo niño sabías instintivamente que «no eran correctas», pero que no podías cambiar. Todo niño que se ha criado en un hogar donde había este tipo de problemas se ha sentido responsable de cosas de las que no podía serlo, y ha conocido la impotencia, la vergüenza y la culpa consiguientes.

¿Ibas (o vas) por la vida sintiéndote culpable o pensando que eres una mala persona por cosas que te ocurrieron o sucedieron a tu alrededor en tu infancia?

La verdad es: siempre eres una persona digna de amor, de respeto y aceptación. ¿Creciste creyendo que los demás te amaban, te respetaban y te aceptaban, incluso aunque no «hicieras» nada especial? ¿O aprendiste que el amor, el respeto y la aceptación eran condicionales, que dependían de cómo actuaras o te comportaras?

Es posible que al menos algunas de las personas que más influyeron en tu desarrollo emocional y mental hayan desconocido y por lo tanto no reconocido la verdad sobre ti. En este caso, aquellos en quienes creías y de quienes más dependías ahogaron en ti la experiencia de la inocencia y la belleza, y la de ser una persona digna de amor. Y, como he dicho anteriormente, para complicar aún más las cosas, estas verdades eran desconocidas en nuestra cultura y lo siguen siendo.

La verdad es: ya se te ha perdonado. Ya eres inocente y una persona digna de amor y respeto. «Lo queramos o no, estamos perdonados», afirma el padre Thomas Hopko, que es teólogo. Estamos perdonados en virtud del hecho de que nuestro ser está arraigado en el Yo, en el amor, en la sabiduría, en la belleza, en la inocencia y en lo divino. Pero estamos condicionados por nuestro pasado personal y la conciencia colectiva; además, tenemos libre albedrío, y por lo tanto la capacidad de rechazar nuestra naturaleza, a nuestro Yo, nuestra capacidad de felicidad y, en consecuencia, de elegir vivir cautivos del pasado y de los yos pequeños y separados en los que se basa nuestra experiencia del temor, la indignidad, la vergüenza, la crítica y la culpa. El perdón de nosotros mismos se hace realidad desenmarañando el sistema de pensamiento en el que se basan el rechazo y el engaño de nosotros mismos y poniéndonos del lado de la inocencia y la belleza fundamentales de quienes somos y hemos sido siempre.

Esto es la inocencia, la belleza y la fuerza de nuestra naturaleza esencial, y la realidad espiritual que está despierta y nos acoge cuando nos hacemos el regalo del perdón.

Puede sernos muy útil trabajar con una afirmación como ésta: «Ahora acepto ser más consciente cuando siento culpa o vergüenza». Entonces, cuando adviertas que te sientes así, haz una pausa. Presta atención a lo que estás pensando y sintiendo. Sigue el sentimiento hacia atrás, hasta el momento en que aprendiste a sentirlo. Respira y recuérdate: «Ahora tengo la opción de reaccionar ante la situación presente con conocimiento y con una nueva claridad». También recuérdate: «En lugar de eso, ahora puedo elegir aceptarme y amarme».

Curación de heridas emocionales del pasado

Cuando en la infancia se han recibido muchos mensajes negativos y uno siente que aún no se acepta a sí mismo y que carece de seguridad emocional, se pueden hacer varias cosas muy efectivas para facilitar la curación. Algunas de ellas ya las mencioné en el capítulo 4, en donde analicé la importancia de acceder al dolor emocional, aceptarlo y liberarlo. Además de éstas, hay otras dos importantes maneras de curar las heridas emocionales: entablar relaciones con otras personas y cuidar la relación con el propio niño interior.

Ir en busca de relaciones sanas

Si cuando éramos niños aprendimos a sentirnos avergonzados y culpables, sin duda levantamos una barrera emocional para protegernos. Es muy probable que se hayan roto contactos interpersonales basados en la seguridad física y emocional, que son esenciales para un desarrollo sano. Si ha ocurrido esto, para el proceso de curación es vital, cuando se es adulto, establecer relaciones que puedan ofrecer seguridad emocional y la aceptación por identificación o empatía. Cuando la relación actual con la pareja, los familiares y los amigos no ofrece ese tipo de seguridad y aliento, es bueno hacer un esfuerzo por buscar y entablar esas relaciones fuera. Muchas personas encuentran que los programas de Doce Pasos, como el de Alcohólicos Anónimos, ofrecen ese tipo de aceptación, así como también los terapeutas y sacerdotes compasivos y no críticos.

Para ir en busca de relaciones sanas se requiere valor, y aceptar correr el riesgo de ser rechazado nuevamente. Pero cuando se está dispuesto a establecer una relación así, quizá por primera vez se experimentará el perdón, en el sentido de que por fin uno se siente respetado y aceptado, al margen de otros sentimientos, de lo que necesite, de lo que «haga» o de la historia de su vida. Mientras se afirman nuestra valía y nuestra aceptabilidad implícitas, aprendemos que verdaderamente somos dignos de amor e interés y que no hay riesgo en ser vulnerables y sentir. Esta relación nos ofrece el contexto para descubrir que no hay peligro en el hecho de tener necesidades, confiar y sentir. A medida que vamos construyendo lentamente un puente interpersonal, cimentado en el respeto, con otro ser humano, desarrollaremos lo que nos faltó en la infancia: el sentimiento de valía, la autoestima y el amor por nosotros mismos.

Curación del niño interior

Últimamente muchas disciplinas psicológicas han comprendido la importancia del trabajo con el «niño interior» y lo utilizan como un poderoso instrumento para sanar viejas heridas emocionales. Además de buscar relaciones que nos apoyen y nos nutran, también podemos mirar en nuestro interior para acceder a nuestra sabiduría y nuestro poder para nutrirnos.

El niño interior de cada uno de nosotros necesita saber que es y siempre ha sido digno de un amor y un respeto incondicionales, aunque hasta el momento no lo haya experimentado.

Carta de Katie

Katie escribió la siguiente carta a su hermano Ben cuando éste estaba en un centro de rehabilitación para curarse de su adicción a la cocaína.

Querido Ben:

Esta carta trata de mí, pero te la escribo a ti. [...]

Soy una mujer de 41 años que en su interior tiene una niña muy pequeña que sufre mucho. Está muy escondida, a veces ni siquiera yo advierto conscientemente su presencia, pero siempre ha sufrido, y mucho.

El sufrimiento comenzó cuando esta niña era realmente muy pequeña. Ansiaba amor, ansiaba que la abrazaran, ansiaba ser especial. Pero creció junto a una madre que también tenía en su interior una niña herida, una madre que no sabía demostrar amor, sobre todo de manera física, no sabía abrazar a su hija porque probablemente su niña interior tampoco había sido abrazada nunca. De esta manera, entonces, mi niña interior aprendió a creer que no era digna de ser amada.

Desde que era muy pequeña, esta niña anhelaba ser aceptada, valorada y apreciada, pero creció junto a un padre que llevaba en su interior un niño herido que se creía estúpido y pensaba que valía muy poco. Así pues, este padre trató de hacer que su hija fuera valiosa y capaz, trató de crear en ella una «mente pensante», y para conseguirlo rebatía y discutía todo lo que la niña decía. De esta manera, la niña aprendió que, dijera lo que dijese, pensara lo que pensase, o creyera lo que creyese, siempre estaba equivocada. Aprendió a creer que era estúpida.

Realmente la niña deseaba hacer las cosas «bien», deseaba «ser capaz y valiosa», deseaba ser lo mejor que podía ser, pero como los niños interiores de sus padres creían que no eran valiosos, encontraban mal o mediocre todo lo que su hija hacía. La criticaban muchísimo, insistiendo sobre todo en sus defectos y errores y en su negligencia (¡estupidez!) cuando no lograba hacer bien alguna cosa. La niña aprendió a creer que jamás serviría para nada.

En el fondo la niña se enfadaba porque estaba dolida y no conseguía satisfacer sus necesidades. Pero en su casa el enfado era considerado muy destructivo y doloroso. Sus padres llevaban en su interior niños muy enfadados y expresaban ese enfado de maneras no sanas. Las manifestaciones de esa rabia eran muy peligrosas y dolorosas, a veces en el plano físico, pero más que nada en el plano emocional. Comentarios sarcásticos, peleas terribles y gritos que se estrellaban contra los sentimientos más profundos de la niña dejando en ella resonancias que han sobrevivido hasta ahora. La niña aprendió a hacerse invisible, aprendió que nunca podía arriesgarse a expresar su enfado, porque eso era peligroso; aprendió a ser una esponja que embebe la rabia para impedir que salga y se esparza.

La niña «sabía» instintivamente que el amor es algo vital, pero no tenía ninguna manera de sentir amor ni de expresarlo, porque el amor se había perdido en medio del sufrimiento y el dolor de generaciones. La niña aprendió que estaba atrapada en la desesperanza... en una vida sin amor.

Aprendió a arreglárselas con el dolor «metiéndoselo» dentro, cada vez más adentro, más profundo... y con él enterró a su mismo yo. Intentaba estar siempre muy ocupada... trabajaba demasiado, trataba de hacer demasiadas cosas sin relajarse jamás, y sin atreverse a hacerlo porque entonces el dolor afloraba a la superficie demasiado fuerte, insoportable. Pero el dolor se convirtió en un malestar constante y ella aprendió a tratarlo planeando su muerte... no matarse a ella, sino más bien matar el dolor. Trató de encontrar maneras de calmarlo, con tranquilizantes y antidepresivos, sabiendo siempre que el alivio definitivo sería el alcohol. Pero la niña había crecido con padres alcohólicos y temía al alcohol más que al dolor, de manera que se obligó (la mayor parte del tiempo) a no beber. Llegó un momento en que se agotó.

Ben, como te he dicho, esta carta trata de mí, pero es para ti. Tú creciste con los mismos padres heridos que yo tuve y en tu interior hay un niño pequeño herido que tal vez «aprendió» cosas distintas a las que aprendió la niña de esta carta, pero estoy segura de que, sean cuales fueren, no son ciertas. Ben, deseo tanto que sientas el amor que te tengo. Deseo consolarte, abrazarte y ayudarte a llevar tu dolor hasta que se haga menos pesado. La única manera de hacerlo que se me ocurre en estos momentos es escribirte esta carta con la esperanza de que el hecho de decirte lo que he llegado a comprender te sirva para ver que el sufrimiento que hay en tu interior tiene unas causas muy reales. Es comprensible que toda tu vida hayas estado buscando maneras de soportar y aliviar el dolor. Espero que continúes con la terapia una vez que salgas de allí. Tal vez sería útil que le mostraras esta carta a tu consejero; quizá sirva para comenzar (o continuar) la revisión de las mentiras que aprendió tu niño interior y como punto de partida para su curación.

Tengo una imagen muy nítida de ese niño que llevas dentro (¡adorable, por cierto!, con unos grandes y pícaros ojos azules) y lo abrazo con todo el amor de mi corazón.

Te quiero, Ben, estés donde estés y pase lo que pase en tu vida. Continuaré en comunicación contigo y, por favor, llámame en cualquier momento.

Con todo mi amor
Katie

Respuesta de Ben

Querida Katie:

Bueno, he estado debatiéndome conmigo mismo entre escribirte o llamarte. El debate ha durado una semana. Éste es mi último día aquí [centro de rehabilitación para drogadictos] y he decidido escribirte.

No he sido capaz de leer por segunda vez tu carta, pero lo haré cuando haya reunido el valor necesario. Esta carta me está llevando 15 minutos por frase, me cuesta encontrar las palabras.

Antes de venir aquí las ideas de tu carta no habrían significado nada para mí. Pero como ahora estoy un poco más receptivo, me ha sido posible tener la revelación más profunda sobre quién soy y por qué soy así. Por primera vez en mi vida he sentido que podría comprenderme y he sabido que por lo menos otra persona me entiende. Una razón por la cual necesito volver a leer tu carta es que mientras la leía lloré todo el tiempo... en realidad continué llorando durante 45 minutos mientras corría por la pista de atletismo. Fue como si me liberara de una enorme presión.

He repasado todas las decisiones importantes de mi vida y ahora empiezo a comprender un poco por qué siempre he seguido el camino erróneo. Incluso las decisiones que parecen haber estado bien, las tomé por motivos equivocados.

Podría seguir y seguir escribiendo... pero, por ahora, Katie, ten la seguridad de que te quiero mucho y que no sé expresar con palabras lo que ha significado para mí tu carta.

Con todo mi amor, BEN

Como en el caso de Katie y Ben, reconocer y volver a conectar con nuestro niño interior puede ser esencial para curarnos y comprendernos a nosotros mismos.

Muchos adultos se sienten avergonzados de los sentimientos inocentes de su niño interior. Suele producir mucha vergüenza e inhibición exponer y hablar de la soledad, el terror y el sufrimiento de ese niño con otro ser humano. Muchos adultos se critican por tener esos sentimientos, diciéndose, por ejemplo: «¿Es que acaso soy un bebé? ¡Se supone que soy una persona adulta!», «Me siento idiota... ¿de qué tengo que tener miedo?». En el proceso de sanar el sufrimiento, la culpa y la vergüenza de nuestro niño interior hemos de acoger sus verdaderos sentimientos con amabilidad y compasión, haciéndole saber que ahora tiene a alguien con quien compartir su dolor. Éste es el trabajo del adulto interior sano.

Es posible que el adulto se sienta tan herido que le parezca difícil, si no imposible, ofrecer a su niño interior el amor, el perdón y la seguridad que necesita. Incluso puede descubrir que siente desprecio por el temor de su niño interior. En esta situación resulta muy útil evocar en la imaginación un símbolo universal (por ejemplo, la Gran Madre, el Hombre Sabio, la Hechicera, el Sumo Protector) que para uno encarne todas las cualidades que necesita su niño interior en ese momento. Cualquiera de estos símbolos universales evoca en la conciencia una potente energía psíquica que puede servir de fuente dinámica de inspiración y curación. Estos símbolos forman parte de la memoria colectiva de la Humanidad, son lo que Carl Jung llamaba arquetipos del inconsciente colectivo. En momentos de necesidad o estrés, es posible evocarlos y realmente sentir y utilizar su fuerza y su sabiduría.

Un ejemplo de arquetipo que puede proporcionar seguridad a nuestro niño interior es el de la Gran Madre, lo femenino como fuente de vida y sustento. Cuando se evoca a la Gran Madre en la imaginación, ella encarna los atributos de un ser que está indiscutiblemente presente para protegernos, nutrirnos, amarnos y guiarnos. Al relajarnos, abandonar toda inhibición y permitirnos a nosotros mismos comunicarnos con la realidad de esa presencia, comenzamos a sanar y a interiorizar sus atributos.

VISUALIZACIÓN: INVOCACIÓN DE LA GRAN MADRE

Imagina durante unos momentos la presencia de la Gran Madre, un ser amante, sustentador, poderoso y dedicado a tu bienestar... Ahora te abres a la presencia de ese ser en tu vida... Imagínate que ella está ahí para proteger y acompañar a tu niño o niña interior y que jamás te abandonará cuando la necesites. Durante un momento siente su sabiduría y la firmeza que le da la furia necesaria para proteger a tu niño interior si alguna vez su Yo esencial está amenazado, igual como una leona protegería a su cachorro en peligro. Ella siempre está ahí, asequible para tu niño interior. Imagina cómo se siente éste al saber que ese ser amoroso, fuerte y entregado, está ahora ahí, a su lado.

Además de evocar al arquetipo sustentador, uno mismo, el adulto, puede volver atrás en el tiempo y ofrecer a su asustado niño interior el respeto, el amor y la seguridad que se le negó. Con el tiempo, este niño comenzará a sentirse lo suficientemente cómodo para abrirse a la parte creativa, espontánea y acogedora de su naturaleza. Este tipo de proceso nos ofrece la oportunidad de retroceder en nuestra historia personal y ser nuestros padres, protegernos, consolarnos y convertirnos en nuestros propios amigos.

Además de hacer los ejercicios y visualizaciones que vienen a continuación, sería muy útil que nos tomáramos un tiempo cada día para recordar a nuestro niño interior, escucharlo y mimarlo de la manera que nos parezca más natural y amorosa. Mirar de vez en cuando una foto nuestra a la edad en que tal vez necesitábamos más amor y apoyo es algo muy valioso.

Este trabajo interior puede producir emociones muy fuertes, sobre todo cuando se ha tenido una infancia traumática.

Realiza las visualizaciones sólo si sientes que deseas hacerlo en este momento. Si tuviste una infancia traumática, es posible que despierten viejos sentimientos que quizá no quieras afrontar ahora. Podrías decidir saltarte las visualizaciones y esperar a hacerlas en otra ocasión, en compañía de una persona amiga o de un terapeuta que esté contigo para apoyarte. Haz lo que te parezca más cómodo y seguro.

Visualización del niño interior (1)

Reserva un momento cada día para comunicarte con tu niño interior. En primer lugar, tómate un tiempo para respirar profundamente y relajarte... Entra en tu interior y toma contacto con tus sentimientos de amabilidad, dulzura, compasión, fuerza y amor... Después retrocede hasta algún momento de tu infancia en que sentiste que te juzgaban, te abandonaban emocionalmente, te trataban con insensibilidad, en que sentiste culpa, vergüenza, temor e indignidad, en que sentiste que no te amaban... Ahora permite que tu adulto interior, que es fuerte, acogedor, compasivo y amante, conozca a tu niño interior, que necesita consuelo y amor... Que tu adulto esté ahí plenamente para tu niño, para ofrecerle el respeto incondicional y la seguridad que en otro tiempo le fueron negados... Deja que tu niño interior te cuente su experiencia, tal como la sintió. Tranquilízalo y dile que, pase lo que pase, no le abandonarás...

Repasa los años de tu vida pasada y en cada uno asegura a tu niño, con amor, que es hermoso y simpático, digno de amor, respeto y adoración.

Escúchale contar la experiencia de su nacimiento. ¿Se sintió deseado y amado? Sean cuales fueren sus sentimientos, hazle saber que tiene derecho a estar aquí y que ahora es amado... Date la bienvenida al mundo... Encuentra en tu interior aquella parte de ti que es amante, amable y generosa, y trátate como si fueras tu único hijo o hija...

Ahora escucha la experiencia de tu niño interior de un año de edad. Exprésale todo tu amor y tu respeto. Hazle saber que está a salvo... Comunícale tu alegría... Ve y reconoce su luz... Siguiendo tu propio ritmo, continúa a través de los años hasta llegar a la edad que tienes actualmente.

Si repasar cada año de tu vida hasta hoy es más de lo que sientes que puedes hacer ahora o más de lo que necesitas, elige sólo aquellos momentos en que no te respetaron y sentiste miedo y confusión. Tal vez tu mayor necesidad fue tener un aliado cariñoso en la escuela. En este caso, retrocede en tu imaginación y sé para ti un maestro o una maestra, un amigo o una amiga. Defiende y apoya tus talentos y capacidades... Haz saber a tu niño interior que es inteligente y creativo, y que es un gran placer estar en su compañía...

Tómate todo el tiempo que necesites y, cuando sientas que ha llegado el momento de hacerlo, continúa con tu día.

VISUALIZACIÓN DEL NIÑO INTERIOR (2)

En primer lugar tómate un tiempo para respirar lenta y plenamente y relajarte en profundidad. Concéntrate en tu respiración mientras inspiras y espiras... Después de hacer esto durante uno o dos minutos, cuenta de tres a cero en las cuatro siguientes espiraciones. Cuando llegues a cero, imagina que ves una puerta. Detrás de ella estás tú cuando eras un niño o una niña, en un momento en que necesitabas la seguridad y el amor de un adulto cariñoso y digno de confianza.

Abre la puerta e invita a salir a ese niño para reunirse contigo. Acuérdate de respirar. Tu corazón está abierto para acogerle. Hazle saber que ahora está seguro y a salvo... Ármate de tu infinita paciencia si él se resiste un poco a responder. Dile que estás ahí, que le comprendes, que no le abandonarás, aun cuando él tarde un tiempo en reaccionar. Ofrécele amor y seguridad... Escúchale cuando te cuente, con o sin palabras, sus experiencias. Abre tu corazón y consuélalo. Cógelo de la mano. Asegúrale que siempre lo acompañarás, siempre lo atenderás y estarás por él.

Imagínate dándole algún regalo especial para que recuerde que siempre estarás allí con él... Imagina que él te hace a ti un regalo... Imagínate a ti con tu niño interior experimentando una nueva relación, basada en el amor, la comprensión y la compasión... Coloca a tu niño en tu corazón.

Tómate todo el tiempo que necesites, y cuando sientas que ha llegado el momento de hacerlo, vuelve a tu estado de vigilia normal. De cuando en cuando, acuérdate de asegurarle a tu niño interior que ya acabó ese pasado en que se sintió inseguro y que ahora siempre estarás a su lado.

Visualización del niño interior (3)

Tómate unos minutos para respirar honda y lentamente... permítete una relajación profunda... Sigue tus inspiraciones y espiraciones. Después imagínate que te abres a la compasión, el afecto, el amor y la dulzura... Ahora recuerda alguna ocasión reciente en que te pareció que «no valías lo suficiente», o sentiste «culpa», o «vergüenza», o que «no te amaban». Simplemente observa lo que te ocurrió... dónde estabas... qué hacías... qué pensabas... qué sentías... Ahora res-

pira profunda y suavemente, deja marchar esa experiencia
y relájate...

Retrocede hasta la primera vez que sentiste culpa o
miedo, que no valías lo suficiente, que no te amaban, que
no eras una persona valiosa (acepta cualquier momento
que acuda a tu mente). Observa qué fue lo que te ocu-
rrió... dónde estabas... qué hacías... qué pensabas... qué
sentías... Imagina a ese niño acompañado por la persona
acogedora, comprensiva, afectuosa y amable que eres
ahora... Imagínate ofreciéndole un amor y un apoyo in-
condicionales de la manera que te parezca más natural.
Escúchalo contarte la verdad de su experiencia... Imagí-
nate abriendo tu corazón a ese niño y diciéndole lo que
realmente necesita oír... Hazle entrar en tu corazón, don-
de lo rodeas de amor y luz.

Ahora te identificas con ese niño y sientes que ese amor
te apoya y te nutre totalmente... aceptas todo ese amor... lo
absorbes... lo asimilas... te alimentas de él... Con suavidad,
dejas salir a ese niño al mundo. Observa cómo crece y se va
convirtiendo en un adulto más seguro de sí mismo, feliz,
íntegro, afectuoso... Ahora imagina que eres ese adulto...
confías en tu propia valía, te sientes fuerte y radiante... y
aceptas tu poder y tu amor personales...

Cuando sientas que ha llegado el momento de hacerlo,
abre los ojos y disponte a continuar con tu día.

Cuando el niño interior se siente seguro, su corazón y el del
adulto se abren. «No hay ningún corazón que no se abra al
instante si se le asegura que está seguro y a salvo», dice Pat

Rodegast en *El libro de Emmanuel*. Cuando se abre el corazón, se puede sentir sin arrinconar partes de uno mismo. Se puede sentir temor, rabia y dolor para abrir la puerta a la curación emocional. Se puede sentir amor para conocer por fin el mayor poder curativo y la más pura alegría de vivir. Sólo cuando el corazón está abierto se puede experimentar la esencia más profunda, el Yo esencial. Y solamente entonces se conoce la verdad de la propia inocencia.

Autoacusaciones

«Jamás podré perdonarme por......», «Debería haber......», «Nunca debería haber......», «Ojalá hubiera......».

La mayoría de nosotros sabemos lo que son la culpa, el pesar y los remordimientos crónicos. Deseamos haber actuado de un modo diferente y pensamos: «Ojalá tuviera la oportunidad de hacerlo ahora de otra manera». «Los grandes monstruos gemelos», llama a estos sentimientos de culpa y acusación el escritor y psiquiatra Alan McGlashin. Muchas personas conviven con estos monstruos, los llevan constantemente con ellas. Algunas tienen un sentido exagerado de la culpa y se sienten culpables incluso de cosas en las que no tienen ninguna posibilidad de influir. En Huck Finn, Mark Twain capta la esencia de ese exagerado sentimiento de culpabilidad: «Pero siempre es así; no hay ninguna diferencia en hacer bien o mal las cosas, la conciencia es insensata, de todas maneras te acosa».

Puede ser que nos sintamos culpables de cosas que no consideramos moralmente malas, sino más bien tontas, hechas sin reflexionar, por impulso o por debilidad: «No puedo creer que yo haya hecho esto, he estado muy flojo», «Debo de haber estado ciega», «Qué idiota soy», «Otra vez me he traicionado». Entre los actos y decisiones que podrían provocar este tipo de reacción, están los siguientes: haber formado parte de una relación abusiva, haber trabajado para un empresario ambicioso que se aprovechó de nosotros, no haber hecho nunca las cosas que más deseábamos hacer, haber hecho cosas que no queríamos hacer, haber estado sometidos a algo o a alguien que sabíamos que nos haría daño. Incluso podemos estar resentidos con nosotros mismos por tener miedo a cambiar y detestarnos por sentirnos impotentes y dolidos.

Uno piensa: «Por supuesto que me culpo, ¿a quién más voy a culpar?». Entonces se vive con uno de los pensamientos básicos de la persona que se siente culpable: «La culpa es mía». Tal vez creemos que culparnos a nosotros mismos nos va a motivar a cambiar o a vivir a la altura de nuestras capacidades. Igual como ocurre con la rabia que se proyecta hacia fuera, la culpa y el desprecio por nosotros mismos pueden ser una manera de desviar la atención de sentimientos y temores más profundos, para protegernos de sentirnos impotentes, desvalidos y desesperanzados. La rabia y la crítica nos pueden servir de protección, pero finalmente nos privan de nuestra verdadera fuerza. Del mismo modo, quizá nos parezca que la culpa y la autoacusación pueden constituir un estímulo constante para despertar, pero en realidad lo que hacen es adormecernos y mantener inactivo nuestro poder para curarnos.

Tal vez te preguntes cómo vamos a poder confiar en hacer elecciones reflexivas, juiciosas, afectuosas y apropiadas si no nos juzgamos a nosotros mismos y no juzgamos a los demás. Hemos sido condicionados a creer que nuestros juicios son necesarios, que tienen valor y que si no nos juzgáramos siempre, jamás cambiaríamos y no actuaríamos de manera ética, sino como patanes perezosos. Nuestro ego nos asegura que nuestras críticas nos mantendrán disciplinados. Pero ocurre todo lo contrario: es la naturaleza destructiva de nuestros juicios y críticas contra nosotros mismos lo que nos mantiene estancados en el círculo vicioso de actuar y arrepentirnos. Lo que hacen estas críticas es impedirnos entrar en nuestro corazón y separarnos de la claridad, el amor y la integridad natural hacia los que nos sentimos profundamente inclinados y cuya necesidad de expresión nos es fundamental.

EJERCICIO: TÚ, TU MEJOR AMIGO

Imagínate cómo sería vivir con alguien que continuamente te critica por lo que has hecho o haces y te dice que te equivocas y que eres una persona mala, tonta o débil. Lo más probable es que esto finalmente agotaría tu confianza en ti y/o tu motivación para efectuar los cambios que deseas.

Ahora imagínate que optas por cosas que no son lo que realmente deseas para ti, y que vives con una persona amable, sabia e intuitiva que ve con claridad cuándo haces estas opciones, pero en lugar de criticarte y maltratarte mental o emocionalmente, te ofrece amor y aceptación. Al mismo tiempo, te ayuda a examinar estas opciones con una nueva claridad, compasión y sabiduría.

Imagínate que esta persona te ayuda a ver los temores y condicionamientos que te motivan, entiende que tus decisiones, a pesar de ser destructivas, han sido o son intentos de encontrar alivio, paz y felicidad. Esta persona sabe, y desea que tú lo sepas, que como ese grado de temor y de separación de tu Yo te ha condicionado y te condiciona, has hecho y haces lo mejor que has podido y puedes hacer. Te tranquiliza y te asegura que ahora puedes elegir otras cosas. Te aconseja comenzar por ser amable contigo y comprenderte. Te anima a abrirte y a aceptar la ayuda de un poder superior y de los demás. Te dice que en realidad hay gracia en tu vida y que lo único que tienes que hacer es dejarla entrar en ti...

Vuelve a los dos párrafos anteriores e imagina cómo sería todo si te hicieras amigo tuyo o amiga tuya de esa manera, si te convirtieras en esa persona. Repite este ejercicio muchas veces durante los días siguientes. Conviértete en tu mejor amigo.

Cuando nos comprendemos de un modo intuitivo y nos miramos con sabiduría discernidora, en lugar de juzgarnos malos, estúpidos o equivocados, comenzamos a ver con claridad lo que nos motivó para tomar las decisiones que tal vez ahora no consideramos convenientes. Con esta claridad nos llega una compasión y un amor cada vez mayores por nosotros mismos. Para interrumpir el ciclo de autoacusaciones y culpa, con el consiguiente castigo, hemos de ofrecernos más amabilidad y comprensión, aun cuando sigamos sintiéndonos culpables, avergonzados, enfadados, afligidos y dolidos. En lugar de maltratarnos por lo que somos o por lo que hemos hecho, podemos ver, aunque sólo sea durante un rato al comienzo, que las decisiones que tomamos o las elecciones que hicimos fueron las que nos parecieron mejores y más seguras en esos momentos, a pesar de que hayan resultado ser contraproducentes o perjudiciales.

Pensamiento para el día

El pasado ya pasó.
Hoy abriré mi corazón y me perdonaré.

Pausa y reflexión

Si te das cuenta de que no quieres perdonarte en estos momentos, completa las frases siguientes y reflexiona sobre ellas:

- No acepto perdonarme por haber..................

- Al aferrarme a esta autocondenación
  obtengo...

- Al aferrarme a esta autocondenación
  renuncio a..

Toma conciencia de tus reacciones con amabilidad y sin juzgarte.

Hace unos años una mujer a la que yo amaba iba a volar desde otra ciudad para pasar una semana conmigo. Llevábamos varias semanas viéndonos y dejándonos de ver, de manera que elegimos esa semana para conocernos mejor el uno al otro y decidir si deseábamos comprometernos más profundamente. La noche anterior al viaje, ella llamó para decirme que no sabía si debía venir. No se sentía bien y tenía malos presentimientos sobre el resultado de su viaje. Yo también tenía mis dudas, pero las deseché y le dije:

—Por favor, ven. Quiero que tomes ese avión y vengas.

Ella se echó a reír y me contestó:

—Deseaba que me dijeras eso.

Accedió a venir y con renovado entusiasmo hicimos planes para una romántica cena la noche de su llegada.

Al día siguiente, cuando la estaba esperando, alguien me dijo que había ocurrido un terrible accidente de avión.

Era el vuelo en que ella venía.

La noticia me causó una tremenda conmoción. No podía creer ni aceptar la realidad de lo sucedido. Me invadieron diversos sentimientos, pero por encima de todos, escuchaba mi voz diciéndole: «Quiero que tomes ese avión y vengas». Esa noche vi las noticias por televisión. Mostraron escenas de los trozos del avión siniestrado. Seguí mirando con la vana esperanza de que su nombre no apareciera entre los de las víctimas. Cuando lo vi, continué sin poderlo creer ni aceptar. Finalmente me fui a la cama y me quedé contemplando el techo, pensando que jamás podría volver a dormir. Más que nada, tenía miedo de cerrar los ojos, porque cada vez que lo hacía volvía a ver las imágenes de los cuerpos destrozados. Pasé mucho rato así hasta que una parte de mí mismo me dijo: «Acepta esa visión; si no lo haces, nunca más podrás cerrar los ojos». Así pues, repitiendo su nombre cerré los ojos y permití que aparecieran esas imágenes. Todas eran horribles, espantosas, pero las acepté con todo el amor que sentía por ella y finalmente me quedé dormido.

Durante meses me sentí furioso y atormentado por la culpa. No podía perdonarme, aun cuando en mi mente sabía que era ella quien había tomado la decisión de subir a ese avión. Me acosaban las imágenes de los trozos del aparato y los restos de su cuerpo destrozado y quemado. Cuando la investigación reveló que el accidente se había debido a fallos mecánicos de mantenimiento, eso fue una nueva fuente de furia. Algún mecánico no había hecho las reparaciones oportunas, una persona había sido negligente, con la prisa por librarse pronto de un trabajo repetitivo para irse a tomar una cerveza, jugar a las cartas o lo que fuera. En algún rincón de mí mismo me hice la promesa de no ser nunca así. Sería siempre responsable y concienzudo. Jamás sería negligente, nunca sería como el hombre que fue responsable de ese accidente de avión y de la muerte de mi amada. Me estimulé a ser lo más perfecto posible en mi trabajo. Despreciaba a las personas que cometían errores, no me permitía ni el menor descuido. Con el tiempo me fui haciendo más tolerante con los pequeños errores de los demás. Tomé conciencia de mi cruel perfeccionismo e inicié una terapia para trabajar en ello. Incluso comencé a soltarme un poco yo mismo. Pero en algún rincón de mí estaba siempre dispuesto a lanzar violentas críticas cuando alguien era negligente o mostraba indiferencia por la responsabilidad. También adquirí la tendencia a pensar que si quería que algo se hiciera bien tenía que hacerlo yo mismo; así sólo podía culparme yo si no quedaba bien. Sabía que podía perdonar a los demás, pero las responsabilidades reales, serias, eran mías, solamente mías. Y no podía cometer errores cuando había mucho en juego, porque en lo más profundo de mi ser sabía cuáles podían ser las consecuencias.

Un día, durante la terapia, estaba de ánimo muy crítico y el terapeuta me preguntó por qué era tan cruel e inflexible. En tono severo le contesté:

—Porque es una cuestión de vida o muerte. Las equivocaciones pueden ser fatales. Pueden morir personas.

—¿Quién puede morir? —preguntó el terapeuta.

Yo estallé en llanto y repetí una y otra vez el nombre de mi novia muerta. El terapeuta me preguntó cómo pensaba que se sentiría ella si me viera así. De pronto vi la imagen de su rostro que me miraba con amor, compasión y perdón. Escuché su voz que me decía: «No fue culpa tuya. Por favor, deja de castigarte. Yo cogí el avión porque te amaba. Recuerda mi amor, no mi muerte. Por favor, perdónate». Al escuchar su voz, algo se soltó en mi interior. Estuve un buen rato llorando, algo que hasta entonces no me había permitido hacer. La rabia y las críticas se fundieron y sentí una fuerte oleada de sentimientos de pérdida y aflicción. Durante muchas semanas sentí cómo iban cayendo lentamente las capas de mi armadura; cuando fui capaz de perdonarme, pude dejar entrar en mí más amor.

Aún me enfado y me altero cuando veo a otros actuar con negligencia y cuando cometo errores. Todavía tengo momentos de severa autocrítica, y cuando las cosas salen francamente mal pienso que jamás podré perdonarme de verdad. Pero más pronto o más tarde vuelvo a centrarme y respiro, y a veces escucho su voz diciéndome: «Recuerda mi amor, no mi muerte». Y comprendo que tengo opción en la manera de reaccionar ante las cosas. Y cuando estoy bien, consigo incluso perdonarme por volver a caer en los viejos hábitos de crítica y crueldad conmigo mismo.

La perfección y el sentimiento de culpabilidad

Una manera de asegurarse la culpa es exigirse siempre la perfección. La exigencia de perfección puede ser nuestro más cruel enemigo. Entramos en batalla con un saboteador que jamás puede ser derrotado. Aun cuando consigamos nuestros objetivos, perderemos el placer en la lucha por conseguirlos. Y siempre habrá alguna otra cosa que no llega a la altura de nuestras exigencias.

Hay una importante diferencia entre hacer las cosas bien porque eso es lo que realmente se desea y estar dominados por una subpersonalidad «perfeccionista». En el perfeccionista suelen faltar la vitalidad y el placer verdaderos, porque se arriesga el cimiento mismo de la propia valía cuando las cosas amenazan con no resultar «perfectas». Si se espera siempre la perfección, en el momento de experimentar el lado «imperfecto» de la naturaleza humana, o cuando fracasan proyectos o empresas personales, uno se siente esencialmente disminuido. Cuando algo no sale «perfecto», entonces es que «En algún aspecto esencial soy un fracaso y no valgo». Nos cerramos, nos cegamos a la verdad de que somos personas valiosas y buenas aunque nuestro proyecto fracase, nuestro matrimonio acabe en divorcio, tengamos la piel fofa, no aprobemos un examen, nos quedemos sin trabajo o, incluso, creamos que no valemos nada. Una persona adicta a la perfección, como todos los adictos, está separada de su verdadero Yo. Pensando que siempre tienen que hacerlo mejor, se rechazan a sí mismas tales como son. En consecuencia, se ciegan a la perfección potencial de muchas situaciones. Por ejemplo, perder el empleo puede ser una oportunidad para trabajar en el propio desarrollo o para pasar a ejercer una profesión o un trabajo que puede ser más gratificante. Toda circunstancia, toda situación, nos ofrece la oportunidad de redescubrir nuestro Yo.

El perfeccionismo crónico es un maltrato a nosotros mismos. Nos excluye de nuestro propio corazón y nos roba la vitalidad y la energía. En su libro *The Creative Imperative* [El imperativo creador], el doctor Charles Johnston define la vitalidad como «el grado en que un acto o situación rebosa creativamente de energía, vivifica o da más vida». La vitalidad determina la calidad de la vida y sólo se puede experimentar cuando sabemos aceptar las dualidades que hay en nuestro interior: mente-cuerpo, masculino-femenino, alegría-tristeza, perfección-imperfección. Si solamente estamos dispuestos a aceptar la definición de perfección según el ego (y sólo el ego exige perfección), ahogamos nuestra vitalidad al rechazar un aspecto de nosotros mismos que forma parte del todo.

Reflexión para hacer de vez en cuando

¿Prefiero la «perfección» o la vida?

¿Cuánto tiempo lleva perdonarse?

Como todo tipo de perdón, perdonarse a uno mismo es un proceso. Es un sendero por donde se viaja, no un estado permanente al que se llega. A veces uno se pregunta: «¿Cuándo voy a desengancharme de una vez y a perdonarme cosas que ya están pasadas y acabadas? ¿Algún día me amaré de verdad?». Ni siquiera cuando se trata de sanar los sentimientos de culpa y vergüenza más manifiestos se puede saber cuánto tiempo va a tardar la curación. Unos cuantos minutos aquí y otros allá de sentir más comprensión y amor hacia uno mismo ya son indicios de que hay salud y curación. Es importante recordar que ese crecimiento se produce en espiral. Cuanto más sanamos, más nos queremos y aceptamos a nosotros mismos, y mayor conciencia tenemos de los sentimientos más sutiles de culpa e indignidad, para reconocerlos y sanarlos.

A algunas personas les lleva muchos años cicatrizar totalmente ciertas heridas. A otras, puede llevarles sólo un momento. Habrá veces en que uno verá o percibirá un enorme progreso, y se sentirá optimista, en paz y capaz de aceptarse; otras en que volverán la culpa, la vergüenza, la crítica y el desaliento. Es importante tener presente que si somos más compasivos con nosotros mismos y a afirmarnos y apoyarnos, aun cuando la comunicación con nuestro Yo se pierda y se recupere una y otra vez, habrá cada vez menos pérdida y más recuperación.

Historia de Jonas

Toda mi vida había soñado con alcanzar fama y fortuna como escritor. Se me había preparado para ello en mi familia, que está muy orientada al éxito, y yo lo había adoptado como objetivo personal.

En 1980 escribí un libro sobre el hecho de comer compulsivamente. Lo envié a un conocido agente literario de Nueva York, quien me llamó esa misma semana para decirme que el libro le había causado muy buena impresión y se lo iba a vender a un editor. No habían pasado dos semanas y ya dos importantes editoriales neoyorkinas habían expresado su interés por él. Mi agente hizo una «subasta» y uno de los editores compró el libro y me envió un adelanto bastante considerable para ser un escritor novel. Tanto mi agente como mi editor comentaron que probablemente sería un gran libro, un *best seller*, «el *Juan Salvador Gaviota* de los libros de dietética», según palabras de mi agente. Yo estaba absolutamente mentalizado. Comencé a ver todos los programas de entrevistas a personalidades de la televisión, ejercitándome para el momento en que Phil Donahue o Johnny Carson me hicieran preguntas. Empecé a fantasear con grandes riquezas. ¡Ya estaba!, todos mis sueños se harían realidad. Conseguiría lo que mi padre y mi madre siempre habían deseado para mí. Me sentía fabulosamente bien conmigo mismo y con la vida.

El libro fue publicado en mayo de 1981. Aunque tuvo críticas bastante buenas, apareció una terrible en el *Publisher's Weekly*, y al cabo de un mes ya era evidente que el libro no tendría ningún futuro. Era un fracaso, una pifia... invendible. Un año después lo quitaron del catálogo y no se volvió a imprimir. Ahora, cuando han pasado diez años, los únicos ejemplares que quedan, que yo sepa, están en una caja de cartón en mi sótano.

Pero sí que me hicieron una entrevista. Fue a las 2.37 de la madrugada en un programa de variedades de la emisora regional de televisión de Boston llamado *Five All-Night Live*. Durante los siete minutos que duró la entrevista estuve respondiendo a preguntas superficiales que no reflejaban para nada la sustancia del libro. El número anterior al mío (y no miento) fue una conversación entre dos loros y una cacatúa. Después del fracaso de mi libro estuve casi un año deprimido. Sentía odio por mí mismo y una predominante sensación de vergüenza.

Hoy todavía me vienen periódicos «ataques» de estos sentimientos, que me duran entre un par de segundos y un par de días, pero actualmente son cada vez menos frecuentes y más distanciados, y además no les hago demasiado caso. Durante los diez últimos años he hecho muchísimo trabajo interior conmigo mismo, sobre todo por un camino espiritual, he hecho algo de terapia y he recibido una gran cantidad de amor y apoyo de mi esposa. Todo esto me ha aligerado bastante esa experiencia, hasta el punto de ser capaz de hacer bromas al respecto; ahora entiendo el contexto más amplio (kármico) en que ocurrió y ha adquirido sentido.

¿Me he perdonado a mí mismo? No del todo. Aún siento vergüenza por no ser rico y famoso. ¿He perdonado a mis padres por haberme educado en la creencia de que mi valía personal dependía del éxito? No del todo. Deberían haber sido mejores padres. ¿He perdonado a mi agente y a mi editor? No del todo. Deberían haber sido más listos para presentar mejor el libro y haberlo respaldado durante mucho más tiempo. ¿He perdonado a Dios? No del todo. No debería haberme tentado con tanta crueldad poniéndome tan cerca el Objeto Deseado para después quitármelo en el último momento.

Pero sí hay momentos en que me perdono a mí mismo y perdono a los demás. Son los momentos en que sé que lo que ocurre en el exterior es la función secundaria, y lo que nos ocurre en el interior es la función verdadera y principal. Esos son los momentos en que «confío». Confío en que las cosas ocurren como han de ocurrir necesariamente para mi desarrollo espiritual. Una vez entendido esto, no hay nadie a quien culpar ni nadie a quien perdonar.

El perdón de uno mismo
y el crecimiento espiritual

Perdonarnos del todo a nosotros mismos nos lleva desde el perdón como medio de sanar manifiestos sentimientos de culpa, vergüenza e indignidad hacia el perdón como sustento de nuestra realización personal o nuestro crecimiento espiritual. Para integrar de un modo más completo este grado de perdón, primero hay que satisfacer las necesidades de seguridad y aceptación, básicas para el desarrollo. Después se abraza el perdón como manera de ponernos del lado de nuestro verdadero Yo y de aceptar su belleza, su magnificencia y su innata gloria con una certeza y una coherencia cada vez mayores. De aquí proviene la experiencia de la satisfacción, la alegría, la conexión y la participación en su sentido más profundo.

Perdonarnos a nosotros mismos nos sirve como un medio constante para experimentar la verdad más profunda de qué y quiénes somos. Es la manera de comprender que nuestra naturaleza más esencial es el amor, y de recordar esta verdad como una realidad inalterable.

El perdón de nosotros mismos echa raíces en nuestra conciencia, de modo que aunque las circunstancias externas no nos garanticen seguridad y las personas que nos rodean no nos acepten, de todas maneras experimentamos en nuestro interior una seguridad y una aceptación permanentes. Vemos las cosas más claras y nos hacemos más fuertes al encontrar nuestra fuente de energía en una confianza y una fe crecientes en algo infinitamente mayor que la suma de nuestros pequeños yos. Hay en nosotros una creciente confianza en un aspecto de nuestro Yo que incluye la mente racional, lineal, pero no está atado a ella, para que nos oriente y nos tranquilice. Hay una conciencia cada vez más profunda de la guía y la gracia interiores. Al margen de las circunstancias, vemos que toda prueba o dificultad y toda situación es otra oportunidad para entregarnos (en lugar de frustrarlo) al amor que no sabe juzgar ni rechazar.

10. Perdonar al cuerpo: en la salud y en la enfermedad

Al principio puede parecerte extraño el concepto de perdonar a tu cuerpo; sin embargo, dedica unos momentos a considerar lo siguiente: ¿Conoces a alguna persona que realmente ame y acepte su cuerpo? ¿Tú amas y aceptas el tuyo?

Para la mayor parte de la gente, el cuerpo es objeto de ridículo, rechazo, negligencia, odio y maltrato. Si eres como la mayoría, probablemente tus creencias desafían las inclinaciones naturales de tu cuerpo, único y especial. Los rasgos faciales, la forma del cuerpo, la textura o el color de los cabellos, son sólo algunos de los aspectos de tu apariencia que tal vez te hacen infeliz. Quizá rechazas algunas partes de tu cuerpo simplemente porque existen. ¿Te enseñaron, por ejemplo, que los genitales son algo «feo» o «sucio»? ¿Te avergüenzas de ciertas partes de tu cuerpo, o las ignoras, considerándolas objeto de desprecio?

El primer paso

Para sanar y poner paz en la relación con nuestro cuerpo, antes que nada es necesario que nos perdonemos por ser humanos, porque ser humano es tener un cuerpo. Y rara vez nuestro cuerpo es como nos gustaría que fuera. Tenemos necesidades muy poderosas, como el impulso sexual, por ejemplo, que a veces puede ser molesto, confuso y exigente. No siempre nos sentimos cómodos en nuestro cuerpo, y es cierto que envejece y muere. Perdonarnos por ser humanos significa aceptar que eso es así. Lo repito, la aceptación no supone derrota ni resignación. Es la elección de no rechazar ni resistirnos a las cosas tal como son, lo que no podemos cambiar inmediatamente o lo que no cambia con la rapidez que querríamos. La aceptación tampoco significa que haya que ser pasivo y descuidar el cuerpo. Supone más bien que, al dejar marchar la crítica y la resistencia crónicas con respecto al propio cuerpo «tal como es», uno libera energía que contribuirá a que se produzca la curación, con lo cual sin duda se va a sentir más a gusto consigo mismo.

Diez (o perdonarse la apariencia en una cultura obsesionada)

Recordarás sin duda la película *10*, con Bo Derek de protagonista: joven, alta, de piernas largas y delgadas, ni un solo gramo de celulitis, vientre liso y terso, pechos firmes y voluptuosos, cabellera larga y abundante, cara típicamente bonita y sin ni una sola arruga. En una escala de 1 a 10, no es nada extraño que en esta cultura Bo Derek obtuviera un sólido 10.

Son muy pocas las personas educadas en esta cultura a las que no se les hayan inculcado imágenes concretas de «el» cuerpo y «la» cara aceptables. Estas imágenes son relativamente inflexibles, sobre todo para las mujeres. Tal vez los estereotipos no son tan rígidos para los hombres. Pero también se les hace sentir inferiores si carecen de los atributos que se considera que hacen guapo a un hombre. Si tenemos en cuenta las revistas populares y las películas, es fácil ver que somos una sociedad obsesionada por el mito del atractivo físico. Este ideal artificial y nada realista es el modelo con el que aprendemos a compararnos y medirnos desde nuestra más tierna infancia y lo que es aún más triste, es también el modelo con el que comparamos a las personas maduras y ancianas. Los cambios naturales que se producen inevitablemente (arrugas, surcos, flaccidez de la piel, caída del cabello) suelen considerarse con desdén y desagrado. En una sociedad que ha dirigido su energía mental a idolatrar la juventud, hay un escaso reconocimiento de la enorme belleza física de los ancianos. El hecho de perdonar conscientemente a nuestro cuerpo por envejecer inicia el proceso de reevaluación de los valores fundamentales. Nos enseña a movernos con la gracia y el porte que provienen de vivir en el momento y no resistirse a lo que es perfectamente natural.

Pausa y reflexión

¿Qué es lo primero que te viene a la mente cuando piensas en lo siguiente?:

- Arrugas..

- Celulitis ....

- Grasa corporal..

- Barriga ....

- Piernas gruesas..

- Cuerpo huesudo ....

- Espinillas..

- Pechos caídos ....

- Pene pequeño ....

- Nalgas gordas ....

- Cabello escaso o calvicie..

Piensa en cualquiera de estos rasgos que puedas aplicarte. ¿Cómo te sientes al respecto? Cuando piensas en tu apariencia general, ¿cómo te sientes? ¿Qué te dice tu mente acerca de ti? ¿Te acepta? ¿Tienes muchos juicios negativos sobre ti?

¿Te puedes imaginar estar en paz con tu apariencia física «tal como es»? Si tu respuesta es «no», *¿quieres abrirte a la posibilidad* de estar en paz con tu apariencia física? El hecho de estar en paz con nuestro aspecto y de aceptarnos no altera necesariamente el deseo de cambiar de apariencia, pero en lugar de que nuestros motivos para hacerlo sean el odio y la condenación de nosotros mismos, estarán inspirados por el respeto por nosotros mismos y el deseo de cuidarnos y mimarnos.

El gran debate del peso

Además del fastidio por el envejecimiento y el tipo de cuerpo que tenemos, solemos ser especialmente crueles con nosotros mismos en lo que se refiere al peso y la forma de nuestro cuerpo. Con frecuencia convertimos el exceso de peso en la preocupación principal de nuestra vida. Todo lo que no se adapte a la ilusión de la imagen ideal es motivo de crítica y la confirmación de que «tal como se me ve, no soy aceptable ni merezco que me amen». Ya sea que la persona viva preocupada por esos 4 kg de más, o sea bulímica o anoréxica, matándose de hambre para estar delgada, las calorías y grasas suelen considerarse «el problema», y es posible que las causas más profundas que han llevado a comer en exceso, a vivir haciendo dieta y a acumular grasa corporal, estén totalmente reprimidas o se desatiendan. A veces las personas comen en exceso como una manera de satisfacer necesidades emocionales, o engordan tratando inconscientemente de protegerse. Como en todas las adicciones, la comida puede ser una manera de alimentar a un corazón hambriento, un intento de llenar un vacío emocional y espiritual. Cuando uno se castiga por tener esos kilos de más, desvía su atención de los verdaderos problemas y se niega el alimento y la seguridad emocionales, que son la causa de que sienta vacío y hambre.

Para iniciar el proceso de perdonar a nuestro cuerpo por tener el peso y la forma que tiene, seamos amables con nosotros mismos tal como somos. Eso no significa que debamos ser perezosos o comodones. Quiere decir ser buenos amigos de nosotros mismos y de nuestro cuerpo; cuando nos sentimos amados y aceptados, son menores las probabilidades de que comamos cuando realmente no tenemos hambre. Significa darnos permiso para disfrutar de nuestro cuerpo «ahora». ¿Y qué si nunca perdemos esos kilos de más? De todas maneras merecemos disfrutar de nuestro cuerpo y somos dignos de nuestro propio amor. Ser amable con uno mismo significa no castigarse por cosas que ya se han hecho. Si nos pasamos la vida juzgándonos, tenemos hambre de lo único que nos saciará: de nuestra propia aceptación, de nuestro propio amor.

Cuando se atienden las llamadas interiores de la vida emocional y espiritual, se encuentra ese sentimiento más equilibrado que conducirá de un modo natural a perder peso. O tal vez uno decida que está bien tal como está. Lo que podría cambiar entonces es esa eterna lucha con uno mismo. Si los intentos por cambiar los han estimulado los temores y el odio por nosotros mismos, es posible que los cambios logrados hasta ahora sean poco de fiar, inestables y desmoralizadores. Si cambiamos movidos por la adicción a una imagen que creemos que nos va a hacer aceptables y dignos de amor, y no porque realmente lo deseamos, vamos a estar inmersos en una lucha eterna. ¿Aceptas hacer un alto el fuego? ¿Quieres abrirte a la posibilidad de amar y aceptar tu cuerpo aunque no sea tu ideal? Aquí «amar» no significa entregarse a excesos egoístas ni ser narcisista, sino que es una actitud de aceptación, respeto y valoración de las funciones que cumple el cuerpo y de las relaciones con la vida que permite.

Ejercicio: Afirmaciones para sanar la relación con tu cuerpo

La técnica de las afirmaciones te será muy útil para sanar la relación que tienes con tu cuerpo. Una manera de trabajar con afirmaciones es la siguiente: Escribe una frase que afirme que amas y aceptas tu cuerpo. Después de escribirla, permite que venga a tu mente una reacción. No censures tus reacciones. Por ejemplo, si la afirmación es «Me dispongo a aceptar mi cuerpo tal como es», tu reacción espontánea podría ser algo similar a «Ni hablar». Entonces, escribe esta reacción a continuación de la afirmación que acabas de hacer. Después escribe la misma afirmación muchas otras veces, añadiendo a continuación de cada una tu reacción espontánea. Por ejemplo:

Me dispongo a aceptar mi cuerpo tal como es.
   Ni hablar.
Me dispongo a aceptar mi cuerpo tal como es.
   Me parece que no.
Me dispongo a aceptar mi cuerpo tal como es.
   Entonces no cambiaría nunca.
Me dispongo a aceptar mi cuerpo tal como es.
   ¡Ja!
Me dispongo a aceptar mi cuerpo tal como es.
   No me gustan mis piernas.

Me dispongo a aceptar mi cuerpo tal como es.

¡Qué alivio!

Observa cómo cambian tus reacciones a medida que trabajas con la afirmación. Dejar que salgan las reacciones negativas desde el inconsciente a la superficie y reconocerlas nos da la oportunidad de ver las creencias y actitudes que no nos dejan aceptarnos a nosotros mismos. Crea afirmaciones que expresen tus objetivos y continúa trabajando con la misma afirmación hasta que tus reacciones sean neutras o positivas; después comienza con otra afirmación. Si no te viene a la mente ninguna reacción, repite la afirmación. Cuando se te revelen tus sentimientos, actitudes y creencias, descubrirás el poder de transformación del trabajo con afirmaciones.

A continuación, reproduzco una parte del diario que llevó una participante en un seminario durante su proceso de sanar su relación con su cuerpo mediante afirmaciones.

Afirmaciones de Nancy

Estoy dispuesta a ver mi belleza física.

No puedo.

Estoy dispuesta a ver mi belleza física.

¿Dónde?

Estoy dispuesta a ver mi belleza física.

Es tan escasa.

Estoy dispuesta a ver mi belleza física.

Pero es que es muy poca.

Estoy dispuesta a ver mi belleza física.

Tendría que liberarme.

Estoy dispuesta a liberarme de los valores estéticos de los demás.

Eso es lo único que he tenido siempre para medirme.

Estoy dispuesta a dejar de criticar mi cuerpo.

¡Qué esperanza!

Estoy dispuesta a dejar de criticar mi cuerpo.

No me lo puedo imaginar.

Estoy dispuesta a dejar de criticar mi cuerpo.

Lo intentaré.

Estoy dispuesta a dejar de criticar mi cuerpo.

Pobrecita mía.

Estoy dispuesta a acoger mi cuerpo en mi corazón.

Estoy dispuesta a acoger mi cuerpo en mi corazón.

¡Qué terrible!

Estoy dispuesta a acoger mi cuerpo en mi corazón.

Estoy dispuesta a acoger mi cuerpo en mi corazón.

Es tan asqueroso.

Estoy dispuesta a acoger mi cuerpo en mi corazón.

Es tan desaliñado.

Estoy dispuesta a acoger mi cuerpo en mi corazón.

Estoy dispuesta a ver que mi cuerpo forma parte de mí.

Por supuesto.

Estoy dispuesta a ver que mi cuerpo también soy yo.

Estoy dispuesta a ver que mi cuerpo también soy yo.

Estoy dispuesta a ver que mi cuerpo también soy yo.

Ay no, por favor, por favor. Ábrele los brazos a tu cuerpo. Ábreme los brazos. Abraza tu cuerpo. Abrázame. Déjate

de ascos, simplemente abrázame. Déjate de ascos, abráza-
me. Acéptame, formo parte de ti. Forma parte de mí. Po-
brecito mío. ¿Por qué te he despreciado durante tanto tiem-
po? ¿Por qué te he odiado tanto, durante tanto tiempo?
Siento un dolor terrible, tu sufrimiento. Mi cuerpo es tan
inocente... ¿Dónde estaría sin ti? Supongo que como siem-
pre necesitaba adelantarme. Si digo que te odio antes de
que todos los demás lo digan, no dolerá tanto. Chorradas.
Soy digna de amor, eres digno de amor. Duele no ser ama-
do. Y tú te mereces serlo, no sólo por mí sino también por
los demás.

Mi cuerpo merece amor.

Necesita amor.

Mi cuerpo merece amor.

Desea amor.

Mi cuerpo merece amor.

Ansía amor.

Mi cuerpo merece amor.

¡Mi cuerpo merece amor!

Mi cuerpo merece amor.

¿Dónde he estado?

Mi cuerpo merece amor.

Tristeza.

Mi cuerpo merece amor.

Dejaré de tenerte abandonado.

Estoy dispuesta a perdonar a mi cuerpo.

Por primera vez.

Estoy dispuesta a perdonar a mi cuerpo.

En ciertos momentos, de todas maneras.

Estoy dispuesta a perdonar a mi cuerpo.

Ansía mi perdón.

Estoy dispuesta a perdonar a mi cuerpo.

Lo estoy, lo estoy, lo estoy.

Estoy dispuesta a perdonar a mi cuerpo.

Olvidaré.

Perdono totalmente a mi cuerpo.

Poco a poco.

Perdono totalmente a mi cuerpo.

Me costará un poco acostumbrarme.

Perdono totalmente a mi cuerpo.

Me costará un poco acostumbrarme.

Amo mi cuerpo.

Amo mi cuerpo.

Amo mi cuerpo.

¡Qué hogar más agradable!

Amo mi cuerpo.

Amo mi cuerpo.

Después de su trabajo consciente con afirmaciones, Nancy nos relató el siguiente sueño, que ilustra su trabajo de curación en el plano inconsciente:

Estoy en cuclillas en un rincón, no sé si fregando el suelo o buscando algo, cuando intuyo una presencia a mi lado. Levanto la cabeza y el hombre que está ahí de pie me dice:

—¡Dios mío, qué hermosa eres! ¿Eres así de nacimiento?

Yo me sorprendo un poco y al intentar contestarle hago un rápido repaso de treinta años de momentos feos.

Pero finalmente vuelvo al presente y a mi recién descubierta visión de las cosas y decido afirmar esa verdad. Con firmeza le digo que nací hermosa. Él asiente con la cabeza y exclama:

—¡Ya lo creo! Es lo que pensé.

La posibilidad de amar realmente nuestro cuerpo puede provocarnos muchos sentimientos. Tristeza, al darnos cuenta del rechazo y el odio que hemos sentido antes. Sentimiento de aflicción y pérdida, por abandonar un viejo ideal que presentimos que nunca se hará realidad. También se puede sentir alivio, paz y una creciente sensación de aceptación y de amor por nosotros mismos. En realidad, sólo aceptándose a uno mismo se puede dejar de poner en peligro el amor por uno mismo. Cuanto más aceptamos, valoramos, amamos y escuchamos a nuestro cuerpo, más integramos ese amor por nosotros mismos. Y cuanto más crecen esa aceptación y ese amor, más a gusto nos sentimos en nuestro cuerpo y más guapos y atractivos nos volvemos físicamente. El hecho de perdonarse activa un brillo interior que es esencial para el atractivo de cualquier persona. La autocrítica nos roba el brillo y la chispa naturales que instantáneamente hacen que cualquiera que nos mire de verdad nos vea guapos, con independencia de la forma del cuerpo y de los rasgos de la cara. La verdadera belleza siempre procede del interior.

Una manera muy efectiva de comenzar a desarrollar el amor y la aceptación de uno mismo y del propio cuerpo es expresar gratitud.

* * *

Ejercicio: Bienvenida al cuerpo recuperado

Haz una pausa y respira. Ahora lleva tu atención hacia una parte de tu cuerpo que aceptas y con la que te sientes a gusto. Expresa tu aprecio por esa parte de tu cuerpo. Exprésale tu gratitud... Reflexiona sobre la maravilla que es tu cuerpo...

Ahora lleva tu atención hacia alguna zona de tu cuerpo que has rechazado y criticado considerándola inaceptable o no atractiva. Inspira y envía tu aliento hacia ella... Acoge y reconoce esta parte de tu cuerpo y vuelve a sentir en ella... Entabla un diálogo entre tu Yo y esa zona. Imagínate que esa parte de ti tiene voz y te puede decir lo que siente y lo que necesita que le des para ser feliz... Con tu aliento le envías una dulce y pacífica energía... Tu Yo inunda de aceptación esa zona. Abres tu corazón y le ofreces cariño y compasión... Dirígete a otras zonas de tu cuerpo, exteriores e interiores, y ofréceles amabilidad, gratitud, aceptación y compasión... Respira profundamente. Al espirar, imagínate una luz sanadora que se extiende y penetra por toda esa parte... Dedica un tiempo a dialogar con todas las zonas de tu cuerpo... a cada una pregúntale cómo se siente y de qué manera puedes atenderla. Manifiéstales gratitud, comprensión y una cariñosa atención... Acuérdate de respirar... Date permiso para sentir, sea lo que sea lo que sientas, y no olvides ser amable contigo.

Repite con frecuencia este ejercicio (o parte de él) hasta que tu actitud hacia tu cuerpo se vuelva más amistosa, apreciativa y aceptadora.

Afirmación para el día

Me doy permiso para disfrutar de mi cuerpo.

Perdonar al cuerpo por estar enfermo

El hecho de gozar de buena salud, si tenemos esa suerte, es algo que la mayoría de nosotros damos por descontado. Cuando la perdemos, aunque sea temporalmente, experimentamos un trastorno importante que requiere significativos ajustes. De pronto nos vemos obligados a hacer frente a desagradables cambios y a lo desconocido.

En las enfermedades graves o crónicas pueden producirse algunas o todas las fases de que habla Elisabeth Kübler-Ross al referirse a las personas que se enfrentan con la muerte. Aunque no haya riesgo de muerte física en una determinada enfermedad, nos enfrentamos a una muerte de la vida tal como la conocíamos hasta ese momento. Ciertas enfermedades y ciertos síntomas pueden producir una sensación de aislamiento, y ser causa de conmoción y no aceptación. Quizás el enfermo se pregunte: «¿Por qué yo?». Tal vez se sienta abatido por la depresión, el desvalimiento y el sentimiento de ser una víctima. Es posible que se sienta traicionado por el cuerpo y enfadado por estar así. Tal vez se sienta movido a negociar con Dios («Si me desaparece el enfisema, juro que no vuelvo a fumar nunca más»). Como el cuerpo y el estilo de vida cambian, hay tristeza y pesar, luto por la pérdida de lo que fue.

Si reconocemos esos sentimientos y les damos salida, los desahogamos en un lugar seguro, podemos comenzar a relacionarnos de manera curativa con los cambios y síntomas. Aceptar los síntomas no es resignarse pasivamente a que las cosas no mejoren. No significa abandonar la esperanza de la recuperación física ni dejar de utilizar todos los recursos médicos, espirituales y personales disponibles. Se puede aceptar la enfermedad mientras se hace todo lo posible por curarla. La aceptación es una opción «activa». Si podemos estar por nuestra enfermedad y escucharla, suele haber importantes enseñanzas que aprender. Incluso el dolor y la enfermedad pueden tener una utilidad. Ésta es una perspectiva que rara vez se nos enseña.

La forma en que reaccionamos ante el dolor físico es una metáfora de cómo hemos aprendido a hacer frente al dolor y el sufrimiento: huir, encubrirlo, ahogarlo... Ahogando los problemas personales con alcohol o aliviando las pequeñas molestias con fármacos sin receta, hemos aprendido a huir de la incomodidad y el dolor. Es interesante la conclusión que podemos sacar de nuestra cultura al observar la gran cantidad de anuncios que salen por televisión de productos que nos ofrecen un alivio instantáneo del dolor. La esencia del mensaje es que, sea cual sea la molestia que tengamos, hemos de librarnos de ella inmediatamente: no examinarla; no tratar de entenderla; no considerarla una maestra en potencia; no permitir que en la vida haya dolor ni nada que nos pueda detener o frenar. Así pues, cuando surge un dolor, solemos sentir odio por él y por nuestro cuerpo.

La aceptación supone reconocer con amor y comprensión las debilidades y flaquezas que conlleva a veces el hecho de ser humano. Aceptar es reconocer que, por ejemplo, «Me guste o no, tengo dolor (o cáncer o artritis). Ahora bien, ¿cuál es la manera más amorosa de reaccionar?». Tal vez no siempre tengamos el poder de cambiar las circunstancias, pero sí tenemos el poder de cambiar la manera de reaccionar ante ellas.

Perdonar al cuerpo, es decir, responderle con amabilidad y cariño, escuchar su mensaje, respetar sus debilidades y su fortaleza, nos capacita para reunir esos recursos emocionales y espirituales de curación que tenemos en nuestro interior y que suelen estar siempre bloqueados por la tensión que crea el desprecio por nuestro cuerpo. Cuando lo perdonamos por tener dolor o cualquier otra molestia física, por no hacer lo que deseamos, este cambio mental influye en el cuerpo, que entonces estará más relajado, con lo cual la mente, a su vez, estará más tranquila y en paz. El equilibrio y la armonía consiguientes pueden tener incluso un enorme y positivo efecto curativo sobre los síntomas físicos. Y en el caso en que no influyan en los síntomas o en la enfermedad, nos ayudarán a hacer frente a otros aspectos de nuestra vida.

El diagrama C ilustra cómo el bucle negativo de reacción cuerpo-mente se puede interrumpir siendo más consciente y se puede transformar mediante el perdón. Si no se toma conciencia y se reconoce, A y B continuarán reforzándose mutuamente y formarán un círculo vicioso. Dejemos de ver cómo se perpetúa ese ciclo. Al tomar conciencia y optar por una reacción alternativa y más amplia (C), cambiamos la pauta: cuando nos relacionamos conscientemente con el dolor o la enfermedad, la mente dirige al cuerpo y las emociones hacia una reacción sanadora, como lo son la relajación y la

C. Interrupción de un bucle de reacciones negativas

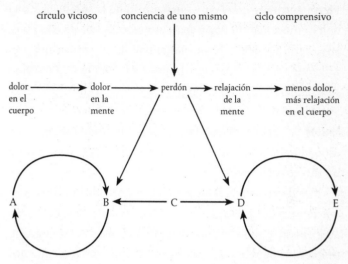

círculo vicioso   conciencia de uno mismo   ciclo comprensivo

dolor → dolor → perdón → relajación → menos dolor,
en el — en la — — de la — más relajación
cuerpo — mente — — mente — en el cuerpo

A   B ←   C   → D   E

entrega. La reacción de estrés (B) se convierte en reacción sanadora (D), que a su vez pone en marcha la reacción sanadora del cuerpo (E). De esta manera se reemplaza el círculo vicioso por una dinámica más conciliadora, cómoda y sana (D-E). Cuando se activa el ciclo comprensivo, un cambio producido en una parte refuerza la curación de la otra. Aun en el caso de que la relajación corporal y mental no alivie el dolor físico, nos capacitará para vivir con mayor amor, conciencia y efectividad.

La enfermedad como una oportunidad

Cuando estamos enfermos y consideramos que el cuerpo y los síntomas físicos son «el» problema, perdemos la oportunidad de ver y conocer los problemas más profundos que pueden ser los causantes de los síntomas. El cuerpo se convierte entonces en el chivo expiatorio de la infelicidad y el dolor emocional. El objetivo de ser conscientes de ello no es suponer que toda enfermedad tenga un origen psicológico, así como tampoco «achacar la culpa a la víctima». Pero si lo utilizamos con cariño y compasión, este conocimiento puede ayudarnos a ver si podemos obtener enseñanzas más importantes de las circunstancias. Cuando los contemplamos de esta manera, ciertos síntomas pueden ser una oportunidad y un nuevo comienzo.

Las diversas reacciones ante la enfermedad no son fases que tengan una jerarquía clara ni límites definidos. Uno tiende a entrar y salir de ellas; habrá momentos de aceptación, momentos de rabia o desvalimiento, momentos en que nos sintamos víctimas, y tal vez otros momentos en que nos sintamos más vivos y alegres que nunca. Para perdonar al cuerpo en las enfermedades crónicas y/o degenerativas se requiere una gran cantidad de intención, paciencia y perseverancia. Incluso en el caso de una persona que durante años haya practicado la meditación y viva con un alto grado de conciencia, es difícil que consiga mantener la mente clara y dispuesta a perdonar todo el tiempo. En estos casos es probable que se reafirmen las pautas emocionales de temor.

Cuando la persona aprende a aprovechar su enfermedad como una oportunidad para crecer (como puede serlo cualquier situación difícil de la vida), su dolencia se convierte a veces en una experiencia decisiva para desarrollar una relación más amable y cariñosa consigo misma. Bajo las tensiones y presiones del hecho de afrontar la enfermedad podemos descubrir un manantial de energía y amor interiores que jamás habíamos percibido antes. El caos inicial de una enfermedad se puede convertir en una crisis de curación. Aun cuando, si pudiéramos elegir, ciertamente preferiríamos no tener esos síntomas o esa enfermedad, al aceptar trabajar con la situación podemos descubrir un resquicio de esperanza. Cuanto más conscientemente nos abrimos a perdonarnos a nosotros mismos y perdonar a nuestro cuerpo, mayor es nuestra posibilidad de avanzar más allá de la aceptación hacia más y más momentos de poder personal, paz, alegría y vitalidad, independientemente de que estemos o no enfermos.

Un maestro espiritual lo expresaba muy bien: «Sea el cuerpo del tipo que sea, sano o enfermo, puede ser el vehículo para una vida maravillosa».

Un ejemplo de esto es el contraste entre dos enfermos de sida que conozco. Al conocer el diagnóstico, Frank se sintió enfadado y resentido con su cuerpo y con la vida. Se lamentaba amargamente a los médicos y las enfermeras y se aisló de sus mejores amigos, que deseaban ofrecerle amor y apoyo. Esencialmente «dejó de vivir» desde que conoció su diagnóstico, y murió a los seis meses.

Joe, por el contrario, decidió comenzar a vivir cuando le diagnosticaron el sida. Hasta ese momento había sido una persona resentida y amargada que maltrataba su cuerpo y solía quejarse y culpar a los demás cuando las cosas no se hacían o no resultaban como él quería. Cuando supo que tenía el sida, comenzó a participar en la popular labor de Louise Hay y el doctor Bernie Siegel. Empezó a cuidar de su cuerpo y a prestar atención a sus necesidades emocionales. Decidió vivir de verdad durante el tiempo que le quedara, fuera el que fuese. También comenzó a acercarse a otras personas enfermas de sida. Organizó grupos de curación y decidió vivir plenamente cada día, interesándose por todas las personas que se relacionaban con él y amándolas. Por el motivo que sea, cinco años más tarde, continúa lleno de energía y trabajando a jornada completa. Colabora activamente en la comunidad de enfermos de sida y vive su vida al máximo.

Somos más que nuestro cuerpo

La parte de nosotros que puede tener un cuerpo, sensaciones físicas, pensamientos y sentimientos «sin ser» ellos, es el Yo que perdona. A veces se lo llama el testigo, el observador, o sencillamente la conciencia o el conocimiento. El siguiente ejercicio te ofrece la oportunidad de fortalecer tu identidad con ese aspecto objetivo de tu Yo.

Ejercicio: ¿Quién o qué es consciente?

Haz una pausa y tómate unos cinco minutos para hacer lo siguiente: Dedica un minuto simplemente a observar tu respiración... Después pregúntate: «¿Quién o qué es consciente?»... Ahora quédate tranquilamente en silencio y limítate a observar tus pensamientos durante un minuto... Después vuelve a preguntarte: «¿Quién o qué es consciente?»... Entonces, durante un minuto, observa lo que sientes. Nota si tus emociones o tu estado de ánimo cambian... Después vuelve a preguntarte: «¿Quién o qué es consciente?»... y du-

rante unos minutos toma conciencia de las cambiantes sensaciones de tu cuerpo... Después pregúntate: «¿Quién o qué es consciente de esas cambiantes sensaciones?»... Fíjate en que hay una parte tuya que puede presenciar y observar tus pensamientos, sentimientos y sensaciones que cambian... Tú puedes ser el observador al mismo tiempo que experimentas sensaciones, pensamientos y sentimientos.

Para perdonar a tu cuerpo necesitas estar en contacto con tu Yo. Como en todos los demás tipos de perdón, el proceso de perdonar a nuestro cuerpo, sobre todo en momentos de dolor y molestia física, ha de ser una opción consciente y deliberada. Cuando una persona odia su cuerpo, sólo si toma conciencia de ese odio y elige relacionarse con su cuerpo de manera diferente, facilita la curación del sufrimiento que tiene sus raíces en esa relación de adversarios. Al convertirse en testigo, como en el ejercicio «¿Quién o qué es consciente?», fortalece su capacidad para sentir rabia o resistencia sin que estos sentimientos la dominen. Entonces, en lugar de tratar a su cuerpo como a un enemigo, puede hacerse conscientemente su amiga, relacionándose con él con renovado interés y amabilidad. La rabia puede ser una fuerza activadora de la curación, pero si persiste, a partir de cierto momento va a seguir la ley de rendimiento decreciente. Después de un tiempo el conflicto emocional es probable que inhiba la curación física, y ciertamente va a inhibir la curación emocional y espiritual. Trata de poner en suspenso la rabia, sé amable contigo y escucha lo que tu cuerpo quiere decirte.

Ejercicio: Diálogo con tu cuerpo

*Haz unas cuantas inspiraciones profundas y relajadoras...
Con cariño envía el aliento que inspiras hacia una zona de
tu cuerpo donde has tenido algún dolor o molestia.*

*Con el corazón abierto conversa con esa zona o con el
cuerpo entero. En su interior hay una sabiduría inmensa.
Pregúntale: «¿Estás tratando de decirme algo? ¿De qué manera puedo amarte y ayudarte más? ¿Qué necesitas de
mí?»... Escucha tus necesidades más profundas a medida que
se expresan a través de tu cuerpo. Trátate con cariño... y con
respeto... Permite que tu mente deje de criticar y juzgar.*

Así como aprendemos a identificarnos con nuestras emociones, funciones y creencias, también nos identificamos con
nuestro cuerpo. Es comprensible que cuando nos enferma-
mos nuestra primera identificación sea con la enfermedad y
con nuestro cuerpo. Tratemos, sin embargo, de tener presente que también hay un aspecto de nuestro ser que es independiente y mayor que el cuerpo físico.

El dolor y el sufrimiento

Dolor y sufrimiento no son lo mismo. El dolor es el resultado
de una herida o lesión física o emocional. Todo el mundo lo
siente en diversos grados. El sufrimiento es la reacción al
dolor. Es la consecuencia de nuestro modo de relacionarnos
con el dolor. Se trata de una experiencia determinada por la

actitud, y que se puede negociar y reformular. Por ejemplo, los calambres menstruales se pueden considerar molestias sin importancia ni gravedad. Pero para una mujer estéril que desea tener hijos, podrían ser un recordatorio de que no ha concebido; entonces tal vez experimente esos calambres como algo incapacitador y como una fuente de gran sufrimiento. De igual manera, los dolores del parto pueden ser algo manejable e incluso exultante cuando se está preparada y deseosa de dar a luz un hijo.

Cuando sentimos dolor y malestar físicos, quizá nos resulta muy difícil recordar que podemos influir en esa experiencia. La reacción instintiva es resistirse, contener el aliento y contraer los músculos. Esto a su vez aumenta el temor y la molestia, y por lo tanto contribuye a que experimentemos sufrimiento. Nuevamente entramos en el círculo vicioso al que me referí unas páginas atrás, en el diagrama C (pág. 283). La próxima vez que sientas malestar físico prueba a hacer lo siguiente:

Ejercicio: Trabajo con el malestar físico

Ten presente no dejar de respirar. Respira con suavidad, lenta y plenamente. Con cada espiración, repite esta recomendación: «Relájate». Cuando notes las sensaciones físicas molestas, continúa respirando, sin contener el aliento. Conscientemente incítate a relajarte. En lugar de llamar dolor al malestar, trata de advertir las diferentes sensaciones: ¿Qué sientes? ¿Calor? ¿Frío? ¿Hormigueo? ¿Rigidez? ¿Ardor? ¿Quemazón?... Esa sensación, ¿es aguda o apagada? ¿Se ex-

pande o se contrae? ¿Avanza o se queda en un solo lugar? ¿Te pide una reacción física? ¿Abrazarla? ¿Alejarte de ella? ¿Te hace sentir deseos de moverte o todo lo contrario? ¿Te trae algún recuerdo a la mente? ¿Te evoca emociones familiares o desconocidas?

Ahora que tienes experiencia en el papel de observador objetivo, te invito a avanzar un paso más. Continúa respirando con suavidad y plenamente... y ríndete al malestar aflojando la resistencia a las sensaciones... Suavemente abandona toda resistencia... continúa aflojando la resistencia... rindiéndote al malestar al suavizar la resistencia a las emociones... Envía amor y atención a esa parte de tu cuerpo. Hazlo durante unos cinco o diez minutos, si es posible... Si no, inténtalo durante un minuto. Relacionarte con el malestar de esa manera incluso durante unos breves instantes te será útil y sanador.

El maestro y escritor Steven Levine lo expresa así: «Eres responsable de tu cuerpo, de tu cáncer, de tu corazón». Levine ha trabajado muchísimo con personas afectadas de enfermedades crónicas y de enfermedades que amenazan la vida, y dice: «Recomendamos a los enfermos que traten a su enfermedad como si ésta fuera un hijo único, con la misma comprensión y la misma atención cariñosa. Si la enfermedad estuviera en el cuerpo de ese hijo, lo acariciaríamos, lo abrazaríamos, haríamos todo lo posible para que sanara y se sintiera bien. Pero cuando la enfermedad está en nuestro cuerpo, en cierto modo la amurallamos, le enviamos odio y rabia. Nos tratamos con muy poca amabilidad, con muy poca suavidad».

El perdón nos permite dejar de hacer esas repetidas comparaciones con las cosas como eran antes, y con la salud de los demás: «Antes yo era capaz de hacer mucho más. Los otros tienen mucha más energía que yo». Comparar nuestro cuerpo con lo que era antes y con el de los demás nos mantiene encerrados en la insatisfacción crónica, separados de la vitalidad de que disponemos en *este mismo momento*. Es normal sentir frustración y envidia de los demás, sobre todo cuando los síntomas o la enfermedad nos limitan en el trabajo, en la comida, en las actividades, en la sexualidad o en las relaciones. Pero tratemos de estar alerta, para que esos sentimientos no nos aten al pasado, al temor ni al descontento crónico. Tengamos presente ser amables con nuestro cuerpo y con nosotros mismos, y tratemos de centrar nuestra atención en lo que podemos hacer.

Medita sobre el ejercicio «¿Quién o qué es consciente?». Aun cuando los síntomas sean muy pronunciados y molestos, a veces podemos distanciarnos un poco de ellos. Una persona lo expresaba así: «Yo no era ninguna de esas experiencias, sino el aspecto de la conciencia que lo observaba todo». Esto es la increíble curación y la libertad que nos ofrece el hecho de perdonar a nuestro cuerpo. Es la libertad que nos proporciona saber que aunque estemos enfermos, la enfermedad no es lo único que somos. No es necesario que nos identifiquemos totalmente con ella. Podemos tener cáncer, hipertensión, colitis, asma, esclerosis muscular, etcétera, pero hay una dimensión en nosotros que puede estar al mismo tiempo muy viva y sana. Podemos sanar aunque nuestro cuerpo físico no se cure. El cuerpo puede estar enfermo y nosotros estar en paz. También es posible que los síntomas físicos desaparezcan y continuemos sintiéndonos fragmentados, temerosos y enfadados. Tal vez el cuerpo físico se cure y la persona no sane, porque la mayor parte de su energía emocional y física la ha gastado en rabia, resistencia y temor, y es muy poca la que le queda para sanar.

El proceso de curación es muchísimo más que un cambio en los síntomas físicos. Sanamos en aquellos momentos en que abandonamos el temor y nos permitimos una paz más profunda, cuando, como dice Levine, «dejamos que nuestra mente se hunda en nuestro corazón», en otras palabras, cuando rodeamos nuestro dolor con amor. Cuando conscientemente nos permitimos la comunicación con nuestro centro esencial, somos más capaces de volver a conectar con nuestra capacidad sanadora interior.

Perdonar nuestra mortalidad

Nos resulta muy difícil perdonarnos o perdonar a nuestro cuerpo por morir. Culturalmente, estamos condicionados a temer y negar la muerte. Vivimos en un país en donde la gran mayoría de las personas mueren en instituciones en las que se teme, se niega y se considera enemiga a la muerte. Incluso morir se convierte en un motivo de culpa, crítica y rechazo de uno mismo. Cuando se desprecia la muerte es imposible perdonar del todo al cuerpo, ya que, inevitablemente, todos los cuerpos mueren. Perdonar nuestra mortalidad no supone que «deseemos» morir. Pero sí nos proporciona paz, tranquilidad y valor para aceptar la muerte física cuando llega. Mediante el perdón podemos aprender que ni siquiera la muerte ha de ser temida o evitada.

«Sólo se puede experimentar una afirmación incondicional de la vida cuando se ha aceptado la muerte, no como contraria a la vida sino como parte de ella», observaba Joseph Campbell en su serie televisiva *Power of Myth* [El poder del mito].

Perdonarse a uno mismo y perdonar a los demás por morir plantea las preguntas más fundamentales de la existencia humana: ¿Quién y qué soy? ¿Qué es la muerte? ¿Quién y qué es eso que muere? Campbell se preguntaba: «¿Qué soy? ¿La bombilla que lleva la luz o la luz cuyo vehículo es la bombilla?». El perdón es la clave para saber cuál de estas dos posibilidades es la cierta. Al ponernos del lado del Yo, nos damos cuenta de que somos la luz y el cuerpo es el magnífico vehículo que alberga temporalmente el milagro de nuestra existencia tal como la conocemos.

A pesar de sus muchas diferencias, todas las principales religiones comparten la creencia de que dentro de nuestro cuerpo físico hay una realidad no física, energética, que continúa viviendo después de la muerte del cuerpo. Algunos la llaman el alma; otros, el espíritu. Aquí la llamo el Yo. El perdón nos enseña que nuestra identidad más verdadera y esencial es el Yo, que existe más allá de la muerte.

Las aprensiones y el terror que produce la muerte (o pensar en ella) pueden provenir de la culpa, de «asuntos inconclusos» con seres queridos, del temor al castigo después de la muerte, y del miedo de desprenderse. La rabia contra uno mismo y contra los demás por morir puede ser una resistencia, una defensa contra el miedo, la aflicción y el amor. Cuando nos desprendemos conscientemente en vida y morimos a los yos pequeños y temerosos, sanamos también el terror a la muerte física. Cada vez que perdonamos, afirmamos la vida en toda su plenitud. Es entonces cuando descubrimos la absoluta seguridad que hay en el hecho de liberarse del pasado, de las percepciones limitadoras, de conceptos anticuados de lo que somos, de ideas que limitan lo que es importante. Cuando dejamos de tenerle miedo a la vida, ya no tememos la muerte.

Cada vez que dejamos marchar la rabia, las críticas y los temores, morimos a nuestro apego al ego y en nuestra experiencia consciente se arraiga un poco más la realidad ilimitada del Yo. Las ilusiones y los temores que nos constriñen y exigen control y permanencia disminuyen o se superan.

Si podemos reunir la sabiduría y la amabilidad que hay en nuestro corazón para perdonarnos a nosotros mismos y a los demás por ser humanos y tener imperfecciones humanas, se nos abre la inmensa posibilidad de que la muerte sea, como mínimo, soportable y como máximo, igual que un nacimiento, una transición profundamente amorosa, misteriosa y llena de gracia. Si morimos a nuestros yos restrictivos mientras estamos vivos, se nos concede la inmensa gracia de confiar incluso en la muerte. Eso no significa que vayamos a desear morir o que mueran los demás; no quiere decir que no utilicemos todos los recursos disponibles, exteriores e interiores, para vivir; no significa que no lloremos y nos aflijamos, porque si amamos, con toda certeza nos acongojaremos. Pero sí significa que cuando la muerte corporal llame a nuestra puerta, nos rendiremos al momento que se nos pre-

senta, abandonándonos y confiando en lo que nos espera
después.

> Yo no soy yo.
> Soy éste
> que va a mi lado sin yo verlo;
> que, a veces, voy a ver,
> y que, a veces, olvido.

> El que calla, sereno, cuando hablo,
> el que perdona, dulce, cuando odio,
> el que pasea por donde no estoy,
> el que quedará en pie cuando yo muera.

JUAN RAMÓN JIMÉNEZ, *Eternidades*

El cuerpo como
un templo para el espíritu

Imaginemos que el cuerpo es un recipiente. Si está lleno de
la energía densa y constreñida del temor, la vergüenza, la
rabia, el rencor y la culpa, queda poco espacio para que crezca
en nuestro interior la energía más expansiva y luminosa de
sentimientos como la comprensión y el amor. El perdón
de nosotros mismos y de los demás es una manera de vaciar
nuestro recipiente para que pueda entrar y brillar en él esa
radiante energía. Perdonamos para invitar al Espíritu a que
entre en nuestro ser (cuerpo y mente) y avive la luz de nuestro Yo interior. Las cualidades que son una expresión de este

Espíritu encarnado son las del Yo superior: amor, comprensión, compasión, fe, confianza, alegría, fortaleza interior, amabilidad, generosidad, integridad, etcétera.

Cuando estamos del lado de nuestro Yo, nuestro cuerpo está en libertad de cumplir su función más suprema y natural: la de ser el hogar o el templo del Yo (o alma), radiante de espíritu. En esos momentos experimentamos una vitalidad poderosa y fluida; recuperamos la gracia y la integridad. En ese estado expansivo, el cuerpo-mente se compromete en una relación energética con la vida, que se abre y fluye como algo seguro, presente y poderoso. Ya sea que nos sintamos angustiados y limitados, o por el contrario radiantes y llenos de amor, el cuerpo es el vehículo a través del cual experimentamos nuestra energía y la manifestamos en el mundo. Mediante nuestro cuerpo-mente expresamos no sólo nuestros instintos humanos menos evolucionados, sino también aquellas cualidades que Abraham Maslow definió como las «más afines a la especie». Probablemente ninguna otra especie vive con el apremiante anhelo interior de amar, servir y fundirse con algo superior a sí misma. Un cuerpo congestionado y constreñido por la rabia y la culpa frustra este anhelo interior.

Sin esa vitalidad en el plano energético de nuestro cuerpo somos insensibles, nos inhibimos de esa reacción celular, inmediata e intuitiva ante el mundo. Una reacción celular entiende de un modo más directo y sincero que la mente nuestra verdadera relación con nosotros mismos, con los demás y con el Universo. Cuanto menos restringido está el cuerpo-mente, más sirve de bucle natural de respuesta, de elemento perceptivo y receptivo de la verdad. El

Espíritu así conectado y a gusto en el cuerpo nos inspira claridad y gracia.

Según el fundador de la bioenergética, Alexander Lowen, cuando reina el temor y no se comprende con cierta coherencia al Yo, tendemos a experimentar el cuerpo de un modo más completo bajo la zona pélvica y por encima del cuello. Lowen sugiere que cuando la energía está reprimida y estancada, el cuerpo se convierte en un acumulador de tensión muscular crónica. Esta tensión nos impide la auténtica experiencia de nuestras emociones, nuestro poder y nuestro amor. En otras palabras, a nivel corporal, estamos desconectados de nuestro vientre, nuestro plexo solar y nuestro corazón, y por ello nuestras reacciones tienden a ser más primitivas y menos iluminadas.

Al estar separados de nuestra verdadera fuente de poder personal, tendemos a relacionarnos con la vida de una manera pasiva y/o agresiva. En consecuencia, nuestra mente sirve a nuestros temores en lugar de servir a nuestro corazón. Quedamos desconectados del centro de nuestro cuerpo físico y aislados de lo que las filosofías orientales llaman Hara, la fuente de poder y energía universal. También por medio del Hara experimentamos armonía y una profunda paz en el cuerpo. Las pulsaciones energéticas del Hara quedan ahogadas por la supresión de las emociones y la separación del Yo. Creyendo que podemos compensar esta falta de vitalidad y energía nos entregamos a una actividad compulsiva y/o tomamos estimulantes en forma de drogas, alcohol, café, etc., en un frustrado intento de reequilibrar y compensar la depresión de la fuerza vital de la que estamos alejados. También la sexualidad, cuando está separada del corazón, se reduce a estar al servicio de un nivel primario de gratificación y liberación en lugar de ser un vehículo de verdadera comunicación y comunión con otra persona.

Cuando estamos alineados con el Yo, habitamos el cuerpo con una vitalidad siempre nueva. Todos los bebés poseen esa vitalidad, ese ritmo, esa gracia y esa espontaneidad, que suelen perderse cuando se desarrolla el ego, sobre todo si falta un apoyo emocional seguro. El cuerpo se vuelve rígido y las pautas y armaduras para sujetar las emociones encuentran una residencia estática en diferentes zonas del cuerpo. Nos cerramos emocional, mental, física y espiritualmente. Nuestro corazón se cierra, en su necesidad de protegerse.

Al crecer y sanar conscientemente, en el cuerpo-mente se produce una liberación de esa rígida constricción que tenemos a modo de armadura. El Espíritu encuentra un espacio donde habitar y se expande en el cuerpo, y el increíble poder de la ternura, la compasión, la aceptación, el amor y el perdón echa raíces o se conecta con nuestra experiencia directa. El cuerpo conoce entonces la fe en la bondad, la valía, la dignidad y la seguridad fundamentales que hay en nosotros. La armadura corporal se hace más porosa o se disuelve, los latidos de pasión y compasión fluyen por el corazón y perdemos el miedo a amarnos, a nosotros mismos y a los demás. Al estar conectados con el Espíritu, recuperamos nuestra inocencia mientras crecemos en alegría y fuerza. Cuando sentimos la energía dinámica de estas cualidades en nuestro interior, tiene lugar la curación a nivel celular. Al mismo tiempo, este estado de conciencia expandida nos permite experimentar una realidad mayor y más amorosa de lo que jamás han podido imaginar nuestros pequeños yos.

11. El perdón y la curación física

Cuando mi amigo Jack les contó a sus compañeros de trabajo que tenía varias úlceras, nadie se sorprendió. Durante años había sido en la oficina el que «se pasaba la vida preocupándose», y todo el mundo conoce la relación que existe entre un alto grado de angustia y las úlceras de estómago.

Pero lo que no sabe todo el mundo es que la rabia, el rencor, la agresividad, la vergüenza y la culpa también afectan a nuestro bienestar físico. Al igual que todas las reacciones humanas basadas en el temor, sentimientos como la culpa y la rabia nos influyen no sólo en el estado de ánimo sino también fisiológicamente. Si se resuelven los conflictos interiores causantes de la rabia o la culpa, el cuerpo, que tiene mucho poder de recuperación, volverá al equilibrio. Si estos conflictos no se resuelven, el cuerpo sufrirá.

Durante los últimos diez años más o menos, han ido en aumento los estudios médicos que demuestran que la rabia, el rencor, la agresividad, la vergüenza y el sentimiento de culpabilidad crónicos están muy relacionados con la enfermedad física. Sin embargo, no toda persona que suela enfadarse o sentirse culpable va a enfermar necesariamente. Algunas somatizan el estrés emocional y otras no.

También aumentan las pruebas científicas, sobre todo las procedentes del nuevo campo de la psiconeuroinmunología, de que la paz mental, la alegría, el optimismo y el amor se traducen en reacciones bioquímicas mensurables que activan el innato sistema de curación del cuerpo. Estos sentimientos positivos siempre producen el fruto de la salud emocional a la vez que contribuyen a la curación de los síntomas físicos.

La fisiología del miedo y del amor

Ante una situación de mucha tensión, ¿has sentido náuseas o has tenido diarrea o un fuerte dolor de cabeza? ¿Has sentido el corazón desbocado y el pulso acelerado? ¿Has tenido la impresión de que, si fuera necesario, podrías luchar contra un gigante? Éstos son algunos de los signos de la sobreexcitación producida por el impulso de «luchar o huir» que identificara por primera vez el doctor Walter Cannon en 1914. El mecanismo de esta reacción de luchar o huir nos revela la manera que tiene de afectar al cuerpo el temor, que es la emoción que está en la base de la agresividad, la rabia, el resentimiento, la vergüenza y la culpa.

Cuando se activa esta reacción de lucha o huida, se alteran las funciones de digestión, asimilación y eliminación, ya que se cierran los vasos sanguíneos del estómago y los intestinos. Aumenta el flujo sanguíneo hacia los grupos de músculos grandes, el cerebro, el corazón y los pulmones. Se eleva la presión arterial; se aceleran el pulso y el ritmo cardíaco; cambia la composición bioquímica de la sangre; se produce una gran cantidad de adrenalina y noradrenalina, que son las hormonas del estrés, y éstas se liberan al torrente sanguíneo junto con azúcares y ácidos grasos para servir de combustible a la actividad muscular.

Todos estos cambios son reacciones sanas que preparan al cuerpo para actuar rápido en situaciones de urgencia, para entrar en combate o huir. En los pueblos primitivos esta reacción era esencial para la supervivencia, para defenderse de los peligros de vivir en la naturaleza en medio de animales salvajes y otros depredadores. Actualmente, esta reacción de lucha o huida sigue siendo necesaria cuando tenemos que reaccionar rápidamente ante situaciones de urgencia, como, por ejemplo, para saltar y quitarse del camino de un coche o un autobús. No obstante, rara vez la necesitamos para una verdadera supervivencia física en la vida cotidiana. En todo caso, muchos de nosotros continuamos experimentando esta reacción física con bastante frecuencia, nos demos cuenta de ello o no. Esos mismos cambios se producen en el cuerpo cuando nos sentimos amenazados por un comentario del jefe, y cuando deseamos que se aparte del camino el coche que va delante, o romperle la cara a alguien por la forma en que nos mira o por lo que ha dicho o hecho. En muchos encuentros de la vida diaria solemos percibir a los demás como una amenaza, como enemigos o depredadores.

Ni siquiera es necesaria la presencia de la persona o circunstancia que nos fastidia o nos hace sentir amenazados para que esa reacción se active. El sistema nervioso no distingue entre los acontecimientos que están ocurriendo en el momento y los que revivimos en la mente, por lo cual no sólo experimentamos una tensión emocional y física cada vez que nos enfadamos, sino también cada vez que recordamos la experiencia que nos produjo la rabia, si aún no la hemos solucionado.

Tómate un tiempo y trata de recordar alguna ocasión en que estabas a salvo en tu casa y te despertaste con un sobresalto por un sueño aterrador. Recuerda cómo te sentías al despertar. Tal vez te latía rápidamente el corazón y tenías los músculos tensos y las mandíbulas apretadas. Quizá sudabas, te invadía el pánico, tenías los nervios a flor de piel o el pulso acelerado, aunque sólo habías estado durmiendo.

Tu sistema nervioso no sabía que estabas a salvo en tu cama. Para él te encontrabas en un verdadero peligro. Por lo tanto, te preparó el cuerpo para luchar o escapar. De la misma manera, el sistema nervioso tampoco sabe que la circunstancia real ya ha pasado cuando, después de marcharse de la oficina, uno revive mentalmente una pelea que tuvo con su jefe, o cuando evoca la rabia que sintió en su infancia al ser tratado injustamente, o recuerda una situación en que se sintió víctima y continúa sintiéndose así una y otra vez. Es suficiente recordar un encuentro doloroso del pasado o imaginarse una situación conflictiva en el futuro para que se active esa reacción de lucha o huida. Cuando nos aferramos a la rabia, el sistema nervioso recibe continuamente la señal para que se prepare a luchar o escapar, aun cuando no haya ninguna pelea que enfrentar ni ningún lugar adonde huir.

Los efectos dañinos de este mecanismo se producen cuando estos cambios fisiológicos, cuyo fin es disponernos a afrontar situaciones urgentes y de corta duración, se convierten en reflejos rutinarios ante encuentros cotidianos. Un ser humano que está siempre acelerado es como un coche que se deja siempre con el motor en marcha, hasta cuando está estacionado. Ciertamente que el motor se va a calentar, desgastar y estropear con más frecuencia que el de un coche que tiene la oportunidad de descansar. Para estar sanos, todos necesitamos disponer de momentos para relajarnos y olvidarnos de los conflictos interiores, con el fin de que el cuerpo y la psique puedan descansar y renovarse.

Cómo y dónde se deteriora el cuerpo es algo muy personal. Lógicamente el entorno, el apoyo social, los genes y otras variables son factores importantes, pero cuando nos enfrentamos a un estrés crónico con el que no sabemos muy bien cómo arreglárnoslas, todos somos propensos a debilitarnos o perder vitalidad de un modo u otro. Hay personas que son más vulnerables emocionalmente durante las épocas de estrés, propensas a las crisis de depresión, letargo, indecisión u hostilidad. Otras son más propensas a los trastornos físicos. Las zonas vulnerables pueden ser las articulaciones, los músculos, el sistema respiratorio, algún o algunos órganos internos o el sistema inmunitario. Entre los síntomas están los dolores de cabeza crónicos, las irritaciones de la piel, las molestias gastrointestinales, el cáncer, el herpes, la hipertensión, las enfermedades coronarias, etc. Y hay también personas que son vulnerables tanto emocional como físicamente.

En su extraordinario estudio *Adaptation to Life* [Adaptación a la vida], el doctor George Vaillant, de la Facultad de Medicina de Harvard, observa que el factor más importante de predicción de la salud física es la salud mental. Después de analizar los informes sobre los estudiantes de la Universidad de Harvard dentro de un período de más de 30 años, llegó a la conclusión de que entre los hombres que tienen un estilo inmaduro de afrontar las situaciones (por ejemplo, no dejar de pensar en sus preocupaciones emocionales y buscar el alivio de que no sea necesario un cambio personal) había una frecuencia de enfermedades cuatro veces mayor que entre aquellos que se enfrentan de manera más madura al estrés de la vida cotidiana. Cuando reconocemos y transformamos las reacciones de estrés potencialmente dañinas, mediante el trabajo con la rabia, la culpa, la agresividad y el temor, reducimos de un modo significativo la posibilidad de contraer enfermedades físicas.

El doctor Deepak Chopra, autor de *Quantum Healing* [Curación cuántica], escribe que «cuando pensamos, practicamos la química cerebral [...] no hay ningún pensamiento torcido sin una molécula torcida». El rencor y la agresividad crónicos, la culpa no sana y la vergüenza son «pensamientos torcidos» que producen reacciones fisiológicas de estrés. Cuando estamos estresados, el cerebro fabrica péptidos, unas moléculas transmisoras que transforman nuestros sentimientos en reacciones químicas que influyen en la conexión entre cuerpo y mente. Dentro del cuerpo-mente hay un bucle de retroalimentación que va de los pensamientos o percepciones a los sentimientos o emociones, a los mensajes transmitidos al cerebro, a las secreciones hormonales, a las funciones celulares del cuerpo, y vuelve de nuevo a la mente y el cerebro. Las reacciones en cadena activadas por los péptidos afectan positiva o negativamente al cuerpo, según sea la naturaleza de los pensamientos, percepciones y sentimientos que iniciaron el proceso.

El uso de placebos ilustra cómo una actitud emocional esperanzada y optimista influye de un modo positivo en la producción de péptidos y activa el sistema sanador. Cientos de estudios en que se han medido los efectos de los placebos demuestran cómo el cuerpo reacciona positivamente cuando la expectativa de que disminuya o desaparezca un dolor o síntoma produce un sentimiento positivo de esperanza. Las expectativas positivas estimulan la producción de péptidos en forma de endorfinas, que es el calmante natural del dolor. El alivio del dolor es real, pero la causa es la propia percepción y el cerebro, que es donde se generan las endorfinas y otros péptidos, que también tienen un efecto directo en el sistema inmunitario.

Las emociones y el sistema inmunitario

La inmunosupresión nos hace vulnerables al resfriado común y la gripe. Suele ser la causa de enfermedades autoinmunes como la artritis reumatoidea y el lupus, entre otras. También suele influir negativamente en la capacidad del cuerpo para librarse de las células cancerosas.

La relación entre el estrés y la enfermedad maligna ha sido tratada en cientos de artículos de la literatura médica. El doctor O. Carl Simonton y Stephanie Matthews-Simonton, pioneros en la divulgación de la relación entre los factores emocionales y el cáncer, fueron los primeros en identificar un rasgo psicológico clave en las personas propensas al cáncer, y lo definieron como «una tendencia a guardar rencor y una marcada incapacidad para perdonar». Ciertamente, este rasgo psicológico no está presente en todas las personas enfermas de cáncer. Pero en algunas ese resentimiento crónico, sobre todo el resentimiento crónicamente suprimido, podría ser el factor que más ha contribuido a la inmunosupresión, es decir, a la supresión de la respuesta inmunitaria.

Según los Simonton, el sistema inmunitario sano tiene una función natural de vigilancia. Cuando se forman células cancerosas, cosa que le ocurre a todo el mundo, el sistema inmunitario sano las elimina e impide su proliferación. Las hormonas del estrés, que son activadas por la rabia y el resentimiento, afectan al proceso corporal normal de librarse de las células cancerosas. Cuando la rabia se mantiene y se reprime durante mucho tiempo, el sistema inmunitario se deprime y no puede funcionar eficientemente. Si es en él donde reside nuestra vulnerabilidad física, allí es donde puede producirse el trastorno. Parte del programa curativo del doctor Simonton es animar a descubrir maneras creativas de dar salida y expresión a la rabia y el temor para sanarlos.

La doctora Sandra Levy, directora del departamento de Medicina Conductista en Oncología del Instituto para el Cáncer de Pittsburgh, ha descubierto que la disposición a la alegría es el principal factor de predicción de mejoría del cáncer de mama. La alegría resulta ser más influyente que el número y la ubicación de las metástasis. La relación de la mujer con su médico y con su marido es también de primordial importancia. El poder curativo del amor, el perdón y la alegría puede ser nuestra más potente medicina.

La agresividad y las enfermedades cardíacas

Informes más recientes en la literatura médica reconocen que el estrés causado por la agresividad crónica es un factor significativo en la frecuencia de ataques al corazón. El doctor Redford Williams, de la Facultad de Medicina de la Universidad de Duke, ha expuesto al gran público la relación entre la hostilidad y la salud en su último libro, *The Trusting Heart* [El corazón confiado]. «Hay pruebas científicas que demuestran que los corazones confiados viven vidas más largas y sanas», escribe Williams, que ha estudiado la personalidad Tipo A, identificada por primera vez por los cardiólogos Meyer Friedman y Ray Rosenman.

La personalidad Tipo A se caracteriza por ser tremendamente ambiciosa y competitiva; siempre tiene prisa y los contratiempos o molestias cotidianos le provocan fácilmente agresividad y rabia. Se creía que los individuos de personalidad Tipo A eran mucho más propensos a los infartos y a las enfermedades coronarias que los de personalidad Tipo B, que son más pacientes, menos competitivos y menos agresivos. Williams escribe: «Ahora parece estar claro que ir siempre deprisa y ser ambicioso no supone de por sí un mayor riesgo de tener un infarto o de morir de enfermedad coronaria. [...] La agresividad, la rabia y sus consecuencias biológicas son la parte tóxica del comportamiento Tipo A. [...] De esto se deduce, por lo tanto, que lo más importante que puede hacer quien tenga una personalidad Tipo A para aminorar el riesgo de enfermedad coronaria es aprender a reducir su agresividad y su rabia». Lo que pone en marcha una manera de pensar negativa, basada en el temor, es esa desconfianza cínica que lleva a conclusiones desfavorables sobre las motivaciones de los demás.

En un estudio realizado por Meyer Friedman con 1.000 hombres con historiales de infartos, como parte de un proyecto para prevenir recaídas, se descubrió que entre los que aprendieron maneras de reducir efectivamente las prisas y la agresividad hubo una importante disminución de problemas cardíacos y una reducción de la tasa de mortalidad. Williams señala que reducir la agresividad también puede ser beneficioso para prevenir un primer infarto.

Si bien aquí sólo hemos arrojado luz sobre el cáncer y las enfermedades del corazón, hay cientos de formas en que la culpa y la rabia pueden ser causa de síntomas físicos. Muchas veces el cuerpo nos habla en metáforas, en su intento de captar nuestra atención. Un dolor en el pecho podría estar pidiéndonos que prestemos atención al dolor emocional de un corazón que no deja entrar ni salir amor. O tal vez el dolor podría tomar la forma de las dos historias siguientes: en una, a un hombre se le agarrotan los músculos de la mano, proyección en el cuerpo de los paralizantes efectos de la culpa y la deshonestidad; en la otra, el flujo menstrual de una mujer no se detiene, proyección en el cuerpo de un sentimiento de culpabilidad no reconocido por no querer tener un hijo que su marido desea.

Historia de Michael

Michael es un compositor y músico de 36 años aficionado a competir en tiro con pistola.

> Hace más o menos un año estaba muy metido en competiciones de tiro con pistola. Llevaba seis meses invicto y estaba batiendo todos los récords existentes, cuando un

día, después de una competición, noté que me dolía la muñeca. El dolor continuó empeorando con cada competición y también comenzó a dificultarme la ejecución en el piano. Ya no podía tocar octavas, y después de un tiempo ni siquiera pude tocar escalas. Finalmente, debido al dolor tuve que abandonar las dos cosas, las competiciones de tiro y el piano.

Entonces me decidí a buscar remedio. Primero acudí a un médico ortopédico especializado en medicina deportiva. Nada más mirarme me cogió la mano y dijo: «Ah, esto es una tendinitis. Tenga». Me dio una muñequera de fabricación en serie y me recetó un antiinflamatorio. Lo tomé durante unos meses, pero no hizo ni el menor efecto en el dolor. Entonces acudí a un cirujano de la mano, que opinó que tenía dañado el colágeno de la muñeca y me envió a una quiroterapeuta, la cual volvió al diagnóstico de la tendinitis, encargó para mí una muñequera de plexiglás a medida y me dijo que continuara tomando el antiinflamatorio y que no usara la mano ni la muñeca durante seis semanas. Fui muy obediente y ni siquiera intenté mover la mano, pero esto no alivió para nada el dolor.

Una noche asistí a una conferencia sobre la culpa y el perdón que daba la doctora Joan Borysenko, la famosa especialista en el binomio cuerpo-mente. Después de escuchar algunos de los casos que contó, comencé a reflexionar en las circunstancias que acompañaron el comienzo de mi dolor de muñeca. Recordé que en esa época yo me había sentido muy culpable por mi práctica de tiro. Mis ininterrumpidos triunfos en las competiciones me hacían sentir muy presionado para continuar en la cima, y con el fin de conseguirlo había empezado a hacer trampas, con lo cual se me acabó toda la diversión al practicar ese deporte. Pero estaba tan metido en ello, tan liado, que no era capaz de dejarlo. Más o menos por entonces empezó el dolor.

Se me ocurrió que allí podría haber una conexión, y esa misma noche decidí volver a la práctica de tiro, con mano dolorida y todo, sólo que esta vez iba a tirar de manera muy conservadora, siguiendo con toda exactitud las normas, y dispuesto a aceptar el resultado fuera el que fuese. Bueno, lo primero que me sorprendió cuando lo hice fue que mis marcas no sufrieron en absoluto. Gané con toda facilidad, lo cual fue muy agradable. Pero lo más sorprendente es que a partir de esa noche me he sentido muchísimo mejor de la mano y la muñeca.

Creo que mi cuerpo me estaba mostrando una bandera roja para decirme que en el fondo yo encontraba inaceptable el engaño. Una vez que reconocí la señal, me perdoné por haber caído en esa trampa y rectifiqué mi conducta, la muñeca sanó. Ya hace seis meses que no tengo ningún dolor. Ahora toco el piano de nuevo y practico el tiro con pistola sin sentir la menor molestia.

Lo que necesitaba era perdonarme a mí mismo y darme permiso para quedar el último en la competición si era necesario. Ahora me siento justificado. Creo que estoy en el lado correcto de la competición y de mi propia moral.

Carta de Lisa

Mi amiga Lisa describe otra poderosa expresión física del dolor emocional.

Querida Robin:

Tu visita y la lectura del manuscrito de tu libro sobre el perdón han tenido un efecto muy profundo y beneficioso en nuestra vida.

Lee y yo llevamos seis años de convivencia en relativa felicidad, y digo «relativa» para tomar en cuenta los previsibles altibajos de una relación; creo que también hemos llegado a un momento sano y feliz en cuanto a la relación de Lee con mis dos hijos. El único factor que al parecer nunca se resuelve es el deseo de Lee de tener un hijo y mi incapacidad física de quedar embarazada. Cuando se disolvió mi primer matrimonio me hice ligar las trompas; tenía 35 años y no se me ocurrió pensar que podría desear tener otro hijo. Ahora, a los 43, no me siento dispuesta a someterme a la operación, bastante seria, que nos daría una pequeña posibilidad de que yo volviera a concebir. A esta edad tardía, con mis problemas de espalda y otras complicaciones de salud, no me parece razonable.

Lee lo acepta, pero sigue deseando un hijo. No lo convence la idea de la adopción. De manera que a veces «surgen las tensiones» y no siempre se expresan.

Durante los dos meses anteriores a tu visita yo sentía que Lee se estaba alejando de mí, pero ninguno de los dos decía nada. Más o menos un mes antes de que vinieras, tuve mi período; fueron pasando los días y no se me cortaba. Pensé que tal vez sería el comienzo del «cambio de vida» o algo así, de manera que me limité a esperar que se detuviera la hemorragia.

La lectura de tu manuscrito me hizo comprender que en algún rincón irracional de mi alma yo había estado tratando de crear un bebé, a pesar de la imposibilidad física. Me sentía obligada a arreglarlo todo para darle a Lee el hijo que deseaba. Lo que tú has escrito sobre el perdón me permitió aceptarme a mí misma y comprender claramente que no puedo hacer eso por Lee, que las cosas son como son, que está todo bien y que yo estoy bien. Tuve una franca conversación con él y me confirmó que había estado pensando mucho en su deseo de tener un hijo. Fui capaz de decirle que no puedo hacerlo y que me perdono a mí misma.

Lo más extraordinario es que inmediatamente después de esa conversación dejé de sangrar, y no al día siguiente, sino ¡sólo una hora más tarde! Desde entonces no he vuelto a tener ese problema. Ahora hablamos de opciones realistas, tal vez la adopción. [...]

Saber que el estado emocional influye en el bienestar físico nos ofrece la oportunidad de echar un vistazo a nuestra vida cuando aparecen los síntomas; de observar, con amabilidad y sin juzgar, si hay pensamientos repetidos, percepciones y emociones de temor que podrían estar contribuyendo al trastorno físico. Es útil reflexionar sobre las siguientes preguntas: ¿Me siento muy culpable? ¿Me ata a alguien el resentimiento? ¿Me beneficiaría perdonar a alguna persona?

¿Hay algo que necesito aceptar o liberar en mi vida? ¿Hay viejas heridas emocionales que claman ser curadas? ¿Me estará diciendo el cuerpo que es hora de decir «no» a ciertas cosas y «sí» a otras?

En lugar de ser unas víctimas pasivas de la enfermedad, tenemos la oportunidad de participar en el proceso de nuestra curación. Esto incluye buscar no sólo la atención médica más efectiva, sino también el apoyo emocional y espiritual que nos ayude a sanar el dolor y el temor que impiden el paso a la conciencia de nuestra fuerza interior y de la fe, la alegría, la comprensión, la compasión y el amor que siempre son la curación definitiva.

Culpar a la víctima

Los factores psicológicos no son siempre los desencadenantes de los síntomas físicos, pero cuando lo son, nos brindan la oportunidad de prestar atención. El comienzo de la enfermedad no siempre es una relación de causa y efecto, y el problema no es jamás un motivo de culpa.

El escritor y filósofo Ken Wilbur ha estudiado el fenómeno de lo que él llama «sentimiento de culpabilidad de la nueva era»; cuando se enfrenta con una enfermedad o desgracia, la persona se pregunta inmediatamente: «¿Qué he hecho para tener esta enfermedad?» o «¿Qué he hecho para que me suceda esto?». Observarnos para ver si de algún modo hemos contribuido al comienzo de una enfermedad puede ser una manera muy poderosa de acusarnos y hacernos sentir equivocados y culpables; o puede ser una manera muy potente de responsabilizarnos cuando podemos contribuir a la curación. El autoexamen debería animarnos a conocernos y renovarnos y a tener una relación más cariñosa, sustentadora e íntegra con nosotros mismos y con los demás. Repito, para sanar de verdad, es necesario mirar no desde una actitud de acusación y culpa, ni partiendo de la suposición de que necesariamente «hemos hecho algo» que ha causado la aparición del síntoma.

El autoexamen ha de estar, como sugiere la doctora Borysenko, «al servicio de la conciencia», y la conciencia pura, sin juicios, y el amor son en último término lo mismo. Los agentes de la curación son la conciencia y el autoexamen. Si nos abrimos a este examen introspectivo con generosidad y amor, sanaremos, aunque la curación no se manifieste en el cuerpo. La verdadera curación es principalmente encontrar la paz con uno mismo. Al sanar las pautas de pensamiento y sentimiento, algunas personas se curan físicamente. Otras, sin embargo, cambian de dieta, toman medicamentos, hacen ejercicio, visualizaciones y meditación, y los síntomas físicos continúan. «Muchos grandes maestros espirituales mueren de cáncer y otras enfermedades», observa la doctora Borysenko. «Puede ser que la vida emocional esté sana y uno sin embargo contraiga una enfermedad.»

Haya o no haya síntomas físicos, la mala voluntad y las quejas continuas contra uno mismo, los demás y la vida en general siempre son tóxicas. Si al observarte ves que hay en ti ciertas actitudes que te impulsan a actuar con animosidad, separación y temor, sé amable contigo. Busca maneras de abandonar esos sentimientos, de liberarte de ellos. Ten la seguridad de que tienes la opción de trabajar para perdonarte y perdonar a los demás. Anímate a confiar en la extraordinaria capacidad de tu corazón.

Haya o no haya síntomas físicos, la buena voluntad y el amor por uno mismo y por los demás siempre son curativos. Sanan las emociones y contribuyen a crear un clima óptimo para que se produzca la curación en el cuerpo. Independientemente del estado de salud física, el amor siempre mejora e intensifica la calidad de la vida; nos proporciona la fuerza interior y la fe necesarias para afrontar lo que sea que nos depare la vida.

CUARTA PARTE

Perdonar al mundo

12. Perdonar a los grupos: Los chivos expiatorios de las masas al descubierto

Qué sentimientos te inspiran los hispanos, los asiáticos, los negros, los blancos, los judíos, los árabes, los rusos, los irlandeses, los católicos, la Iglesia, los hombres, las mujeres, los médicos, los abogados, los homosexuales, los disminuidos físicos, los drogadictos, los ex presidiarios, los niños, los ancianos, los políticos, los psiquiatras, los militares, los multimillonarios, los asistentes sociales, los deportistas profesionales, las francesas, los italianos, los grupos en contra del aborto, los grupos en defensa del aborto, la policía, los taxistas, los que no tienen casa, las feministas, los chovinistas, etc.?

Si alguien te preguntara: «¿A quién necesitas perdonar para estar en paz?», tal vez tu respuesta sería más o menos: «Necesito perdonar a mi hermana, a mi marido (o mi mujer) y a mí». Normalmente lo primero que acude a nuestra mente son personas individuales, no grupos. Sin embargo, el hecho de pensar en ciertos grupos de personas puede activar un fuerte deseo de venganza o castigo, hacernos hervir la sangre o, de un modo algo más callado y sutil, inspirarnos un cierto prejuicio.

La hostilidad, el resentimiento y el prejuicio contra grupos enteros de personas pueden estar tan integrados en nuestra mentalidad que sólo el hecho de pensar en ellos nos active una reacción refleja de temor y separación. Aun cuando jamás hayamos conocido a ninguna persona de ese grupo, tenemos ciertas creencias sobre quiénes son, cuánto podemos confiar en ellos y qué podemos esperar de ellos. La identidad del grupo nos ciega, impidiéndonos ver su luz.

Pausa y reflexión

Al pensar en los grupos enumerados al comienzo, ¿alguno de ellos te produce una reacción negativa inmediata? ¿Hay algún grupo en particular que te disguste abiertamente? ¿Cómo te sientes cuando hablas con personas de ese grupo? ¿Permites que experiencias pasadas determinen tu nivel de paz y buena voluntad? ¿Qué grupos que no he mencionado te inspiran rabia, hostilidad o prejuicio?

Historia de Nicole

Ya estaba bien adentrada en los treinta cuando comprendí por primera vez la rabia que sentía contra los hombres. Desde mi adolescencia, casi siempre había habido un hombre en mi vida. «Amaba» a los hombres, los necesitaba, o al menos eso creía. Durante el proceso de mi terapia, descubrí las muchas maneras en que había sido utilizada y maltratada por los hombres desde mi infancia. Siempre me habían importunado sexualmente, me habían humillado, ridiculizado, mostrado indiferencia y mentido. Entonces comprendí cuántas de mis amigas habían tenido la misma suerte y mi sorpresa inicial se convirtió en rabia. «Odiaba» a los hombres: odiaba su arrogancia, su dominación del mundo, su limitada versión de la historia humana, su falta de emociones, su frecuente maltrato de las mujeres. Y al mismo tiempo que se desencadenaba en mí toda esta virulencia, me encontré con que estaba casada... con un hombre. Y naturalmente lo hice el blanco de mi rabia, se convirtió para mí en todos los hombres. Pretendía que su comportamiento fuera ejemplar, que trascendiera todo sexismo y programación cultural; le exigía que estuviera tan por encima de todo reproche que con eso compensara el daño que me habían hecho los hombres en el pasado.

Lógicamente él no estaba a la altura de mis expectativas. Seguía siendo un hombre. Pero a medida que me fui ablandando, logré ver cada vez con mayor claridad que en el interior del hombre hay un ser humano, que bajo toda esa programación hay otra alma... y al mirar esa alma, poco a poco fui perdonando al hombre. Después comencé a sentir también compasión por los demás hombres.

Lo que me permitió comenzar a perdonar a los hombres fue ver lo aislados y solos que están en su sufrimiento. Me di cuenta de cómo las mujeres nos apoyamos y ayudamos mutuamente, mientras los hombres suelen vivir compitiendo entre ellos. Vi cuán pocos son los hombres que pueden contar con sus amigos a la hora de buscar consuelo e interés cuando sufren.

Comencé a comprender que detrás de su comportamiento abusivo se esconde un enorme y callado miedo a las mujeres. Me di cuenta de lo desvalidos que se sienten muchos hombres sin una mujer, y lo resentidos que se sienten contra las mujeres por ello. Vi lo inseguros que son realmente la mayoría de los hombres, lo frágiles que son sus delicados egos. Vi que detrás de esas bravatas machistas hay muchos niños pequeños y asustados. A medida que iba viendo todo esto, fui comprendiendo que es una locura sentir rabia contra ellos. Comencé a relacionarme con cada hombre individualmente. Y mi comportamiento con ellos empezó a ser menos antipático. Me di cuenta de que las mujeres sólo tenemos la mitad de la visión exacta de la realidad y que los hombres tienen el otro cincuenta por ciento, y que tanto ellos como nosotras tenemos mucho que sanar y mucho que aprender los unos de los otros.

Prejuicios sutiles y hostilidades patentes

Como en el caso de las personas individuales, se puede perdonar a los grupos en muchos planos. Es posible que tengamos prejuicios sutiles con respecto a ciertas nacionalidades o profesiones, o que sintamos una patente hostilidad u odio hacia los que consideramos «enemigos» nacionales, raciales, étnicos, ideológicos o políticos. Como nos ocurre con nuestros enemigos más personales, cuando sentimos hostilidad o prejuicios contra un grupo en particular, el temor y la proyección dominan nuestra percepción y nos impiden ver quiénes y qué son en realidad esos «enemigos». No vemos el verdadero motivo de la enemistad y en consecuencia se frustra la posibilidad de paz.

El plano más sutil del perdón de grupos es transformar prejuicios que no engendran necesariamente una rabia evidente pero que, sin embargo, nos roban el momento presente y con él la posibilidad de ver con claridad o de relacionarnos con el corazón abierto. El prejuicio determina nuestras expectativas y experiencias, porque suponemos que cada persona de un grupo determinado se va a comportar de cierta manera. Nos relacionamos con una abstracción y no con un ser humano individual. Por ejemplo, si una persona está preparando un viaje a París y un amigo le dice: «Cuidado con los franceses, son muy mal educados y odian a los norteamericanos», la persona podría sospechar de todos los franceses y adoptar un actitud defensiva. Se suele dar por hecho la generalización y se espera lo peor.

Esta clase de estereotipo suele tener su base en la experiencia real de alguien. Cuando vemos a numerosas personas pertenecientes a un grupo determinado comportarse de una manera que consideramos negativa, tendemos a generalizar y a esperar ese comportamiento negativo de toda persona que pertenezca a ese grupo. Si no se miran a la luz de la conciencia estas generalizaciones y estos prejuicios, ciertamente van a fomentar una actitud defensiva e intranquila en toda futura relación. Esta postura psicológica nos mantiene separados de nuestro Yo y se convierte en una profecía que lleva en sí misma su cumplimiento. Lo que pensamos y proyectamos es lo que contribuimos a crear. A veces, el temor y la ansiedad que sentimos en una interacción con otra persona es una señal sensata y oportuna para que pongamos atención, pero en las circunstancias cotidianas, más a menudo es una defensa contra la verdad de quienes somos, nosotros y los demás.

Como ocurre con las personas individuales, una vez que hemos decidido los defectos y faltas de un grupo, inconscientemente adoptamos un sistema de percepción selectiva. Sólo vemos lo que se ajusta a los juicios que ya hemos hecho. «Ellos» son todos así, de manera que podemos achacarles la culpa y racionalizar y justificar nuestra posición. Ésta es la dinámica que suele darse entre naciones mutuamente hostiles. En su libro *Faces of the Enemy: Reflections of the Hostile Imagination* [Los rostros del enemigo: Reflejos de la imaginación hostil], Sam Keen escribe: «Al parecer, el problema [de resolver los conflictos y estabilizar la paz] reside no en nuestra razón ni en nuestra tecnología sino en la dureza de nuestro corazón. Generación tras generación encontramos excusas para odiarnos y deshumanizarnos los unos a los otros, y siempre nos justificamos con la retórica política aparentemente más madura. [...] Estamos impulsados a fabricar un enemigo a modo de chivo expiatorio que cargue con nuestra enemistad no reconocida. Del residuo inconsciente de nuestra hostilidad, creamos un blanco; de nuestros demonios particulares, hacemos aparecer un enemigo público».

Pausa y reflexión

Una vez más trae a tu mente a un grupo que te inspire sentimientos adversos. Medita sobre lo que te asusta de ese grupo. ¿Te imaginas lo que pasaría si todos los individuos de ese grupo encarnaran las características que temes? Durante la semana, cuando veas a una persona de ese grupo, recuerda que tiene un Yo único y especial. Trata de imaginarte qué siente esa persona y cómo es su vida.

Perdonar a los grupos requiere estar dispuesto a ver más allá de las ideas preconcebidas, a ver de otra manera a cada persona perteneciente a un determinado grupo. En el ejemplo del viaje a Francia, significaría ofrecer a cada francés con el que tuvieras cualquier tipo de relación el regalo de reconocer su capacidad para la amabilidad, en lugar de suponer de antemano que te va a acoger con una actitud poco afable. Significa dejar de lado los prejuicios para descubrir la buena voluntad y los buenos sentimientos que pueden llevar a la creación de una nueva amistad. Al perdonar, se acaban los prejuicios.

El odio, la acusación y el rechazo de un colectivo de personas nos ahorra el riesgo o la responsabilidad de mirar con más honestidad a los miembros de ese grupo así como nuestros sentimientos más profundos. Es más fácil continuar con un argumento que demuestre que la percepción que teníamos del grupo sigue siendo correcta y que lo seguirá siendo también en el futuro. La hostilidad hacia un grupo despersonaliza a todos sus componentes. No hay ojos para investigar. No hay almas individuales con las cuales relacionarse. Sólo hay un rostro colectivo sin expresión, sin corazón que palpite de vida y posibilidad.

EJERCICIO: DE CORAZÓN A CORAZÓN

Tómate un minuto para escuchar cómo suenan los latidos de tu corazón... Ahora piensa en un grupo contra el cual sientes cierto prejuicio u hostilidad... Durante un minuto trata de ver la cara real de una persona de ese grupo. Imagina cómo suenan los latidos del corazón de esa persona...

Ahora imagínate que estás con esa persona en un lugar donde te sientes a salvo... La miras a los ojos... Los dos os miráis a los ojos... Acuérdate de respirar... Imagina que durante al menos unos minutos estáis dispuestos a veros mutuamente más allá de las apariencias... Escucha lo que esa persona te dice de sus temores... Imagínate que realmente desea comprenderte... Dile lo que temes de ellos... Una vez más, escucha cómo suenan los latidos de vuestros corazones...

Si quieres perdonar, habrás de tener presente en primer lugar que todo grupo está formado por personas individuales, que tienen su corazón y sus propios temores y condicionamientos que han influido e influyen en sus motivaciones y sus actos. Igual que tú, cada una de estas personas tiene sus propias partes heridas y el instinto para curarse y cuidarse, aun cuando es posible que algunas no sean demasiado conscientes o estén demasiado asustadas, dolidas y por lo tanto cerradas para acceder a su Yo en determinados momentos.

Movidas por el temor y por el deseo de formar parte de un ambiente en donde se sientan aceptadas, algunas personas sustituyen su identidad por el ego agresivo de un grupo. Tal vez carecen de conocimiento, de amor por sí mismas y del valor necesario para separarse de esa identidad de grupo aun cuando éste no tenga integridad.

Como en los demás tipos de perdón, perdonar a los grupos no significa que no tomemos medidas concretas para cambiar el curso de los acontecimientos. Por ejemplo, el hecho de perdonar a otro país no significa necesariamente que, en cuanto nación, eliminemos todas las armas existentes y desarmemos a los militares en señal de buena fe, porque evidentemente existen pueblos y líderes de naciones que, sin reconocer su propia rabia y su conflicto interior, sienten la necesidad de proyectarlo hacia fuera, con frecuencia en forma de poderío militar. Igual que en el caso de personas individuales, el perdón no es lo que hacemos, sino más bien nuestra manera de pensar y actuar. Al perdonar, contribuimos a obtener resultados positivos y pacíficos.

Historia de Dick

Durante muchos años, especialmente durante la Guerra Fría, los norteamericanos y los soviéticos se contemplaban mutuamente con desprecio y temor. Dick es un médico estadounidense que fue como voluntario a prestar sus servicios en Armenia, a los pocos días de que esta región quedara asolada por el terremoto de diciembre de 1989. Él nos hace el siguiente relato:

Allí estábamos Michael y yo en una ciudad llamada Spitak, en el norte de Armenia, poco después del devastador terremoto. Nos encontrábamos en «territorio enemigo». Soldados con chaquetas grises patrullaban las calles; por todas partes había vehículos del ejército. El día anterior habíamos visto carros de combate en la plaza principal de Yerevan. Recordamos las imágenes del Ejército Rojo, de los misiles balísticos intercontinentales, la imagen de Nikita Kruschov cuando amenazaba con enterrar a Estados Unidos. Descubrimos que en la tienda de la Cruz Roja estábamos trabajando con miembros del Partido Comunista.

Ya avanzada la noche estábamos charlando con nuestros nuevos colegas en una mezcla de ruso, francés e inglés. Afuera, la temperatura estaba muy por debajo de cero y la lona de la tienda se agitaba con el fuerte viento de la montaña. Estábamos todos apiñados alrededor de una pequeña estufa; empezamos a darnos cuenta de que todas esas imágenes que teníamos los unos de los otros desde niños se evaporaban casi instantáneamente. Comprendimos que todos esos estereotipos se habían desvanecido. Habíamos comenzado a depender unos de otros, a confiar los unos en los otros. De pronto, uno de nuestros nuevos amigos dijo:

—Si nuestros jefes nos pidieran que volviéramos a odiarnos mutuamente, eso sería sencillamente imposible.

Opresión de masas y genocidio: ¿Es posible perdonar realmente?

Lo que una persona considera que se puede perdonar, para otra quizá sea imperdonable. Hay circunstancias, como por ejemplo el genocidio (la destrucción sistemática de un pueblo por otro) o la opresión (la negación institucionalizada de los derechos y libertades básicos), en que uno podría no estar dispuesto a pensar siquiera en el perdón y mucho menos a elegirlo. Los pueblos que han sido verdugos y los que han sido sus víctimas, los opresores y los oprimidos, ofrecen otro desafío al trabajo con el perdón. Aquí entraría, por ejemplo, que los negros perdonaran a los blancos, los tibetanos a los chinos, los judíos a los nazis. En estos casos puede resultar mucho más difícil, si no imposible, perdonar.

Imagínate que eres miembro de un grupo determinado que ha sido objeto de genocidio, opresión, brutalidad, persecución o discriminación. (Quizás ésta haya sido tu experiencia y no tienes necesidad de inventártela.) La idea de perdonar al grupo «enemigo» sin duda activará una tremenda resistencia. Se puede pensar: «Perdonar sería traicionarme a mí y traicionar a mi cultura, a mis amigos, a mis antepasados, a mi familia. Si perdonara, me convertiría en parte del problema. Sería como justificar todo lo que va en contra de la dignidad humana. Perdonar sería justificar la maldad y permitir que se repitiera la historia; nada cambiaría jamás. Si perdonara, olvidaría».

Ciertamente son motivos muy poderosos para no perdonar. Si creyéramos que alguno de ellos es cierto, nos aferraríamos firmemente a la rabia y a la postura de continuar considerando al otro como enemigo, y con razón. Sin embargo, paradójicamente, si no aprendemos a perdonar, la historia continuará repitiéndose. Es el hecho de *no* perdonar lo que nos hace revivir la inhumanidad y las atrocidades del pasado. No hemos perdonado nada y en el mundo entero se siguen cometiendo las mismas atrocidades que hemos sufrido durante siglos. Continúa habiendo *apartheid*, genocidio y guerras. Continúa habiendo incesto, malos tratos a los niños, violaciones y asesinatos. Mientras no aprendamos a perdonar, y no me refiero a justificar, desentendernos, desensibilizarnos y olvidar, sino a perdonar, estaremos dominados y dirigidos por el dolor y la rabia. Atacaremos y nos defenderemos. Y lo más insidioso es que nuestra rabia hará parecer razonable y justo el ataque. Estaremos dolidos y proyectaremos el dolor hacia fuera. Seremos los iniciadores de más sufrimiento, los perpetradores de más separación, de más «nosotros» y «ellos», de más sujetos y objetos. No aprenderemos las lecciones que nos enseña la historia.

Tal como ocurre al perdonar a cualquier persona, perdonar a los grupos no supone que uno no deba sentir rabia o lo que sea que sienta. No significa que no haya que exigirles a los grupos que se responsabilicen de sus actos. Hacer otra cosa sería muchas veces desatender el interés mayor de todos. Durante la semana del 15 de abril de 1990, el gobierno recién elegido de Alemania Oriental fue noticia a causa de uno de sus primeros actos oficiales: reconocer la responsabilidad del Holocausto nazi y pedir perdón a todos los judíos del mundo y en especial a la nación de Israel. Aceptar una invitación de esta naturaleza podría ser una opción muy valiente, pero una de sus recompensas es que nos ayuda a sanar de sentirnos las eternas víctimas de un pasado que no hemos elegido.

La posibilidad de perdonar a los nazis o a otros agresivos opresores que podrían ser considerados malos por muchas personas, nos hace observar la manera como entendemos el mal. El científico y filósofo Gary Zukav, en su popularísimo libro *El lugar del alma*, nos dice:

> El mal ha de entenderse por lo que es: la dinámica de la ausencia de la Luz. Comprender que el mal es la ausencia de la Luz no significa que sea inapropiado reaccionar ante él.
>
> ¿Cuál es la reacción adecuada ante el mal?
>
> El remedio para una ausencia es una presencia. El mal es una ausencia y, por lo tanto, no se puede sanar con una ausencia. Al odiar el mal, o a una persona entregada al mal, se contribuye a la ausencia de la Luz y no a su presencia. El odio al mal no lo disminuye, lo aumenta. [...] Un corazón compasivo es más eficaz contra el mal que un ejército. Un ejército puede luchar contra otro ejército, pero no contra el mal. Un corazón compasivo puede luchar contra el mal directamente: llevando luz donde no la había...

Perdonar a los grupos, dice Zukav, no significa pasividad, esquivar la responsabilidad social ni vacilar en acudir en ayuda de otras personas. Cuando contemplamos el mal de esta manera vemos que no es necesario odiar para entregarnos apasionadamente a la tarea de cambiar las formas y estructuras. No era el odio al mal sino el amor por la verdad y la justicia lo que movía a Gandhi y al reverendo Martin Luther King. Tensin Gyatso, el Dalai Lama exiliado del Tíbet, y Desmond Tutu, el arzobispo de Ciudad del Cabo en Sudáfrica, son activistas sociales de hoy, líderes espirituales de pueblos víctimas de una grave opresión; sin embargo, están profundamente comprometidos en cambiar las cosas y, a pesar del maltrato diario y la opresión que sufren sus respectivos pueblos, a dejarse guiar por el amor y la no violencia en su acción social y política.

Catherine Ingram, autora de *In the Footsteps of Gandhi: Conversations with Spiritual Social Activists* [Tras los pasos de Gandhi: Conversaciones con activistas espirituales y sociales], entrevistó al Dalai Lama y a Desmond Tutu.

El Dalai Lama es el jefe del pueblo tibetano que, desde 1948, ha sufrido genocidio, persecución religiosa, trabajos forzados, torturas y encarcelamiento a manos del gobierno chino. A pesar de los sufrimientos y las atrocidades a que ha sido sometido su pueblo, el Dalai Lama no siente rabia contra los chinos, porque piensa que son «personas desorientadas». Su actitud, según la describe Ingram, es «de una increíble bondad, incluso hacia el gobierno chino, que lo desearía muerto». Se refiere a los chinos como «mis amigos, el enemigo».

Desmond Tutu reza cada día por el gobierno blanco sudafricano que mantiene la injusticia y la opresión del *apartheid*. Ha dedicado su vida a trabajar para terminar con el *apartheid*, pero, como observa Ingram, «recomienda el perdón, porque entiende que "la opresión deshumaniza tanto al opresor como al oprimido"».

Las personas como el Dalai Lama y Desmond Tutu, que han experimentado todos los horrores del genocidio y la opresión, tienen motivos más que justificados para odiar y albergar mala voluntad eternamente. En este tipo de situaciones, es posible que uno jamás perdone ciertos «comportamientos» o «actos», aun estando dispuesto a perdonar a las «personas».

Perdonar en situaciones como éstas es una opción muy valiente, que para muchas personas puede resultar muchísimo más difícil que la opción obvia de odiar. Sin embargo, la decisión de perdonar disminuye el poder que tienen los opresores de hacernos completamente sus víctimas. Paradójicamente, perdonar es una manera de «contraatacar» porque es negarse a aceptar el odio como solución.

Si te identificas con un grupo cuya actitud general es de rabia, tu propia rabia asegura tu lealtad y tu aceptación dentro de ese grupo, ya sea éste tu familia, una determinada comunidad o un grupo más amplio político o nacional. A veces la rabia nos protege de los sentimientos de desesperación e impotencia, y tal vez nos motiva para actuar y tomar medidas necesarias; esto puede hacernos creer que la rabia perpetua es algo natural y necesario. Por este motivo, es posible que los miembros de un grupo den mucha importancia a continuar airados. Si te arriesgas a perdonar, podría ser que perdieras la aceptación del grupo. O, si lo miramos por el lado más luminoso, tu perdón podría despertar también en los demás una nueva conciencia y compasión.

El perdón nos libera del veneno del odio y de la opresión espiritual. Un antiguo libro de sabiduría china dice que «el odio es una forma de compromiso subjetivo que nos ata al objeto odiado». A la larga el odio paraliza. Aviva un sentimiento de peligro que genera a su vez un ciclo de defensa, ataque y venganza que el ego siempre considera justificado.

El perdón nos ofrece la manera de salirnos de ese círculo vicioso. Nos emancipa de la esclavitud del temor. Nos enseña que bajo una conducta cruel e inhumana hay un corazón; más allá de los actos que no tienen un ápice de valor redimible hay un alma valiosa. Pero, repito, en el plano de la personalidad, hay quien está tan constreñido y asustado que se encuentra absolutamente desconectado de estas realidades.

El perdón nos exige reconocer el temor personal y colectivo que motiva los actos destructivos. Es un acto de verdadera visión. Es ejercitar la vista que se nos ha dado para ver más allá de la más deprimente de las apariencias. Es el conocimiento de que todos, sin excepción, tenemos el Yo esencial, por muy enterrado que esté. El perdón nos permite seguir adelante, fuertes en ese conocimiento, armados del poder de la claridad, la fortaleza y la dignidad. Nos permite dejar las armas de ataque y derribar los muros de defensa. Nos proporciona la claridad necesaria para distinguir entre el pasado y el presente, a la vez que nos da una esperanza para el futuro.

13. El perdón, Dios y la gracia

Desde tiempos inmemoriales la gente ha reflexionado sobre la naturaleza de Dios: ¿Hay un poder superior a nosotros? ¿Existe Dios? ¿Quién y qué es Dios? ¿Podemos conocerle? ¿Es Dios exterior a nosotros o reside también en nuestro interior? ¿Estamos hechos a imagen suya? ¿Es Dios un ser benévolo? ¿Es castigador? ¿Es omnisciente? ¿Lo abarca todo? ¿Ha creado el hambre y la guerra? ¿Por qué permite que los niños sufran y mueran? Si hay Dios, ¿qué tipo de Dios permitiría la maldad y la violencia aparentemente sin sentido que hay en el mundo?

Cómo entendemos nuestra relación con Dios y lo que esperamos de ella son temas muy personales. Para algunos esta relación es una continuación y una proyección de las experiencias que en su infancia tuvieron con sus padres. Quizá piensen en Dios como en un «superpadre». Si nuestros padres eran críticos y severos y nos transmitieron muchos «debes» y «no debes», tal vez concibamos a Dios como un juez que vigila cada jugada y lleva la cuenta.

Mi amiga Susan se crió en un hogar muy religioso. Incluso antes de aprender a leer tuvo que aprenderse de memoria pasajes de la Biblia. Uno de los primeros que memorizó fue el salmo 23, aquel que comienza «El Señor es mi pastor...». Cuando llegaba al verso que dice: «Sí, la caridad y la gracia me acompañarán todos los días de mi vida», ella pensaba que quería decir: «La Caridad y la Gracia me acompañarán...». Susan lo explica así: «La idea terrible de que dos viejas encapuchadas me iban a acompañar a todas partes para después irle con el cuento a Dios de todo lo que yo hacía mal se cernió sobre mí hasta mucho tiempo después que entendí el verdadero significado del verso. Mi Dios era un tirano desconfiado que espía y hace seguir a la gente inocente para que lo tengan informado». Aun ahora de adulta, a Susan le resulta difícil imaginarse a Dios como un ser bondadoso y amante.

Según cuál haya sido nuestra educación religiosa, Dios se puede concebir como un ser crítico y propenso a la ira, o como un ser amable, cariñoso y sustentador. Nuestra experiencia de Dios puede ser intelectual o una percepción espiritual que por su misma naturaleza no se puede definir totalmente.

La rabia y el hecho de sentirse traicionado

Si nuestro concepto de Dios es el de un ser que está en los cielos, que es todopoderoso, omnisciente, todo clemencia, y que siempre lo controla todo, puede ser que nos contemos entre aquellos que tienen muchísima dificultad para reconciliar ese concepto de Dios con algunas de las cosas horrorosas que ocurren en la vida. ¿Cómo perdonarle a Dios que permita la desesperación? ¿Dónde está el otorgador de clemencia y bondad cuando le ocurren cosas malas a personas buenas?

Si nos consideramos agnósticos, nuestros sentimientos hacia Dios no nos plantean ningún dilema. Si creemos que no hay ninguna prueba a favor ni en contra de la existencia de Dios, lo más probable es que nuestra postura no sea ni de dependencia ni de expectación. Si no hay expectativas no va a haber rabia. Igualmente, si nos consideramos ateos no nos vamos a enfadar contra alguien o algo que no existe.

También se puede pensar que «Dios está muerto», que una vez que puso en marcha el mundo nos abandonó a un destino humano irracional y caótico. En este caso uno podría sentir mucha rabia contra Dios. Hay un subconjunto de ateos que se enfurecen contra Dios al mismo tiempo que niegan su existencia. Una persona creyente a la que se le muere un hijo pequeño, por ejemplo, puede no ser capaz de reconciliar este hecho con un Dios amoroso. Furiosa y desolada, quizá decida que Dios no existe. Esta clase de negación y rechazo de Dios puede darse también cuando golpea la enfermedad, cuando ocurren catástrofes naturales o cuando nos enfrentamos a circunstancias difíciles o peligrosas que escapan a nuestro control. Hay personas que tienen una continuada mala relación con su Dios. Picasso, por ejemplo, vivía atormentado porque consideraba a Dios un ser maligno y cruel. Para las personas como él, la rabia que proyectan sobre Dios se vuelve emocional y espiritualmente devastadora.

Si creemos que Dios es una fuerza benévola que controlará las circunstancias externas, nos evitará las pruebas terribles de la existencia humana, nos protegerá de la muerte, de la pérdida, de la enfermedad y del dolor y finalizará todas nuestras esperanzas, entonces es inevitable el conflicto en nuestra relación con Dios. Cuando nos encontremos ante dificultades o cuando nos parezca que la vida pierde todo sentido y objetivo, ciertamente nos vamos a sentir traicionados y furiosos.

«Enfadarse con Dios significa que tenemos un Dios falso, que adoramos a un ídolo. Enfadarse con Dios quiere decir que lo hemos colocado en una posición en la que nunca ha pretendido estar: la de un superhombre todopoderoso», dice el reverendo Dajad Davidian, pastor de la iglesia armenia de St. James, en Watertown, en Massachusetts. «Sin embargo —continúa—, la rabia puede ser buena y creativa, en el sentido de que nos puede ayudar a derribar nuestras falsas imágenes de Dios. Esos momentos de rabia y sufrimiento pueden destruir nuestras ideas preconcebidas y obligarnos a ahondar en nuestra fe para encontrar la comprensión, para dudar e indagar. En esos momentos de rabia contra Dios son posibles el descubrimiento y el crecimiento.»

Muchas de las dinámicas implicadas en el hecho de perdonar a Dios son las mismas que aparecen en el perdón a familiares y amigos. Mientras estamos enfadados con Dios, la fuente de infelicidad y lucha está siempre fuera de nosotros. La rabia culpa a Dios y coloca en otro sitio la responsabilidad de nuestra paz y nuestra felicidad. Nos exime de la responsabilidad de llegar a una aceptación de lo que es o lo que fue para continuar con nuestra vida.

Si sientes rabia contra Dios y no aceptas liberarte de ella, es que obtienes algo de este aferramiento. Si es así, te resultaría muy útil volver a leer el apartado sobre las ganancias secundarias en el capítulo 1.

Después de muchas semanas de trabajar con los temas del perdón, una de las participantes del curso llegó a la conclusión de que estaba enfadada con Dios. Varias semanas después de que terminaran las clases, escribió:

> En realidad no estamos enfadados con Dios, sino con nosotros mismos porque aún no hemos conseguido conquistar nuestra divinidad. La impaciencia y la rabia son lo mismo. Nuestra divinidad se realiza mediante el perdón. Es el amor incondicional por nosotros mismos lo que buscamos. Perdonarse a uno mismo = Perdonar a Dios. Ambas cosas son lo mismo.

Igual como ocurre con la rabia que se proyecta sobre cualquier persona, son muchos los sentimientos interiores que evitamos reconocer y afrontar si nos concentramos en culpar a Dios. Como la participante del curso que acabo de mencionar, podemos eludir enfrentarnos con la impaciencia y los posibles sentimientos de condena y censura de nosotros mismos. Podemos evitar encarar francamente la tristeza, la desilusión, la aflicción y el temor que nos produce el hecho de no controlar nuestras circunstancias.

Quizá la siguiente perspectiva pueda ampliar nuestro concepto de Dios. Dice el reverendo Davidian: «Dios no es un nombre, sino un verbo. No sólo es amor, sino también el proceso activo evolutivo, y, como todo proceso evolutivo, no se puede medir. Ocurre a veces en saltos cuánticos, y a veces la experiencia de estos saltos resulta muy caótica».

❖ ❖ ❖

Perdonar a Dios

En el perdón a Dios hay implícita una aceptación de las fuerzas del Universo que forman parte del misterio de la vida y que en último término no podemos entender, controlar ni predecir. Para perdonar a Dios hemos de trascender la imagen del Dios Gran Papá y la de nosotros como sus pequeños y desvalidos hijos.

Perdonamos a Dios cuando abandonamos las ideas rígidas sobre lo que «debería ser» la vida y entablamos con Él una relación a la vez de aceptación y cocreatividad. Entonces buscamos maneras de abrazar la vida en su totalidad y de aprovechar al máximo cada situación.

Cuando somos cocreadores nos hacemos estas preguntas: ¿De qué forma destruyo el amor y la paz de mi vida? ¿De qué manera puedo aportar amor e integridad a mis relaciones conmigo, con los demás y con toda la naturaleza? ¿Cómo puedo convocar mi voluntad amorosa? Por la disposición a buscar respuestas a estas preguntas, nuestra voluntad y la Voluntad Divina se hacen una. El filósofo Heidegger escribió: «Una persona no es una cosa ni un proceso sino una abertura a través de la cual puede manifestarse lo Absoluto».

Cuando en medio de los infortunios y del caos podemos confiar, en esa confianza reside nuestra curación. Todos los seres humanos tenemos una necesidad innata, consciente o no, de conectar con algo superior a nosotros. Un aspecto del crecimiento espiritual implica responder a esa necesidad innata. El especialista en Sagradas Escrituras Walter Brueggemann escribe acerca de cómo este tema de la confianza en

Dios es recíproco. En su ensayo sobre este tema, *The Trusted Creature*, escribe: «Lo primero y mejor que hace siempre Dios es confiar a Su pueblo su momento en la historia. Confía en que su pueblo va a hacer lo que debe hacer por el bien de toda su comunidad».

Perdonar a Dios es en último término perdonarnos a nosotros mismos, aceptar que no tenemos el poder de alterar algunas circunstancias, y a la vez aceptar esa parte nuestra que tiene el amor, la fuerza, la sabiduría, la visión y el valor necesarios para trabajar con lo que es. Evidentemente, la naturaleza de la realidad es tal que nuestra seguridad exterior va a flaquear una y otra vez. Muchas veces no hay respuestas absolutas para nuestros dilemas concretos, pero sí hay un amor absoluto; Dios es perfecto de esa manera. Si nos abrimos a su amor y lo dejamos entrar en nuestro corazón, nos iluminará el camino y nos dará la fuerza para afrontar todo lo que suceda.

Estamos aquí para amar y para brindar amor en todos los aspectos de nuestra vida. El amor es nuestra naturaleza, y cuando vivimos la plenitud de nuestro Yo, perdonamos y sabemos que somos perdonados. Cuanto más abandonamos esa realidad que hemos inventado y en la cual hemos creado enemigos, cuanto más vivimos lo que verdaderamente somos, más superaremos incluso la necesidad de perdonar.

Elegir el amor y el perdón, con Dios, con nosotros mismos o con los demás, es la opción de vivir en el cielo ahora, en la tierra ahora.

• • •

La gracia del perdón

Hasta aquí hemos hablado del perdón en cuanto elección consciente, como la decisión voluntaria de ver las cosas de otra manera, y en la mayoría de las situaciones cotidianas lo es. Pero hay veces en que, inequívocamente, se nos otorga la capacidad de perdonar. En esos momentos de gracia, se nos capacita para hacer lo que tal vez somos incapaces de hacer por voluntad personal u opción consciente.

Cuando el perdón tiene lugar a consecuencia de la gracia, experimentamos cómo a través de nosotros gobierna y trabaja un poder superior a nuestros pequeños yos. Podemos sentir que esa gracia y ese poder provienen o son una manifestación de un poder superior (nuestro Yo superior, Dios, la Diosa, el Espíritu Santo, Jesús, un guru, un maestro espiritual, etc.). Sea cual sea el nombre de esa fuente, cuando ocurre, no cabe la menor duda de que uno siente el poder y la presencia de una intervención superior o divina.

Aun cuando nos sintamos incapaces de perdonar, si nos abrimos sinceramente a la curación, atraemos la gracia a nuestra vida. La oración puede ayudarnos a abrirnos a la gracia. Si deseas perdonar pero te sientes incapaz de hacerlo, trata de pedir ayuda. La gracia suele venir cuando hemos preparado el camino, cuando tenemos el deseo consciente de crecer y de ser receptivos a la voz del amor.

Historia de Amy

Amy es una mujer de 43 años que después de muchos años de rabia y confusión en su relación con su marido, tocó fondo. Le pareció que en esos momentos no tenía a nadie a quien recurrir fuera de Dios. En su desesperación, decidió perdonar, y en la oración buscó la fuerza para hacerlo.

La primera infidelidad de mi marido (de que yo tuve conocimiento) ocurrió cuando sólo llevábamos un año casados. Me sentí anonadada. Jamás en mi vida me había sentido tan profundamente triste, traicionada, confusa y abandonada. Después vinieron la rabia y la repugnancia; tenía miedo de mis emociones, tanto como de perder a mi marido. De manera que hice lo único que sabía hacer en ese tiempo, «hicimos las paces», y yo morí por dentro. La muerte emocional era mi principal defensa contra futuras traiciones, era mi protección y al mismo tiempo una manera de vengarme. Controlaba el amor y el afecto que con tanta inocencia había dado antes, y sólo se los daba cuando él había demostrado que se los merecía.

Lo que siguió fueron muchos años de aventuras y relaciones extraconyugales, la mayoría por parte de él, pero también algunas por parte mía. Y continuamos viviendo con el problema y a la vez evitándolo. Sin embargo, durante todo ese tiempo mi falta de vida emocional fue haciéndose cada vez más intensa, aunque yo trataba desesperadamente de salvar el matrimonio.

Finalmente desperté. Comprendí lo mal que estaban las cosas. Él tenía una amante estable a la que consideraba «su otra esposa». No quiso dejarla a pesar de mis amenazas de abandonarlo. Por último, todos mis motivos para tratar de hacer funcionar una relación imposible dejaron de tener sentido. «Por el bien de la empresa»: la empresa ya estaba casi en la quiebra; «Por el bien del matrimonio»: ya era de dominio público y fuente de muchísima humillación y vergüenza para mí que nuestra relación era un triángulo; «Por el bien de mis hijos»: finalmente comprendí que en la relación con mi marido, mis hijos me veían como una mujer fría e insensible que de vez en cuando estallaba en ataques de rabia histérica. Veían cómo él me humillaba e insultaba verbalmente y a veces con violencia física.

Tuve que admitir por fin que era impotente para cambiar esa situación, para cambiarlo a él, para acomodar mi comportamiento a sus exigencias emocionales, para mejorar las cosas. No era capaz de hacerlo. Renuncié. Renuncié de veras. La situación estaba tan mal que no podía ser peor; yo había llegado a mi límite. Tengo un vívido recuerdo de cuando me senté en mi cuarto después de otro incidente terrible y me dije: «Renuncio». Después de eso recé, le pedí a Dios que me ayudara porque ya no podía soportar más. Mis palabras en voz alta en la soledad de mi habitación fueron un reconocimiento lloroso y catártico de mi fracaso y de la parte de responsabilidad que me tocaba en el enredo de nuestra relación. Fue una confesión de que mi espíritu había muerto en el camino, de que había perdido mi yo amoroso y valioso en algún lugar del pantano de confusión.

Fue en ese momento cuando pedí perdón. Le pedí perdón a Dios y la fuerza necesaria para perdonarme a mí misma. El perdón llegó inmediatamente, como una presencia tranquilizadora traída por una suave brisa que pasó a través de mí. En cierto modo fui elevada fuera de mí misma hasta una perspectiva nueva y diferente de los años de luchas que había pasado para hacer funcionar una situación imposible. En ese momento sentí que podía amarme y perdonarme a mí misma por mis innumerables fracasos.

Después mis pensamientos se dirigieron a mi marido, a quien durante todos esos años había culpado con resentimiento. Mi perspectiva de perdón me dio ojos para ver su vida, sus luchas y su impotencia para enfrentarse a mí y a todos los problemas de su vida. Me sentí llena de compasión y comprensión. Sentí el corazón lleno y abierto y fui capaz de decirle: «Te perdono». No era necesario que él estuviera allí. Yo sabía que lo perdonaba totalmente, y en ese momento sentí un enorme amor por él.

Desde ese momento y esa experiencia, me sentí como si estuviera en un terreno diferente. Sabía que me había liberado de las reacciones ante las experiencias y los fracasos del pasado. Ése fue el comienzo de mi proceso de curación y el fin de la influencia destructiva de la relación. La falta de vida emocional que había experimentado durante años fue reemplazada por todo un abanico de sentimientos y emociones. Volvía a sentirme viva.

Durante los meses y años siguientes, con esta conciencia en desarrollo, fui capaz de discernir y comunicar lo que necesitaba y deseaba de nuestra relación y lo que para mí era inaceptable. Fui capaz de definir límites y de proponer opciones. En su momento fui capaz de afrontar el hecho de que nuestro matrimonio estaba acabado, y de afrontar todas las emociones que acompañan la separación, el divorcio y la recreación, a partir de la ruptura, de una vida familiar con nuestros hijos. Por primera vez en años me sentí positiva con respecto al futuro. Al perdonarlo he comprendido que me he liberado por dentro. Es una práctica sencilla, pero no siempre fácil. Sin embargo, he aprendido que cuando perdono soy perdonada, y en esta práctica encuentro la paz, la compasión y la gratitud que siempre me proporciona.

Cuando estamos del lado de nuestro Yo, accedemos a una fuente perdurable de amor y de sabio consejo. Y cuando nos encontramos sumidos en el fango del conflicto, la desesperación y la frustración, como Amy, tal vez estamos temporalmente desconectados de esta fuente. Al reconocer nuestras limitaciones y buscar sinceramente una orientación, creamos la abertura para volver a conectarnos con ella. En Amy, su «renuncia», el hecho de sentirse «impotente» y reconocer que se había extraviado, fueron sus primeros pasos en el camino hacia la rendición a la gracia. Rezó en voz alta pidiéndole a Dios que la ayudara, y en su rendición asumió su parte de responsabilidad en el «enredo».

Pero es posible que, a pesar de rendirnos, no obtengamos una respuesta inmediata. La tardanza no es denegación. A veces, para sentir el trabajo de la gracia se necesitan fe y paciencia. Si la pedimos con el corazón abierto y el sincero deseo de recibirla, la gracia vendrá de una forma u otra para ayudarnos a sanar.

Historia de Corrie

El siguiente relato de Corrie Ten Boom nos ofrece otra poderosa demostración de cómo puede tener lugar el perdón aun cuando pensemos que no somos capaces de perdonar por propia y libre voluntad. Su corazón le decía que se puede perdonar a todo el mundo, pero ella no lograba acceder a lo que se necesita para que el perdón sea auténtico.

La historia de Corrie Ten Boom y su familia se cuenta en su libro *The Hiding Place* [El escondrijo]. Corrie, su hermana Betsy y el resto de su familia desempeñaron un papel clave en la resistencia a los nazis en Holanda. Los Ten Boom eran cristianos devotos que, movidos por su espíritu de amor, proporcionaron atención, alimentos, fuerza y un lugar para ocultarse a muchos judíos que huían de la policía de Hitler. Cuando los nazis los descubrieron, toda la familia fue enviada a campos de concentración donde estuvieron durante años. Como los demás, fueron sometidos a las condiciones más inhumanas. El padre y la hermana de Corrie murieron en los campos. Corrie sobrevivió y, a pesar de haber vivido las circunstancias más horrendas, continuó predicando el mensaje de fe en el eterno amor de Dios, tal como ella y Betsy habían hecho en el campo de concentración siempre que tenían una oportunidad.

Estaba en un servicio religioso en una iglesia de Múnich cuando lo vi, al antiguo hombre de las SS que montaba guardia en la puerta de la sala de duchas en el centro de experimentación de Ravensbruck. Era el primero de los carceleros con que me encontraba desde entonces. De pronto vi toda la escena ante mí: la habitación llena de hombres burlones, los montones de ropa, la cara de Betsy pálida de dolor.

Cuando la gente salía de la iglesia, se acercó a saludarme, con una sonrisa y una inclinación de cabeza.

—No sabe cuánto le agradezco su mensaje, *Fraulein* —me dijo—. Pensar que, como usted ha dicho, ¡Él ha lavado mis pecados!

Extendió la mano para estrechar la mía. Y yo, que con tanta frecuencia predicaba la necesidad de perdonar a la gente de Bloemendaal, continué con la mano a mi costado.

Aunque sentí hervir en mí los pensamientos de venganza, vi el pecado que había en ellos. Jesucristo había muerto por ese hombre; ¿iba yo a pedir más? Recé: «Señor Jesús, perdóname y ayúdame a perdonarlo».

Traté de sonreír e hice esfuerzos por levantar la mano. No pude. No sentía nada, ni la más pequeña chispa de afecto o caridad. De manera que nuevamente pronuncié una silenciosa plegaria: «Jesús, no puedo perdonarlo. Dame tu perdón».

Cuando le estreché la mano ocurrió algo increíble. Sentí una especie de corriente que me pasaba desde el hombro hasta la mano y se transmitía a la mano de él, mientras en mi corazón brotaba un amor por ese desconocido que casi me abrumó.

Y así descubrí que la curación del mundo no depende ni de nuestro perdón ni de nuestra bondad, sino de Él. Cuando nos dice que amemos a nuestros enemigos, nos da, junto con el mandamiento, el amor mismo.

Un curso de milagros afirma que vivimos en un perpetuo estado de gracia, que es un aspecto del amor de Dios. Experimentamos la gracia cuando se nos quita de nuestra experiencia la crítica y el odio. Es la aceptación del amor en el interior de un mundo que tiene mucho miedo. La gracia nos eleva, nos aligera, nos muestra la verdad y, como lo comprueba esta historia personal, nos asienta de nuevo en terreno sólido.

Historia de Alysia

Hay ocasiones en que tal vez no pedimos conscientemente ayuda para perdonar, y sin embargo, de todas maneras, el poder del perdón surge de un modo espontáneo.

Tenía quince años cuando experimenté por primera vez el increíble poder del perdón. Todas las noches papá llegaba a casa y mientras se tomaba un par de cervezas me contaba historias sobre sus hazañas sexuales de juventud. Yo odiaba esos momentos. Fingía escucharle con interés, pero lo que realmente deseaba decirle era: «Eres un viejo sucio y no tienes ningún derecho a contarle ese tipo de historias a una niña». Su primer pecado era haber llevado una vida tan vulgar, y el segundo, disfrutar contándola, especialmente a mí. Yo soñaba con todo lo que sueña una jovencita. Deseaba enamorarme y que las relaciones sexuales formaran parte de la felicidad y la dulzura eternas con las que soñaba. Eso no se lo decía a él. No sabía cómo expresar con palabras mis pensamientos y, en todo caso, él no me pedía mi opinión.

Una noche, cuando nos sentamos para el rito diario y él comenzó su relato, tuve mi reacción habitual; «Oh, no, ¿es que tengo que escuchar esto de nuevo?». Entonces surgió un pensamiento. Yo lo llamo la vocecita o, actualmente, el Espíritu Santo. Lo llames como lo llames, funciona. El pensamiento me dijo: «Esta vez trata de escuchar». Vamos, ¿pero no era eso lo que había estado haciendo?

De manera que le escuché y lo hice de un modo diferente. Dejé de resistirme y escuché. Hubo una abertura en mi mente al dejar de lado los juicios. De pronto, yo ya no era la chica a la que le pisotean los sueños. Era un sinvergüenza, un libertino, un gato callejero en busca de aventuras, un Romeo que amaba y abandonaba, que huía y se metía en lugares oscuros donde no tenía ningún derecho a estar, perplejo ante las consecuencias. En todo esto prevalecía una sensación de aventura. Yo era encantador e ingenioso, todas las mujeres me amaban. Papá terminó la anécdota riendo, y por primera vez reí con él. Entonces me miró a los ojos y se hizo un gran silencio. Se quedó mirándome. Yo también lo miraba. Por primera vez vio a una persona real que le devolvía la mirada. Por primera vez yo vi a una persona real que me devolvía la mirada. Ya no era sólo mi padre. Él desvió la mirada pero no sin que antes yo vislumbrara en sus ojos un destello de culpa mezclada con miedo. No creo que nunca antes hubiera sido admirado por ser un sinvergüenza. Por primera vez nos habíamos comunicado y ya nada volvería a ser lo mismo. Cuando miró hacia otro lado, yo aún estaba totalmente inmersa en la maravilla de mi viaje interior con él. Volvió a mirarme a los ojos. Le pedí que me contara otra historia. Me contestó que eso era todo. Nunca más volvió a contarme otra anécdota de sus aventuras sexuales.

Yo creo que esa noche no estaba sola. Pienso que una jovencita necesitaba ayuda y la recibió sin necesidad de hacer ningún esfuerzo real para obtenerla.

En la historia de Alysia, la gracia quitó la barrera que separaba su corazón y su mente de los de su padre. Cuando intervino la gracia, Alysia se encontró compartiendo espontáneamente la viveza que esas experiencias le habían dado a él. Su padre ya no era para ella un despreciable «otro». Durante unos sorprendentes minutos, Alysia y su padre estuvieron verdaderamente comunicados, conectados, y en esa conexión estuvo su curación.

Historia de Linda

La historia de Linda Mark está tomada de su libro *Living with Vision: Reclaiming the Power of the Heart* [Vivir con visión: reclamar el poder del corazón].

Cuando tenía 16 años, una violenta experiencia cambió totalmente mi vida... Fui asaltada en mi propio barrio por la noche cuando volvía del trabajo a mi casa. La experiencia fue surrealista, como si estuviera entre el público cómodamente sentada viéndome a mí misma en el papel protagonista de víctima en un drama.

El momento de la verdad llegó cuando mi asaltante intentó estrangularme. Ya había agotado toda mi capacidad física y mental para detenerlo. Mi vida estaba en peligro. Tenía que hacer una elección: ¿sería ésta vivir? No lo sabía. Entonces una voz gritó en mi interior: «¡Quiero

vivir!». Otra voz dijo: «Deja de resistir». Dejé de resistirme. «De acuerdo, Dios. De acuerdo», pensé rindiéndome.
«Si vivo me atendré a mi objetivo. Lo abrazaré. Viviré.
¡De veras que viviré!» Desde el silencio sonó una voz
interior. «Perdónalo», me ordenó. Sin un instante de va-
cilación, sin pensar, ofrecí a aquel hombre paz y amor
diciéndole con voz tranquila:

—Te perdono.

Tan pronto como hablé, mi asaltante estalló en llanto.

—No quiero hacer esto —gimió—. No tengo elección.

Me dijo que yo no era su primera víctima. Había estado en la cárcel por asesinato y violación. Había escapa-
do de la prisión, pero no podía escapar de la vida. Aunque
corpulento y brutal, era también delicado y frágil, y estaba destrozado.

Durante un momento hubo silencio, sólo silencio. Él
respiraba más profundamente y estaba aflojando la presión. Me pregunté si habría pasado todo. Tan pronto
como pensé que podría liberarme, él volvió a su violenta
rabia. Cuando se preparaba para golpearme, volví a ren-
dirme interiormente. En ese momento apareció un coche
por el callejón donde estábamos. El hombre corrió a ocultarse en la oscuridad. Se me había dado el regalo de la
vida por segunda vez.

Como les ocurrió a Amy, Corrie, Alysia y Linda, parece
que la gracia aumenta cuando hay una cierta humildad y rendición. Si hay personas a quienes te resulta muy difícil per-

donar aunque desees hacerlo, rezar y escuchar las orientaciones que se reciban puede ser una manera muy eficaz de hacer realidad lo que parece imposible. Aun cuando ya vivamos en gracia, muchas veces necesitamos abrirnos a su conocimiento para que entre en nuestra vida y experimentemos lo que ya se nos ha dado.

Maneras de abrirse a la gracia

La oración. Hay muchas formas de rezar, entre ellas: dialogar con un poder superior expresándole nuestras verdades, temores e inquietudes; pedir ayuda; callarnos y poner atención para escuchar con todo nuestro ser la orientación; ser receptivos a la curación, sea cual sea la forma en que se presente.
La meditación. También hay muchas formas de meditar. Todas ellas son un proceso de vaciarse de las ideas preconcebidas, de trascender la cháchara de la mente para centrarnos. Las formas de meditación más usuales son las siguientes: 1) Buscar un momento y un lugar para estar en calma y en silencio. Entonces centrar la atención en el movimiento de la respiración, simplemente observando las cambiantes sensaciones de nuestro cuerpo al inspirar y espirar. Siempre que la atención se te desvíe de este tomar conciencia de la respiración, sencillamente adviértelo y con suavidad vuelve de nuevo la atención a esa conciencia momento a momento de las cambiantes sensaciones del cuerpo. 2) Enfocar la atención en la repetición de una frase espiritual o neutra mientras se inspira y espira. Sincronizar la palabra o frase con la respiración; por ejemplo, repetir con cada espiración: «Estoy en calma y

en paz». Según las preferencias personales, entre otras palabras o frases que se podrían repetir están: «Dios te salve María, llena eres de gracia», «Shalom», «Soy», «Om» o «La paz sea con todos».

La gratitud. Usar la gratitud para invitar a la gracia a que entre en nuestra conciencia es un proceso en el que reconocemos y agradecemos las bendiciones de nuestra vida. Esto lo podemos hacer directamente a las personas o a un poder superior.

La naturaleza. Pasar momentos en la naturaleza y permitirse experimentar su inmensidad y su maravilla.

El servicio. Servir a los demás con generosidad, sin buscar reconocimiento ni recompensas externas. Esto es particularmente útil cuando se sirve a alguien menos afortunado que uno.

La expresión creativa. Si nos damos permiso, sin juzgarnos, para ser creativos por medio de cualquier forma de arte, podemos abrirnos a lo que los artistas llaman inspiración, que es la afluencia de la gracia.

Cuando reflexiono sobre el concepto de gracia, me acude a la mente el reportaje que leí sobre Steven McDonald, un joven de 29 años, alto y atlético, que trabajaba de policía en la ciudad de Nueva York. Un día en que cumplía sus obligaciones de rutina, un muchacho le disparó insensatamente. En ese tiempo su mujer estaba embarazada de su primer hijo.

Steven McDonald quedó paralítico de las cuatro extremidades y durante el resto de su vida habrá de respirar mediante un respirador artificial. Durante el período de tratamiento hizo acopio de toda su fe para salir adelante y vivió, y a pesar de su horrorosa situación, está agradecido por vivir, y por la ayuda y el amor de su familia, sus amigos y su comunidad.

En una conferencia de prensa realizada algunos meses después de recibir los disparos, su esposa leyó una declaración que él había hecho haciéndose oír por encima de los resuellos del respirador artificial: «A veces siento rabia contra el adolescente que me disparó, pero con mayor frecuencia lo que siento es lástima por él. Sólo deseo y espero que pueda cambiar su vida para ayudar a la gente y no para dañar. Lo perdono y deseo que logre encontrar paz y un objetivo en su vida».

Que una persona enfrentada a tal dolor y adversidad pueda aceptar y respetar la dignidad de su agresor es un increíble testimonio de la belleza y la generosidad del espíritu humano. Steven McDonald tomó la decisión personal de reaccionar de esa manera, pero el hecho de que los seres humanos tengamos la capacidad de optar por esa relación con la vida es una afirmación de que efectivamente vivimos en gracia.

Epílogo

A lo largo de los años he escuchado el relato de la siguiente historia en muchos seminarios o talleres, cada vez en una versión ligeramente distinta. Pero la esencia siempre es la misma.

> Durante algunos años el filósofo y maestro G. I. Gurdjieff dirigió un centro de meditación en las afueras de París. Entre la comunidad de personas que vivían en el centro había un anciano ruso que caía mal a todo el mundo. Este hombre, llamado Anton, era sucio, bullicioso y fastidioso. Debido a esto los demás residentes lo trataban como a un marginado. A veces no le hacían caso, otras veces se mostraban groseros y, en fin, siempre lo rechazaban tratándolo como si no formara parte de la comunidad.
>
> Un buen día Anton se hartó de este trato y decidió no soportarlo más. Hizo su maleta y se marchó con la intención de no volver jamás. Ciertamente, para el resto de los miembros de la comunidad esto fue causa de alivio

y de celebración. Les pareció que por fin podrían vivir en paz y armonía. Gurdjieff estaba en el extranjero cuando Anton se marchó. Al llegar y no verlo, preguntó por él. Aliviados y contentos, le dijeron que había decidido marcharse.

Después de ocuparse de algunos asuntos del día, Gurdjieff salió en su coche a recorrer el barrio de los inmigrantes rusos de París a ver si encontraba a Anton por las calles. Finalmente lo encontró pasando el rato en una esquina. Le pidió que volviera a vivir en el centro. La respuesta de Anton fue una rotunda negativa; no quería volver a saber nada del centro en su vida. Gurdjieff le preguntó si tenía dónde vivir. No, no tenía, de manera que Gurdjieff le dijo que si volvía al centro podría vivir allí gratis. Era una oferta tentadora, pero no lo suficiente para que Anton volviera. Entonces le preguntó si tenía dinero o algún trabajo. Tampoco. Gurdjieff le ofreció una habitación y pensión completa, además de un pequeño estipendio. Después de pensarlo un momento, Anton decidió que no podía rechazar esa oferta. Ambos subieron al coche y volvieron al centro.

Para no decir más, los otros miembros de la comunidad no se sintieron felices ante el regreso de Anton. No sólo volvía a vivir allí, sino que recibía alojamiento y pensión gratis, y encima un estipendio, mientras ellos tenían que pagar por vivir allí. ¡Eso no podía ser! Gurdjieff no tuvo pelos en la lengua para decirles que Anton era el miembro más valioso de la comunidad. Les dijo que en su reacción ante él cada uno vería dónde se aferraba a la crítica. Anton sería el espejo en el que se reflejarían cada vez que cerraran su corazón. Les haría ver cuando se cerraban por temor. Gurdjieff les dijo que cuando dejaran de reaccionar con críticas, cuando fueran capaces de mantener su corazón abierto y respetar a Anton, sólo entonces querría decir que habían aprendido lo que habían venido a aprender al centro. Anton sería su más valioso maestro, al menos durante un tiempo. Cuando ya no les causara esa reacción, entonces estarían preparados para seguir adelante.

La mayoría de nosotros tenemos algún Anton en nuestra vida, o más de uno, personas a quienes culpamos de parte de nuestra infelicidad actual. ¿Quiénes son en estos momentos? ¿Qué familiares? ¿Qué compañeros de trabajo? ¿Qué amigos o conocidos? ¿Qué grupos? Gurdjieff sabía que el crecimiento y el aprendizaje de sus discípulos se encontraban en su relación con Anton «si» estaban abiertos para aprender. Esto vale para todo el mundo. El cosmólogo Brian Swimme dice: «El enemigo tiene un secreto. El secreto somos nosotros. Nuestro destino trabaja con esto». Nuestro crecimiento está íntimamente ligado a la relación creativa que tenemos con los que consideramos adversarios.

Ciertos aspectos de este crecimiento y este aprendizaje son diferentes según las personas. Con algunas, las enseñanzas iniciales pueden referirse al hecho de reconocer y recuperar las emociones reprimidas. Otras quizá deban aprender a actuar con seguridad y franqueza, a adoptar una postura clara y apoyarse. Parte de nuestra lección tal vez sea ser más flexibles y menos críticos. Independientemente de los detalles de nuestro aprendizaje único y especial, siempre están las lecciones para desarrollar más comprensión y compasión por nosotros mismos. Al perdonar podemos reclamar y recuperar el poder que es verdaderamente nuestro, el poder de arriesgarnos a cambiar, a decir la verdad, a liberarnos de pautas ineficaces, a sanar y amar.

El perdón es un curso que todos necesitamos. No hay manera de que tengamos paz en el mundo sin perdonar. El perdón nos da a cada uno el poder para desempeñar un papel importantísimo y necesario en el proceso pacificador y evolutivo del planeta. Si hay suficientes personas que eligen vivir cada vez más momentos desde su corazón, tal vez llegue ese instante en que formemos la masa crítica necesaria para que la curación del mundo no sólo sea posible sino inevitable. Mi colega David Gay señala: «Todo acto de perdón nos desata de un mundo de mentiras. Todo acto de perdón introduce luz en la esfera de nuestra curación personal y planetaria».

El perdón nos hace avanzar hacia lo que Brian Swimme llama «el momento supremo del Universo, cuando cada cosa sea reconocida en su profundidad sagrada por todo lo demás». Vivir sin perdón es vivir separados de lo sagrado y de los instintos más básicos de nuestro corazón. Vivir en el perdón es revelar a cada momento la belleza y el valor de la vida, es escoger a cada momento un papel activo en la creación de relaciones, organizaciones y comunidades, y de un mundo que funcione para todos.

Creo que nuestro aprendizaje no termina nunca. Se nos ofrece una oportunidad tras otra de aprender las enseñanzas del amor. Se nos da el conocimiento del perdón para que asegure nuestro éxito. En un mundo donde hay mucho temor, se nos otorga la valentía necesaria para vivir nuestro objetivo como maestros del amor.

Referencias bibliográficas

Capítulo 1

Tillich, Paul, «To Whom Much Was Forgiven», *Parabola: The Magazine of Myth and Tradition*, vol. XII, núm. 3, 1987.

Capítulo 2

Dobson, Terry, «A Kind Word Turneth Away Wrath», © 1981 *by* Terry Dobson, citado con autorización del autor.

Jampolsky, Gerald, *Good bye to Guilt: Releasing Fear Through Forgiveness*, Bantam, Nueva York, 1985.

Capítulo 3

Jampolsky, Gerald, obra citada (cap. 2).

Capítulo 4

Fox, Matthew, *Original Blessing: A Primer in Creation Spirituality*, Bear & Co., Santa Fe (Nuevo México), 1983.

Pierrakos, Eva, *The Pathwork of Self-Transformation*, Bantam, Nueva York, 1990. © 1990 *by* The Pathwork Foundation.

Capítulo 6

Pearsall, Paul, *The Power of the Family: Strength, Comfort and Healing*, Doubleday, Nueva York, 1990.

Capítulo 7

Johnson, Robert, *We: Understanding the Psychology of Romantic Love*, Harper & Row, Nueva York, 1985.

Pittman, Frank, *Private Lies: Infidelity and the Betrayal of Intimacy*, Norton, Nueva York, 1989.

Capítulo 8

McKay, Matthew, Peter D. Rogers y Judith McKay, *When Anger Hurts: Quieting the Storm Within*, New Harbinger Publications, Oakland (California), 1989.

Miller, Alice, *The Drama of the Gifted Child*, Basic Books, Nueva York, 1981. [Hay traducción al castellano: *El drama del niño dotado*, Tusquets, Barcelona, 1985.]

Ornstein, Robert, y Paul Erlich, *New World, New Mind: Moving Toward Conscious Evolution*, Doubleday, Nueva York, 1989.

Rosenthal, Robert, y Lenore Jacobson, *Pygmalion in the Classroom: Teacher Expectation and Pupils' Intellectual Development*, Holt, Rinehart and Winston, Nueva York, 1989. [Hay traducción al castellano: *Pigmalión en la escuela*, Marova, Madrid, 1980.]

Capítulo 9

Borysenko, Joan, *Guilt Is the Teacher, Love Is the Lesson*, Warner Books, Nueva York, 1990.

Bradshaw, John, *Healing the Shame that Binds You*, Health Communications, Deerfield Beach (Florida), 1988.

Fox, Matthew, obra citada (cap. 4).

Hopko, Thomas, «Living in Communion: An Interview with Father Thomas Hopko», *Parabola: The Magazine of Myth and Tradition*, vol. XII, núm. 3, 1987.

Johnston, Charles, *The Creative Imperative*, Celestial Arts, Berkeley (California), 1986.

Rodegast, Pat, y Judith Stanton (eds.), *Emmanuel's Book: A Manual for Living Comfortably in the Cosmos*, Bantam Books, Nueva York, 1985.

Tillich, Paul, obra citada (cap. 1).

Capítulo 10

Levine, Stephen, extracto del programa de televisión *Thinking Allowed*, presentado por el Institute for Noetic Sciences.

Capítulo 11

Chopra, Deepak, *Quantum Healing: Exploring the Frontiers of Mind/Body Medicine*, Bantam, Nueva York, 1989. [Hay traducción al castellano: *Curación cuántica*, Plaza y Janés, Barcelona, 1991.]

Simonton, O. Carl, y Stephanie Matthews-Simonton, *Getting Well Again*, Bantam, Nueva York, 1982. [Hay traducción al castellano: *Recuperar la salud*, Raíces, Santander, 1990, 2.ª edición.]

Vaillant, George, *Adaptation to Life*, Little, Brown, Boston, 1978.

Williams, Redford, *The Trusting Heart*, Random House, Nueva York, 1989.

Capítulo 12

Ingram, Catherine, *In the Footsteps of Gandhi: Conversations with Spiritual Social Activists*, Parallax Press, Berkeley (California), 1990.

Keen, Sam, *Faces of the Enemy: Reflections of the Hostile Imagination*, Harper & Row, Nueva York, 1988.

Zukav, Gary, *The Seat of the Soul*, Simon and Schuster (Firestone), Nueva York, 1989. [Hay traducción al castellano: *El lugar del alma*, Plaza y Janés, Barcelona, 1990.]

Capítulo 13

Marks, Linda, *Living with Vision: Reclaiming the Power of the Heart*. © 1989 by Linda Marks. Citado con autorización de Knowledge Systems, Inc., 7777 W. Morris St., Indianapolis (Indiana), 46231.

Ten Boom, Corrie, con la colaboración de John y Elizabeth Sherrill, *The Hiding Place: The Triumphant Story of Come Ten Boom*, citado con la autorización de John Sherrill.

Bibliografía recomendada

Hay muchos libros que nos abren el camino del conocimiento personal y la curación interior. Los siguientes son algunos de ellos que me han sido útiles. Si deseas leer más, te los recomiendo.

A Course in Miracles, The Foundation for Inner Peace, Farmingdale, Nueva York, 1975. [Hay traducción al castellano por la misma editorial: *Un curso de milagros*, 1993.]

Abrams, Jeremiah (ed.), *Reclaiming the Inner Child*, Jeremy P. Tarcher, Los Ángeles, 1990.

Borysenko, Joan, *Guilt Is the Teacher, Love Is the Lesson*, Warner Books, Nueva York, 1990.

— *Minding the Body, Mending the Mind*, Bantam Books, Nueva York, 1988. [Hay traducción al castellano: *La salud física a través de la salud mental*, Deusto, Bilbao, 1989.]

Bradshaw, John, *Healing the Shame that Binds You*, Health Communications, Deerfield Beach (Florida), 1988.

— *Homecoming: Reclaiming and Championing Your Inner Child*, Bantam Books, Nueva York, 1990.

Dossey, Larry, *Recovering the Soul*, Bantam Books, Nueva York, 1989.

Ferrucci, Piero, *What We May Be*, Jeremy P. Tarcher, Los Ángeles, 1982.

Fields, Rick, con la colaboración de Peggy Taylor, Rex Weyler y Rick Ingrasci, *Chop Wood, Carry Water: A Guide to Finding Spiritual Fulfillment in Everyday Life*, Jeremy P. Tarcher, Los Ángeles, 1984.

«Forgiveness», *Parabola*, vol. XII, núm. 3, 1987.

Fox, Matthew, *Original Blessing: A Primer in Creation Spirituality*, Bear & Co., Santa Fe (Nuevo México), 1983.

— *The Coming of the Cosmic Christ*, Harper & Row, San Francisco, 1988.

Hunt, Terry, y Karen Paine-Gernee, *Emotional Healing: A Program for Emotional Sobriety*, Warner Books, Nueva York, 1990.

Jampolsky, Gerald, *Love Is Letting Go of Fear*, Bantam Books, Nueva York, 1981.

— *Goodbye to Guilt: Releasing Fear Through Forgiveness*, Bantam Books, Nueva York, 1985.

Johnson, Robert, *We: Understanding the Psychology of Romantic Love*, Harper & Row, Nueva York, 1985.

Kabat-Zinn, Jon, *Full Catastrophe Living*, Delacorte Press, Nueva York, 1990.

Keen, Sam, *Faces of the Enemy: Reflections of the Hostile Imagination*, HarperCollins, Nueva York, 1991.

Lerner, Harriet Goldhor, *The Dance of Anger: A Woman's Guide to Changing the Patterns of Intimate Relationships*, Harper & Row (Perennial Library), Nueva York, 1986. [Hay traducción al castellano: *La afirmación personal*, Urano, Barcelona, 1990.]

— *The Dance of Intimacy*, Harper & Row, Nueva York, 1989. [Hay traducción al castellano: *La mujer y la intimidad*, Urano, Barcelona, 1991.]

Levine, Stephen, *Healing Into Life and Death*, Doubleday (Anchor Books), Nueva York, 1987.

— *A Gradual Awakening*, Doubleday (Anchor Books), Nueva York, 1979.

Marks, Linda, *Living with Vision: Reclaiming the Power of the Heart*, Knowledge Systems, Indianapolis, 1989.

Maslow, Abraham, *Toward a Psychology of Being*, Van Nostrand, Reinhold, Nueva York, 1968, 2.ª ed.

Miller, Alice, *The Drama of the Gifted Child*, Basic Books, Nueva York, 1981. [Hay traducción al castellano: *El drama del niño dotado*, Tusquets, Barcelona, 1985.]

— *For Your Own Good*, Farrar, Straus & Giroux, Nueva York, 1983. [Hay traducción al castellano: *Por tu propio bien*, Tusquets, Barcelona, 1985.]

Pelletier, Kenneth, *Mind As Healer, Mind As Slayer*, Dell, Nueva York, 1977.

Prather, Hugh, *Notes on How to Live in the World and Still Be Happy*, Doubleday, Nueva York, 1986.

Ram Dass y Paul Gorman, *How Can I Help?*, Alfred A. Knopf, Nueva York, 1987.

Ram Dass y Stephen Levine, *Grist for the Mill*, Celestial Arts, Berkeley (California), 1987.

Rodegast, Pat, y Judith Stanton (eds.), *Emmanuel's Book: A Manual for Living Comfortably in the Cosmos*, Bantam Books, Nueva York, 1985. [Hay traducción al castellano: *El libro de Emmanuel*, Luciérnaga, Barcelona, 1993.]

Siegel, Bernie S., *Peace, Love and Healing*, Harper & Row, Nueva York, 1989. [Hay traducción al castellano: *Paz, amor y autocuración*, Urano, Barcelona, 1990.]

— *Love, Medicine and Miracles*, Harper & Row, Nueva York, 1986. [Hay traducción al castellano: *Amor, medicina milagrosa*, Espasa-Calpe, Madrid, 2.ª edición, 1991.]

Small, Jacquelyn, *Transformers: The Artists of Self-Creation*, Bantam Books, Nueva York, 1992.

Ten Boom, Corrie, con la colaboración de John y Elizabeth Sherrill, *The Hiding Place*, Bantam Books, Nueva York, 1971.

Williamson, Marianne, *A Return to Love: Reflections on the Principles of A Course in Miracles*, HarperCollins, Nueva York, 1992. [Hay traducción al castellano: *Volver al amor*, Urano, Barcelona, 1993.]

Woodman, Marion, *Addiction to Perfection: The Still Unravaged Bride*, Inner City Books, Toronto, Canadá, 1982.

Zukav, Gary, *The Seat of the Soul*, Simon & Schuster (Firestone), Nueva York, 1989. [Hay traducción al castellano: *El lugar del alma*, Plaza y Janes, Barcelona, 1990.

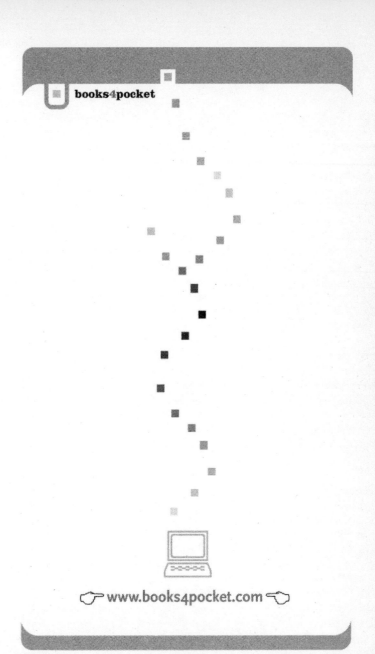

books4pocket

www.books4pocket.com